나리말

「훈민정음」은 용비어천가를 편찬하고 또 신불
내용이나 불경 등에 대해서 그 원리와 타당성을 확인하는
과정이었습니다. 그래서 대중들에게는 비밀로 하였기 지혜에서
수집되었고, 또한 문중 예하의 대중을 실로 많은 집안
에 밀친 그 영향을 미치고 있습니다.

이 정책 담당자에 세종대왕을 비롯하고 최소 37인
의 학자들 참여가 있었고, 이들의 음성학 연구를 근거로를
훈민 성립에 것이라고 합니다. 정상적인 체계이지 진리,
에이 정말로 훌륭하다고 밖에 말할 체계없이 진리.

그래도 한글의 탄생 이야기는 끝납니다.

「훈민정음」 창제에 관한 질서들이 마음에 다음과
세기나리 한글 본래의 「훈민정음」 등 다음과
같이 써있습니다.

해양물환경사

매스마린

해양을 맑은 환경으로

첫째, 『화엄경』의 체계적 이해를 위한 글 구성을 하였습니다.

둘째, 난해한 부분을 중심으로 주석을 달아 이해를 도왔습니다.

셋째, 원문해석과 함께 집중탐구의 필요성이 있는 부분에 대하여 세세하게 설명하였습니다.

이 책을 통하여 불교를 바로 알고 자성을 되찾아서 깨달음에 이르는데 도움이 되었으면 합니다. 끝으로 이 책을 만드는데 도움을 준 혜성출판사 관계자 분들께 감사드립니다.

나무마하반야바라밀

불기 2544년 8월
대 안 합장

차 례

제1장 화엄경에 대하여
1. 화엄경의 의의 · 12
2. 화엄경의 위치 · 21
3. 화엄경의 편찬과 성립 · 25
4. 화엄경의 사상 · 29

제2장 화엄경의 구성
1. 제1권~제5권 · 39
2. 제6권 · 44
3. 제7권 · 46
4. 제8권~제10권 · 50
5. 제11권 · 53
6. 제12권 · 56
7. 제13권 · 60
8. 제14권 · 66
9. 제15권 · 69
10. 제16권 · 73
11. 제17권 · 83

핵심을 엮은 **화엄경**

12. 제18권 · 88
13. 제19권 · 89
14. 제20권 · 94
15. 제21권 · 103
16. 제22권 · 108
17. 제23권 · 109
18. 제24권~제33권 · 112
19. 제34권~제39권 · 123
20. 제40권~제43권 · 135
21. 제44권 · 141
22. 제45권 · 147
23. 제46권~제47권 · 149
24. 제48권 · 151
25. 제49권 · 155
26. 제50권~제52권 · 156
27. 제53권~제59권 · 159
28. 제60권~제80권 · 161

제3장 보현행원품

제1절 보현행원품에 대하여 · 171

제2절 한글보현행원품 · 181
 1. 서분(序分) · 181
 2. 예경분(禮敬分) · 183
 3. 찬양분(讚揚分) · 184
 4. 공양분(供養分) · 185
 5. 참회분(懺悔分) · 188
 6. 수희분(隨喜分) · 189
 7. 청법분(請法分) · 191
 8. 청주분(請住分) · 192
 9. 수학분(隨學分) · 193
 10. 수순분(隨順分) · 196
 11. 회향분(廻向分) · 198
 12. 총결분(總結分) · 200
 13. 중송분 · 205

제4장 화엄경 약찬게

제1절 원문과 해석 · 221

제2절 약찬게 강좌 · 230
 1. 제목 · 230

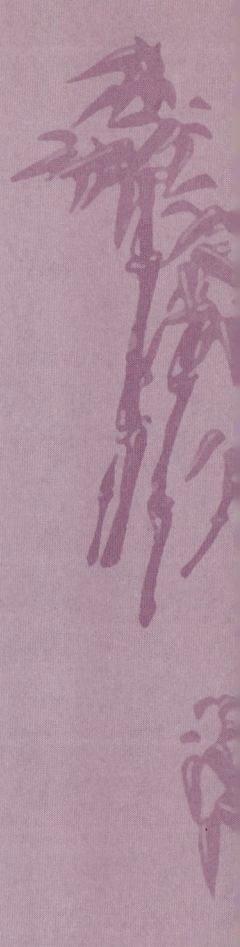

2. 삼신불께 귀의합니다 · 238
3. 화엄회상의 여러 대중들 · 251
4. 53선지식 · 277
5. 7처 9회 39품 · 322
6. 화엄경의 공덕 · 334

제5장 법성게

제1절 원문과 해석 · 339

제2절 법성게 강좌 · 342
 1. 제목 · 342
 2. 시시등분(視示證分) · 345
 3. 현녹기분(顯綠起分) · 351
 4. 약유인명(約喻印名) · 366
 5. 득이익(得利益) · 369
 6. 변수행방편(辨修行方便) · 371
 7. 변득이익(辨得利益) · 372

찾아보기 · 377
참고문헌 · 385

약찬게와 법성게 자전

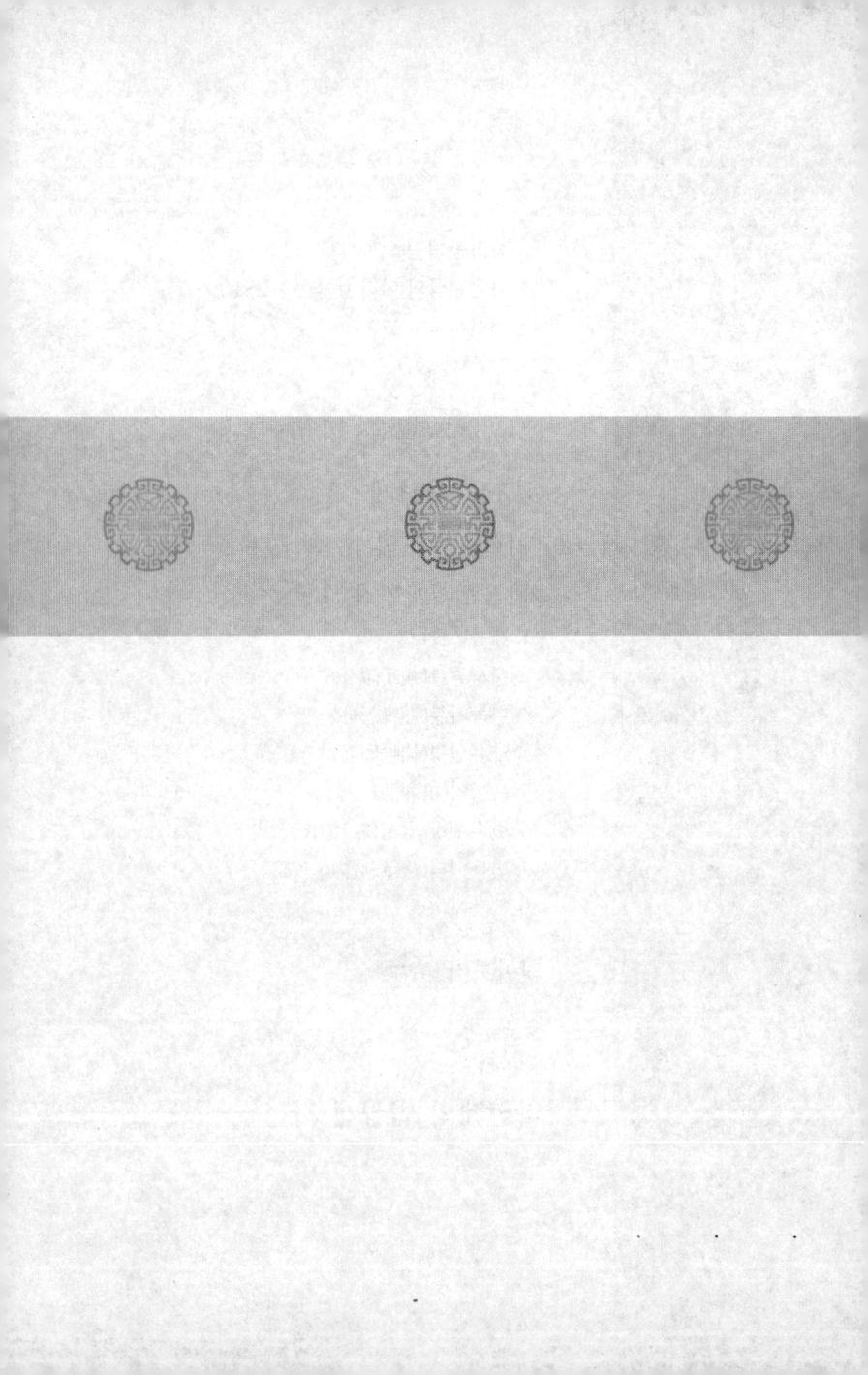

제1장

화엄경에 대하여

『화엄경』은 대승불교 경전 가운데서 매우 중요한 자리를 차지하고 있는 경전으로 많은 지역에서 수지 독송되고 있다. 또한 이 경전은 문학과 예술 분야에까지도 영향을 미치고 있다.

화엄경은 부처님께서 깨달은 진리를 있는 그대로 들어내 보이신 자내증(自內證) 법문이다. 따라서 이 경은 사바세계 중생을 제도하기 위해 변화하여 나타나신 석가모니 부처님께서 설한 것이 아니고 청정법신 비로자나 부

처님께서 변조(遍照)한 광명을 통해 나타내 보이신 광명진언(光明眞言)의 무진설법(無盡說法)이다.[1]

부처님이 깨달으신 세계, 지정각세간(智正覺世間)에는 우리 중생세간과는 달리 무수한 부처님이 있다. 그 숫자는 마치 삼천대천(三千大千)세계의 땅덩어리를 부수어 먼지를 만드는 것과 같아 셀 수가 없다. 왜냐하면 지정각세간에서는 깨달으면 다 부처님이기 때문이다. 모든 부처님은 그에 따른 삼십이상팔십종호(三十二相八十種好), 즉 정보(正報)의 몸이 있고, 아미타불은 극락세계, 아촉불은 동방의 아촉세계, 남방의 환희세계, 북방의 무세계, 중방의 화장세계 등 각각의 의보(依報)가 있다.

다시 말하면 무수한 부처님과 무수한 부처님이 사는 세계가 지정각세간이라는 것이다. 그러므로 깨달은 세계를 묘사한 화엄경은 지금은 80권이지만 원래는 엄청난 분량으로 구성된 경전이다.

상본(上本) 화엄경은 삼천대천세계를 부수어서 가루를 내어 먼지를 낸 수와 같은 수로 구성되어 있다. 이 화엄경의 내용을 깨닫지 못한 이들은 아무도 설명할 수 없고 들을 수도 없다. 그래서 이것을 줄여 놓은 화엄경을 중본

---

1) 한정섭, 『보현행원품』 불교통신 교육원, 1996, 9쪽 참고.

(中本) 화엄경이라고 하는데 4천9백8십8만천3백품이 있다고 한다. 따라서 중본 화엄경에는 이 세상에 존재하는 모든 유정(有情)과 무정(無情)이 다 담겨져 있다. 하본(下本)은 10만개 48품으로 대승불교를 확립하여 '제2의 석가'라고까지 불리우는 용수(龍樹)보살이 설산에서 한 노비구를 만나 용궁에 들어가 상·중·하본의 화엄경을 보고 하본을 가져왔다고 한다. 이 방대한 화엄경을 줄이고 줄여서 우리 근기에 맞게 구성하여 놓은 것이 오늘 우리가 보는 약본(略本) 화엄경 80권이다.

그러나 이렇게 줄여놓은 화엄경도 우리가 이해하기에는 대단히 어렵다. 화엄경에 나오는 글자 수를 옛 사람들은 10조9만5천48자라고 세어 놓았는데, 이것이 맞는지는 알 수 없지만 그 방대한 양과 깊은 내용은 우리 중생의 근기로는 알 수 없는 점이 많다는 것은 사실이다. 그것은 우리 중생들이 모두 사물을 자기 기준으로 해서 보고 듣기 때문이다.

인과(因果)의 업(業)은 자기를 기준으로 해서 좋은 업을 받아들일 때는 좋은 과를 맺고, 나쁜 업을 받아들일 때는 나쁜 과를 맺는 것이다. 따라서 화엄경은 자기의 기준을 떠나 실상의 세계를 보는 마음가짐으로 대하여야

조금이나마 올바른 이해를 할 수 있는 것이다.[2]

이 장에서는 이경에 대한 의의·위치·성립·사상 등에 대하여 살펴 봄으로서 화엄경에 대한 이해를 돕고자 한다.

1. 화엄경의 의의

1) 명 칭

『화엄경(華嚴經)』의 본래 이름은 『대방광불화엄경(大方廣佛華嚴經, Buddha-avataṃsaka-mahmāvaipulya-sūtra)』으로 '붓다의 장엄이라는 뜻의 광대한 경전'이라 한다. 그 뜻을 살펴 보면 다음과 같다.

① 대(大) : 부처 혹은 마음인 진리 자체가 시간적으로 과거·현재·미래에 항상하고, 공간적으로는 시방의 모든 곳에 두루한다는 뜻으로 대(大)란 소(小)에 대비되는

---
2) 관응 큰스님, 『화엄의 바다』 밀알 출판사, 29-30쪽 참고.

의미가 아니라 불법의 궁극까지 철견(徹見)된 무한절대(無限絶對)의 이법(理法)을 말한다.[3]

② 방(方) : 방정하다의 뜻이 있으로 진리의 자체상(自體相)이 무궤도하고 무질서한 것이 아니라 방정한 궤도와 질서가 정연하다는 대 우주의 원칙을 가리킴이다.

③ 광(廣) : 마음의 쓰임(用)을 가리키는 것으로[4] 무한대의 법체가 정연한 질서와 궤도를 지니고 있음과 아울러 마치 끝없는 보배광과 같이 무궁무진한, 미묘하고 부사의한 공덕의 묘용을 다 지니고 있다는 뜻이다.

④ 불(佛) : 각자(覺者)·지자(知者)·각(覺)의 의미로서 깨달음을 사람의 입장에서 표현하였다. 위의 '대·방·광'의 '체·상·용'을 다 체득하여 그 인격 위에 구현(具現)한 분을 말함이다.

⑤ 화(華) : 꽃이니, 장차 열매를 맺기 위한 준비과정으로서 가장 아름답고 화려한 존재이니 보살이 불도를 성취하기 위하여 '육바라밀'이나 '자·비·희·사(慈悲喜捨)' 네 가지 무량심(四無量心) 등의 만행(萬行)을 닦아 묘하고 향기롭고 화려한 공덕을 쌓아 모으는 꽃에 비유

---

3) 김지견 역,『화엄경』민족사, 1996, 402쪽 참고.
4) 김길상 편,『불교학대사전』, 427쪽 참고.

한 것이라고 하였다.

⑥ 엄(嚴) : 장식하다, 장엄하다는 뜻으로 청정하고 올바르고 덕스러운 보살이 만행의 공덕으로 불가사의한 부처의 법신(法身)·보신(報身)을 장엄하게 꾸민다는 뜻이다. 다른 경전은 '부처님이' 법을 설하는 형식인데 반하여 이 화엄경은 보살이 '부처님을' 설하는 형식이다.

⑦ 경(經) : 범어로 '수트라'인데, 본래는 꽃꾸러미를 꿰는 끈이라는 뜻이다. 하나의 실끈이 수많은 꽃을 꿰어 지니듯이 문자로 엮은 경전이 많은 교리를 꿰어 엮고 있다는 뜻이다.

대방광이란 부처님께서 깨달으신 진리가 한없이 크고 넓음을 뜻하며, 불(佛)이란 이 대방광의 진리를 체득하신 분을 말한다. 화엄의 화(華)란 부처님의 만행(萬行)과 만덕(萬德)을 꽃에 비유해 나타낸 것이고, 이 꽃으로 장엄하는 것이 화엄이다. 즉 깨달은 경계에서 본 부처님의 세계는 가지가지 꽃으로 장엄된 화장장엄의 세계와 같이 아름다운데 이를 비유적으로 나타낸 것이라 할 수 있다.[5]

『대광광불화엄경』의 교주는 비로자나부처님으로서 범

---

5) 불광교학부 엮음, 『경전의 세계』 불광출판부, 1995, 410-411쪽 참고.

어 바이로차나(Vairocana)를 발음대로 번역한 것이다. 그 뜻은 태양의 광조(光照)현상을 신격화한, 소위 광명의 부처님을 말하는 것이다. 마치 태양이 일체 세간의 어둠을 없애고 일체의 만물을 생장시키듯, 우주에 두루 가득하고 우주의 구석구석까지 무한한 빛을 비춰줌을 비유한 것이다.[6]

2) 종 류

(1) 한역본

『화엄경』의 종류는 60권본(육십화엄), 80권본(팔십화엄), 40권본(사십화엄)이 있다. 이 중 사십화엄은 「입법계품」만의 별역이다. 육십화엄과 팔십화엄을 '화엄대경'이라고 부른다. 이 경전이 맨처음부터 이와 같이 하나로 통일된 경전으로 이루어진 것이 아니고, 각 품이 별행경(別行經 또는 支分經)으로 먼저 성립되어 있었으며, 그 별행경을 모아 어떤 의도하에 조직적으로 구성한 것이

---

6) 무비스님, 『화엄경』 민족사, 1994, 7쪽 참고

웅대한 화엄대경인 것이다. 즉 이경은 각 장이 독립된 경전으로 유통되다가 현재와 같은 『화엄경』으로 집대성된 것으로 다음과 같다.

① 60화엄경

불타발타라(佛陀跋陀羅, Buddhabhadra) 즉 각현(覺賢)삼장이 418~420년 사이에 번역한 것으로, 진(晋)나라 때 번역되었다고 하여 진경(晋經)이라고도 하며, 먼저 번역되어 오래되었다는 뜻으로 구역(舊譯)이라고도 한다. 34품 60권으로 되어 있기 때문에 보통 60화엄이라 부른다.[7] 원래 번역 당시에는 50권이었으나 교정을 다시 해서 60권본이 되었다.[8]

불타발타라는 구마라집보다는 15세 정도 연하로서 장안에서 나집과 만났는데 나집과 달리 왕실을 멀리하다 나집 문하로부터 배척을 당해 노산의 혜원(慧遠)을 찾아가 번역 사업에 종사했다고 한다.[9]

그 후 현수대사 법장(643~712)스님이 중천축국에서 일조(日照)삼장이 가져온 범본(梵本)과 대조해서 「입법

---
7) 불광교학부 엮음, 『경전의 세계』, 414쪽 참고.
8) 불교신문사 편, 『불교경전의 이해』 불교시대사, 1997, 395쪽 참고.
9) 불광교학부 엮음, 『경전의 세계』, 414쪽 참고.

계품(入法界品)」중 빠진 부분을 보충 교정해서 정리한 것이 60권본 『화엄경』이다.

② 80화엄경

당나라 때 실차난타(實叉難陀, Śikṣānanda) 즉 희학(戲謔)삼장이 번역한 것이다.

그는 구역화엄경의 회(會)와 처(處)가 아직 불비함을 알고 이를 보완하려고 고심하고 있던 중 마침 우전국(于闐國)에 범어본이 있다는 말을 듣고 사람을 보내 구해오게 하고 이를 번역할 수 있는 사람도 모셔오게 했는데, 그 번역을 담당하게 된 사람이 실차난타였다.[10]

실차난타가 『화엄경』 범어본 4만 5천송 39품을 가지고 와서 번역(695~699)한 것이 80화엄이며 현수법장도 이때 번역에 참가했다고 한다. 이것을 당역(唐譯) 또는 신역(新譯)이라 한다. 60화엄이 7처 8회 34품으로 되어 있는데 비해 이 80화엄은 7처 9회 39품으로 되어 있어, 현재 우리나라 전통 교육기관인 강원에서 교재로 쓰이고 있다.[11]

---

10) 무비스님, 『화엄경 강의』 불광출판부, 1997, 7쪽 참고.
11) 무비스님, 『보현행원품강의』 불광출판부, 1997, 6쪽 참고.

③ 40화엄경

80화엄경이 번역된 후 100여년 쯤 후인 당(唐)의 덕종(德宗)때 반야(般若, Prajña)삼장에 의해 이루어진 것이 40화엄경 이다. 반야는 별본(別本)에 의해 「입법계품」을 번역해서 40권으로 만들었다. 이 40권 화엄에는 앞의 진경(晋經)·당경(唐經)에는 없는 다른 내용의 일부가 첨가되어 있으며, 이것은 보현보살의 10가지 큰원을 설한 '대광광불화엄경 보현행원품(大方廣佛華嚴經 普賢行願品)' 이다.[12]

이 번역에는 화엄종 제 4조 청량(淸凉) 대사도 참가했으며 정원 14년(795)에 이루어졌다고 해서 이를 『정원경(貞元經)』이라 한다.

(2) 주석서

『화엄경』에 대한 주석서 즉 해설서에 관해 간단히 살펴보고자 한다. 여기서는 부분품에 대한 해설서는 생략하고 『화엄경』전체에 대한 해설서 중 중요한 것만을 소개하기로 한다.

---

12) 불광교학부 엮음, 『경전의 세계』, 415쪽 참고.

① 「유의(遊意)」1권 : 60화엄에 대한 주석으로서 가장 오래되었으며, 삼론종의 대성자 길장(吉藏)이 저술한 것으로 『대정(大正)장경』 35권에 들어 있다.

② 「수현기(搜玄記)」10권 : 화엄종의 제2조 지엄(智儼)이 서술한 것으로 이것은 『화엄경』의 수문해석(隨文解釋)으로서는 현존하는 것 중 가장 오래된 것이다. 지엄이 27세 때 지었다고 하며 정영사 혜원(慧遠)의 영향을 깊게 받은 것이다.

③ 「화엄경탐현기(華嚴經探玄記)」20권 : 당나라 법장(法藏)이 지은 것으로 줄여서 탐현기(探玄記)라고도 한다. 이것은 동진의 불타발타라(佛陀跋陀羅, Buddhabhadra)가 번역한 60권 화엄경을 해석한 것으로 『화엄경』 연구에 있어서 가장 중요한 것으로 일컬어지고 있다.[13]

또한 이 주석서는 『화엄경』의 이해뿐만 아니라 제1권에 서술되어 있는 교판(敎判)·교의(敎義)등은 5교장(五敎章)과 함께 법장사상을 이해하는 데는 절대 필요한 책이다. 특히 이 책에는 원효스님의 사교판(四敎判)이 인용되었다.[14]

---

13) 김길상 편, 『불교학대사전』, 2854쪽 참고.
14) 김지견 역, 『화엄경』, 400쪽 참고.

④「화엄경관맥의기(華嚴經關脈義記)」: 80화엄경의 최초의 주석서로서 법장스님이 저술하였다.

⑤「화엄경수소연의초(華嚴經隨疏演義鈔)」80권 :『80화엄경』에 대한 본격적인 연구는 화엄종 제4조 증관(澄觀)에 의해 이루어졌다고 할 수 있으며, 이 책은 증관이 「화엄경소(華嚴經疏)」 60권과 이를 좀더 자세히 해설한 주석서이다. 이 주석서는 80화엄 강요서라고 할 수 있으며 증관의 사상을 이해하는데 아주 편리한 책이다.[15]

⑥ 40화엄에 대한 주석으로는 청량징관의 「정원화엄소」와 「보현행원품별행소」가 있고, 규봉종밀의 「보현행원품초소」도 있다.

이밖에도 당나라 이통현(李通玄)의 화엄경론 40권이 있는데 그의 사상은 아주 실천적인 경향이 강했다. 그는 또 『화엄경』의 요지를 해설한 「화엄경대의(華嚴經大意)」 1권, 실천법을 설한 「화엄경결의론(華嚴經決疑論)」 4권 등의 저술이 있다. 고려의 지눌(知訥) 스님이 『화엄경론』을 분석, 절리하여 중요한 부분만을 골라서 편찬한 「화엄론절요(華嚴論節要)」 등이 있다.[16]

---
15) 불광교학부 엮음, 『경전의 세계』, 416쪽 참고.
16) 한국정신문화연구원 편, 『한국민족문화대백과사전 25』 웅진출판사, 1995, 296쪽 참고.

우리나라에서 쓰여진 『화엄경』의 주석서로는 신라시대 원효스님께서 저술한 「화엄경소」 10권이 있으나 현존하지 않는다. 그밖에 신라 표원(表員)스님이 쓴 「화엄경문의요결문답(華嚴經文義要決問答)」 4권, 묵암(默庵)스님의 「화엄경품목(華嚴經品目)」 1권, 연담(蓮潭)스님의 『유망기(遺忘記)』 40권, 또 「화엄경사기(華嚴經私記)」 5권, 체원(體元)스님의 「관음품별행소(觀音品別行疏)」 2권 등이 있다.[17]

2. 화엄경의 위치

화엄사상은 「화엄경(華嚴經)」을 소의 경전으로 해서 성립·전개된 사상이며 『화엄경』은 다음과 같은 몇 가지 이유로 해서 불교사상사에서 차지하는 그 의의가 자못 크다고 하겠다.[18]

---

17) 불광교학부 엮음, 『경전의 세계』, 417쪽 참고.
18) 불교교재편찬위원회, 『불교사상의 이해』 동국대학교 불교문화대학, 1998, 214쪽 참고.

첫째, 『화엄경』은 시간상으로 보면 화엄시(華嚴時)로 부처님께서 깨달음을 이룬 후 3·7일 사이에 설해진 경으로 중생들의 근기를 고려하지 않고 깨달음의 내용을 그대로 설한 해인삼매정중설(海印三昧定中說)이라고 하는 점이다.

둘째, 공간상에서 보면 양적으로 방대하여 80권이나 된다.

셋째, 설법상에서 보면 설주(說主)와 설처(說處)가 다양하다. 붓다는 해인삼매에 들어 광명만을 놓고 있고, 붓다를 대신해서 여러 보살들이 법(法)을 설하고 있다. 설법의 장소를 보면 지상, 천상 그리고 다시 지상의 순서로 자리를 옮기면서 7곳에서 설하는 형식으로 되어 있다. 그 중에는 같은 장소에서 두 번을 설한 곳도 있기 때문에 칠처구회(七處九會)라고 한다. 이것을 품수로 나눈 것이 39품이다.

마지막 품인 「보현행원품」을 합치면 완전하게 40품이 된다.

초회 6품의 설주는 보현보살로서 삼매에 입정하고 출정한 후에 부처님의 세계를 설하고 있으며, 『화엄경』의 서론에 해당된다. 제2회는 문수보살님이 설주가 되어 신

(信)을 설하고 있는데, 보살이 성불해 가는 대승 52위 중 가장 기초 단계인 십신(十信)에 해당한다. 제3회부터는 하늘로 올라가 욕계 6천의 제2천인 도리천궁에서 대승 52위 중 십신 다음의 수행 단계인 십주(十住)에 해당되는 내용을 설하였다. 제4회는 욕계6천 중 제3천인 야마천에서 공덕림보살이 십행법문을 설한 것이다. 제5회는 욕계 6천의 4천인 도솔천에서 금강당보살이 십회향을, 그리고 제6회는 금강장보살이 십지법문을 설하고 있다. 타화자재천궁(他化自在天宮)은 욕계 6천의 여섯 번째 하늘로서 가장 높은 하늘이다. 그리고 이「십지품」은 이름 그대로 보살의 수행 과정중에서 거의 성불에 이르러 간 십지(十地)를 설명하고 있는 매우 수준높은 품으로 범어로 된 원문이 전하기도 한다. 이 4회는 모두 천상에서 설하고 있으므로 천궁 4회라고도 불려, 삼현·십성(三賢十聖)의 끝없는 향상도를 보인 것으로 십지 보살행이 그 대표가 된다.

다음 7회는 다시 지상으로 내려와 보광명전에서 등각과 묘각의 계위에 해당하는 정각의 세계를 드러내고 있으며 주로 보현보살이 설하고 있다. 보살도의 종국은 도한 정각과 일치함을 거듭 지상의 보광명전에서 보이고 있는 것이다. 제8회 역시 보현보살이 설하고 있으며, 보살의 수행 계위 중 마지막 단계인 묘각(妙覺)에 해당되는 법문이다. 이상 2회부터 8회까지는 보살이 성불해 가는 과정을 나타내는 대승 52위에 설하고 있어 전체 화엄경의 본론이라 할 수 있다.

끝으로 마지막 제9회는 전편 8회와 대비하여 『화엄경』 후편으로서 따로 구분하기도 한다. 설법장소는 『금강경』과 『능엄경』이 설해진 급고독원(給孤獨園)이다. 마지막 두 품인 「입법계품」과 「보현행원품」이 설해졌다. 이 품에서는 선재(善財)라는 한 평범한 인간이 성불하는 과정을 가르쳐 주는 것이다.[19]

넷째, 위에서 설명한 것처럼 설법의 내용이 매우 다양하다. 경의 이름에서만 보면 부처님(佛)만을 설하는 경인 듯하지만 자세히 살펴보면 불신(佛身)사상·보살(菩薩)사상·유심(唯心)사상·연기(緣起)사상·정토(淨土)사상 등이 고루 설해지고 있다. 그러므로 『화엄경』을 여러 사상의 보고(寶庫)라고도 한다.[20]

다섯째, 『화엄경』은 제자들의 입과 입을 통해 전해지

---

19) 해주스님, 『화엄의 세계』 민족사, 1998, 30-31쪽 참고.
20) 불교교재편찬위원회, 『불교사상의 이해』, 215쪽 참고.

던 구전경(口傳經)의 시대를 거쳐 문자화되어 문자경(文字經)으로 나타난 것은 서기를 전후한 시대였다.

이 시대를 우리는 초기 대승불교 시대라고 한다. 『반야경(般若經)』·『법화경(法華經)』·『무량수경(無量壽經)』 등 초기 대승경전들과 함께 문자화되어 나타난 『화엄경』은 소승불교사상의 중심 과제가 인간 고(苦)의 원인 규명과 그 고에서의 해탈을 추구하는 것이라고 한다면, 화엄경의 중심사상(대승불교사상)은 인간 석가모니불에 대비되는 영원불멸의 부처가 무엇이며, 어떻게 하면 그 부처가 될 수 있을까라고 하는 것인데 그 해답으로서 깨달음(覺)과 실천행(行)이 원만한 보살의 원행(願行)으로 제시되고 있다.

3. 화엄경의 편찬과 성립

『화엄경』은 처음부터 완전하게 결집된 것이 아니고 각 장이 독립된 경으로 성립된 후, 대략 4세기경에 중앙아시아에서 집대성한 것으로 추정하고 있다.[21] 각 장(章) 중에서 가장 오랜된 것은 「십지품(十地品)」으로서 그 성립 시기는 1세기에서 2세기 경이라 하고, 남방인도에서라고 생각되나 대경인 『화엄경』의 편성은 우전(牛闐)을 중심으로 한 중앙아시아 지방일 것으로 보고 있다. 산스크리트 원전이 남아 있는 부분은 이 「십지품」과 「입법계품」이다.

세친(世親, 400~800)의 「십지경론(十地經論)」에 인용된 『십지경』에서는 이 경의 설시(說時)를 '성도미구 2·7일(成道未久二七日)'이라고 전하고 있다. 이 『십지경』은 붓다가 성도한 후 오래지 않은 제2·7일에 설했다는 뜻이다.

성도 후 처음 7일은 법락(法樂)을 자수용(自受用)하시고, 제2·7일에 이 경(經)을 설했다는 뜻으로 이해된다. 여기서 말하는 『십지경』은 『대화엄경』의 「십지품」에 해당하는 것이다. 따라서 『화엄경』은 부처님께서 성도하신 후 최초 삼칠일, 즉 21일동안 말씀하신 경이라는 것이다. (阿含十二方等八 二十一載談般若 終說法華又八年 華嚴最初三七日)[22]

---

21) 지산, 「치문」에서 「화엄」까지, 해인사 강원, 1997, 116쪽 참고.
22) 해주스님, 『화엄의 세계』, 25쪽 참고.

이상에서 살펴본 바와 같이 『화엄경』은 붓다가 성도하신 직후, 혹은 제 2·7일에, 혹은 제 3·7일에 설하신 경(經)이라 할 수 있다. 그러나 오늘날 우리들이 사용하고 있는 『대본화엄경』의 설시(說時)를 성도 직후, 혹은 제 2·7일 혹은 제 3·7일로 보는 데는 다소의 문제점이 있을 수 있다. 왜냐하면 대부분의 불교경전은 음성경(音聲經)과 구전경(口傳經)의 과정을 거쳐 문자경(文字經)으로 성립되었기 때문이다.

그러나 이것은 『화엄경』의 역사적 성립의 사실을 말하는 것이 아니라, 『화엄경』의 사상적 특징을 뜻하는 것이라고 볼 수 있다.

앞에서 언급한 것과 같이 『화엄경』의 완본(完本), 즉 『대본경(大本經)』에는 60화엄·80화엄·장역화엄(藏譯華嚴)의 3가지가 있는데, 이들 『화엄경』은 처음부터 하나의 단일경으로 성립된 것이 아니라 여러 가지 단행본의 경전들을 한데 모아서 편찬한 것이다.

예를 들어 『60화엄경』의 「십지품」은 『십지경(Dasabhumika-sutra)』에, 「명호품(名號品)」과 「광명각품(光明覺品)」은 『도사경』에, 「입법계품」은 「간다워하(Ganda-vyuha)」에, 「성기품」은 『여래흥현경(如來興顯

經)』에 해당한다. 이들 경전들은 일찍이 인도나 중앙아시아에서 단행본으로 유행하고 있었는데 『대본화엄경』의 경우 편찬자의 구상에 따라 『화엄경』의 각 품으로 편입되었던 것이다. 이들 경전을 역경사상(譯經史上)에서 보면 2세기초에는 지루가참(支婁迦讖)에 의해서 이미 『도사경』이 번역되어 있었고, 「간다워하(Gandavyuha)」와 『십지경(十地經)』은 3세기 중엽 이전에 이미 성립되어 있었음을 알 수 있다.[23]

왜냐하면 용수(150~250년경)의 「대지도론(大智度論)」과 「십주비바사론(十住毘婆沙論)」에는 이 이경(二經)이 수회에 걸쳐 각각 언급되고 있기 때문이다.[24]

『대본화엄경』은 여산(廬山) 혜원(慧遠, 334~416)의 제자인 지법령(支法領)이 392년에 서역(西域)에서 그 산스끄리뜨어 원전을 구해 418년에 중국으로 가져온 사실을 보면 400년경 이전에 이미 성립되어 있었다고 생각된다. 그 산스끄리뜨어 원전의 『화엄경』을 지법령이 418년에 중국에 가져왔고, 불타발타라(佛馱跋陀羅)가 중심이 되어 421년에 번역과 교정을 마쳐 『대방광불(大方廣佛)

---

23) 해주스님, 『화엄의 세계』, 24쪽 참고.
24) 불교교재편찬위원회, 『불교사상의 이해』, 219쪽 참고.

화엄경』 60권이 세상에 나타나게 되었다.
　마가다국의 붓다가야에서 성도한 후 제삼칠일에 설하여진 단행본의 화엄경전류(華嚴經典類)들은 이상과 같은 과정을 거쳐 『대본화엄경』으로 성립하게 되었다.

4. 화엄경의 사상

　화엄사상은 『화엄경』을 소의경전(所依經典)으로 하여 정립된 것으로 화엄가(華嚴家)들에 의해 체계화되고 전개되어 온 사상을 말한다. 여기서는 『화엄경』사상을 크게 3가지로 나누어 살펴보고자 한다.

1) 법계연기사상(法界緣起思想)

　연기론에는 소위 업감(業感)연기설로부터 법계(法界)연기설에 이르기까지 다양한 연기설이 있지만 화엄사상의 철학적 구조는 법계연기설이다.

법계연기는 법계의 사물이 천차만별하나, 서로 인과 관계를 가지고 있는 것이며, 하나도 단독으로 존재한 것이 없다는 것이다. 그러므로 만유를 모두 동일한 수평선 위에 두고 볼 때에는 중생(衆生)·불(佛), 번뇌(煩惱)·보리(菩提), 생사(生死)·열반(涅槃)과 같이 대립하여 생각하던 것도 실지는 모두 동등한 것이다. 즉 번뇌가 곧 보리, 생사가 곧 열반이어서 만유는 원융무애한 것이다. 그래서 화엄종에서는 일즉일체(一卽一切)·일체즉일(一切卽一)이라 말하며, 혹은 한 사물(事物)은 상식으로 보는 단독한 하나가 아니요, 그대로 전 우주라는 뜻에서 한 사물을 연기의 법으로 삼고, 이것이 우주 성립의 체(體)며 힘인 동시에 그 사물은 전 우주로 말미암아 성립된 것이라 한다. 우주의 만물은 각기 하나와 일체가 서로 연유(緣由)하여 있는 중중무진(重重無盡)한 관계이므로 또 이것을 법계무진연기라고도 한다. 이 사상을 설명하는 것이 육상원융(六相圓融)과 십현연기(十玄緣起)의 교의(敎義)이다.[25]

　이 연기의 진리는 후에 여러 가지로 그 설명방식이 변천되어 왔다. 업감연기(業感緣起)·뢰야연기(賴耶緣

---
25) 김길상 편, 『불교학대사전』, 808쪽 참고.

起)·여래장연기(如來藏緣起) 그리고 법계연기(法界緣起) 등이 그것이다. 화엄의 세계는 법계 전체가 비로자나 법신의 현현인 것이니, 여래성연기의 여래출현이기에 법계연기가 이루어지는 것이다.[26]

이와 같은 법계연기사상이 최초로 형성된 것은 두순(杜順)의 삼관(三觀)에서 찾아볼 수 있다. 두순은 「법계관문(法界觀門)」에서 법계(法界), 즉 이 온 누리를 진공문(眞空門)·이사무애문(理事無碍門)·주변함용문(周遍含容門)의 3으로 나누고 있고, 지엄(智儼)은 동시구족상응문(同時具足相應門) 등의 십현문(十玄門)으로 설명하고 있고, 법장(法藏)은 육상원융(六相圓融)으로 설명하고 있다. 6상이란 총상(總相)·별상(別相)·동상(同相)·이상(異相)·괴상(壞相)을 말한다.

신라의 의상(義相)은 연기육문(緣起六門)에 의해서 법계연기(法界緣起)를 설명하고 있고, 징관(澄觀)은 사법계(事法界)·이법계(理法界)·사리무애법계(事理無碍法界)·사사무애법계(事事無碍法界)의 사종법계(四種法界)로 나누고 있으며, 사사무애법계(事事無碍法界)가 곧 법계연기라고 설명하고 있다.[27]

---
26) 해주스님, 『화엄의 세계』, 22쪽 참고.

2) 법신불사상(法身佛思想)

  법신불(法身佛)이란 '법(法)을 몸으로 하는 붓다' 라는 뜻이다. 여기서 법(法)이란 진리를 말한다. 그러므로 법신불이란 '진리를 몸으로 하는 붓다', '진리의 붓다' 라는 뜻이다. 이것을 화엄경에서는 비로자나불이라고 한다.[28] 비로자나는 '바이로차나(vairocana)' 라고 하는 인도말의 소리 옮김인데 바로 태양을 뜻하는 말이다. 태양빛이 어디에서나 항상 존재하듯이 이 부처님은 어디서나 존재하며 가득 차 있다는 불타관을 드러내고 있다.[29]

  이 법신불은 전지하고 전능하며 무소부주(無所不住)한 존재다. 그러면 그것은 무엇일까. 불교 교학에서는 그것을 법(法)이라고도 하고, 제법의 실상(諸法實相)이라고도 한다. 그것은 우주의 법칙이며, 자연의 섭리다. 인간과 인간 사이의 도리라고도 할 수 있다.

  제법의 참모습(實相)과 사람의 도리라고도 할 수 있는

---

27) 불교교재편찬위원회, 『불교사상의 이해』, 240쪽 참고.
28) 불교교재편찬위원회, 『불교사상의 이해』, 228쪽 참고.
29) 조계종 포교원 편저, 『불교교리』 조계종출판부 1998, 205-207쪽 참고.

이 법칙을 자각하신 분이 인간 석가모니 붓다이다. 그 법의 자각에 의해서 싯다르타 태자는 붓다가 되었고, 붓다에 의해서 자각된 그 법을 우리는 법신불이라고 한다.

이렇게 설명하면 유일신교에서 말하는 여호와 신(神)이나 알라와 다를 바가 없지 않나 하고 생각할지도 모른다. 그러나 특징적으로 다른점이 있다. 유일신교의 신은 만물을 창조하거나 인간을 심판하여 상을 주거나 벌을 주는 일을 한다지만, 법신불은 무공용(無功用)이라는 점이다. 무공용이란 무엇을 어떻게 하겠다는 의지를 갖지 않고 있다는 뜻이다. 그것은 태양광명과 같이 온 세계를 두루 비출 뿐이다. 무공용이기 때문에 법신불은 배타적이거나 독선적이지 않다.[30]

3) 보살사상

보살사상이란 우리와 같은 범부 중생이 대자재한 해탈의 법신불을 추구해 닦아 가는 수행의 길과 실천행이라고 할 수 있다.

---
30) 불교교재편찬위원회, 『불교사상의 이해』, 230쪽 참고.

보살이란 보리살타(菩提薩埵, Bobhisattva)의 준말이니 깨달을 중생 또는 깨달은 중생(覺有情)이라는 뜻이다. 따라서 화엄에서는 발심만 하면 바로 정각에 이른다고 한다. 처음 발심할 때가 바로 정각을 성취하는 때이다. 그러므로 『화엄경』에서는 시설하고 있는 발심보살의 보살행은 성불로 향해가는 인행(因行)이라기 보다 정각후의 과행(果行)이며 부처행(佛行)인 것이다. 인과가 둘이 아닌 인과교철(因果交徹)의 인행이며 과행이다. 다시 말해서 비로자나부처님의 세계를 구체적으로 구현시켜 나가는 것이 바로 『화엄경』에서의 보살행이다.[31]

보살계위는 십주(十住)·십행(十行)·십회향(十廻向)이라는 예비 단계를 거친 뒤에 십지(十地)·등각(等覺)·묘각(妙覺)의 42위이다. 이는 일반적인 보살계위를 52위 53위 및 57위 등으로 설정하는 것과 다르다. 『팔십화엄』에서는 신(信)은 십신(十信)의 계위로 나타나지 아니하니, 신은 모든 보살도를 받치고 있는 기반이기 때문이다. 42계위의 맨 첫단계인 초발심주에서 발심하여 여래가에 태어난 발심보살의 보살행은 하나 하나가 다음 단계로 나아

---

31) 해주스님, 『화엄의 세계』, 20-21쪽 참고.

가기 위한 앞단계라기보다 낱낱이 나름대로 독자적인 가치를 지닌 이타행이며 불국토를 장엄하는 일면인 것이다.[32]

보살행에 대하여 구체적으로 말하자면 보살에는 구도(求道)의 보살, 서원(誓願)의 보살, 여래(如來)의 활동자로서의 보살 등이 있다.[33]

여기서 구도의 보살이란 선재동자(善財童子)와 같이 도(道)를 구하기 위해서 일로(一路)를 추구해 가는 사람을 말하며, 서원의 보살이란 법장(法藏) 보살과 같이 깨달음을 남에게 주는, 혹은 남을 깨닫게 하겠다는 원(願)을 세운 보살을 말한다. 여래(如來)의 활동자로서의 지혜를 상징하는 문수(文殊)보살, 행을 상징하는 보현(普賢)보살, 자비를 상징하는 관음(觀音)보살 등을 말한다.

여기서 구도보살이 상구보리(上求菩提)의 보살이라면 서원과 여래의 활동자로서의 보살은 하화중생(下化衆生)의 보살이라고 할 수 있다. 결론적으로 보살이란 자기 완성과 이웃 구제의 원(願)을 세워 정진하는 자라고 할 수 있다.[34]

---
32) 해주스님, 『화엄의 세계』, 21쪽 참고.
33) 불교교재편찬위원회, 『불교사상의 이해』, 231쪽 참고.
34) 불교교재편찬위원회, 『불교사상의 이해』, 233쪽 참고.

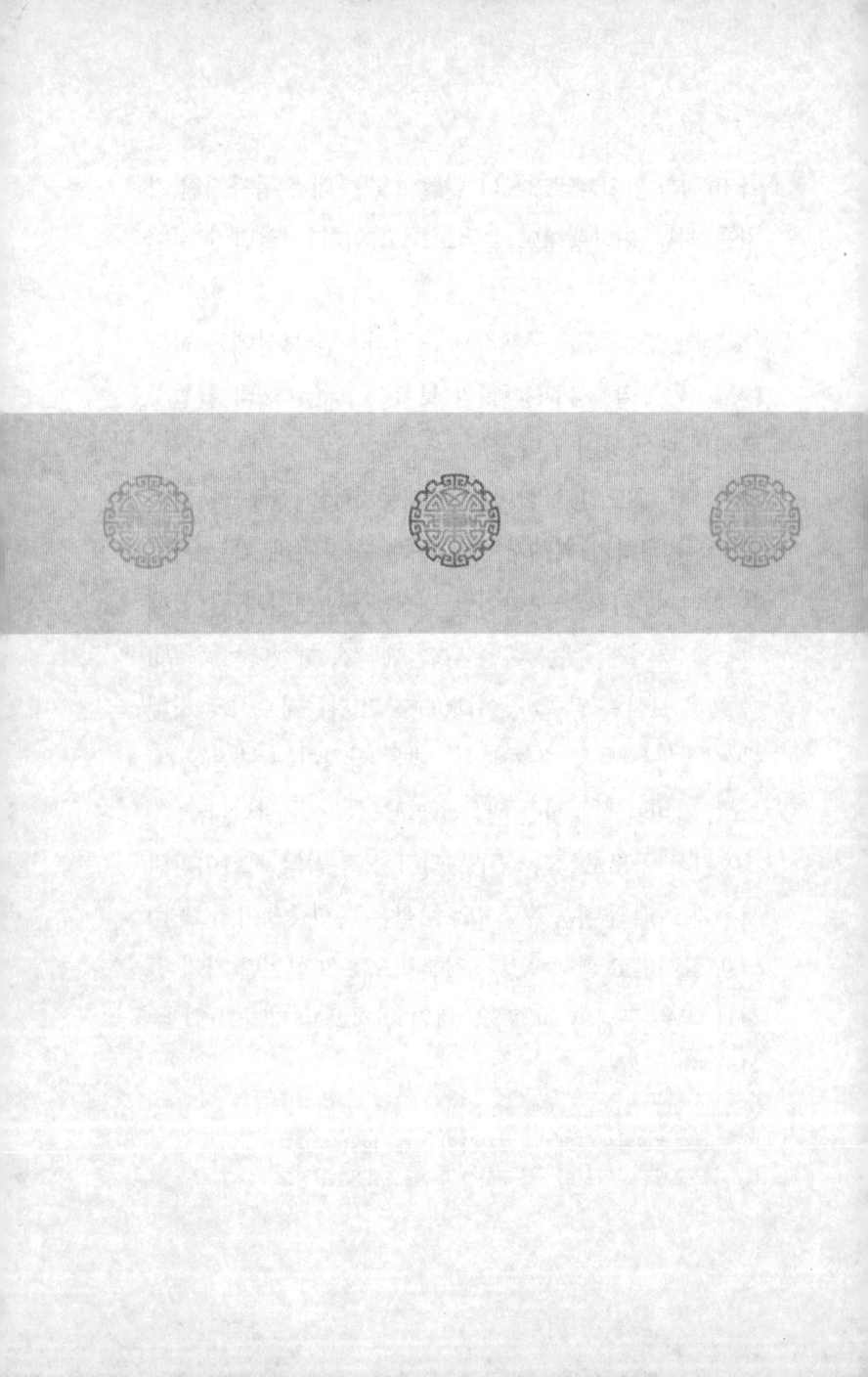

제2장

화엄경의 구성

『화엄경』의 전체 구성은 40·60·80화엄경이 서로 다르게 되어 있으며, 여기서는 80화엄을 중심으로 그 구성을 살펴보고자 한다. 이 경은 7세기말에 인도출신의 학승 실차난타가 번역하였으며, 보통『화엄경』이라고 하는데, 이 이름은 크고 넓은 부처님의 공덕을 설교한 경이라는 뜻이다. 이 경에는 부처님께서 보리수 밑에서 깨달음을 얻은 뒤 보살들에게 설교하였다는 대승불도수행의 내용과 방법이 서술되어 있다.

이 경의 다른 번역으로는 불타발타라가 번역한 『화엄경』(60권)이 있다. 신역본은 구역본보다 내용이 비교적 완비되어 있다. 신역에서는 구역의 「입법계품」에서 일부 빠진 문구들을 보충하였고 품을 세분화하였으며 또 구역본에서는 볼 수 없는 「십정품」과 같은 내용을 새로 보충하였으며, 모두 39개의 품으로 되어 있다.

표 1 《팔십화엄》 7처 9회 39품의 설주와 교설내용

9회	7처	39품	설주보살	교설내용	경전구분	내용(대상)구분
1	보리도량(菩提道場)	1. 세주묘어품 2. 여래현상품 3. 보현삼매품 4. 세계성취품 5. 화장세계품 6. 비로자나품	보현(普賢)	불자내증경(佛自內證境)	보현경전계(普賢經典系)	부처님
2	보광명전(普光明殿)	7. 여래명호품 8. 사성제품 9. 광명각품 10. 보살명문품 11. 정행품 12. 현수품	문수(文殊)	신(信)	문수경전계(文殊經典系)	중생(衆生)
3	도리천궁(忉利天宮)	13. 승수미산정품 14. 수미정상게찬품 15. 십주품 16. 범행품 17. 초발심공덕품 18. 명법품	법혜(法慧)	십주(十住)	십지경전계(十地經典系)	보살(菩薩)

9회	7처	39품	설주보살	교설내용	경전구분	내용(대상)구분
4	야마천궁 (夜摩天宮)	19.승야마천궁품 20.야마천궁게찬품 21.십행품 22.십무진장품	공덕림 (功德林)	십행 (十行)	십지경전계 (十地經典系)	보살 (菩薩)
5	도솔천궁 (兜率天宮)	23.승도솔천궁품 24.도솔천궁게찬품 25.십회향품	금강장 (金剛藏)	십회향 (十廻向)		
6	타화자재천	26.십지품	금강장	십지		
7	중(重) 보광명전 (普光明殿)	28.십통품 29.십인품 30.아승지품 31.수량품 32.제보살주처품 33.불부사의법품 34.여래십신상해품 35.여래수호광명공덕품 36.보현행품 37.여래출현품	주로 보현 (普賢)	각(覺) (等·妙覺)	보현경전계 (普賢經典系)	부처님
8	삼중(三重) 보광명전 (普光明殿)	38.이세간품	보현 (普賢)	묘각 (妙覺)	보현경전계	부처님
9	급고독원 (給孤獨園)	39.입법계품 40.보현행원품	문수→ 보현	해설문 (解說門)	총(總)	총(總)

1. 제1권~제5권

이 권들에는 1개의 품이 있다.

① 세주묘엄품 - 세주묘엄이란 부처님의 신기한 재주라는 말이다. 이 품에서는 세상의 모든 일을 깨달은 부처님의 힘에 의하여 몽매와 고통 속에서 헤매던 사람들이 교화되어 비로소 안락을 얻고 서로 화목을 이룩하게 되었다는 것을 설교하고 있다.

먼저 부처님의 신기한 조화에 의하여 금은보화로 웅장하고 아름답게 장식된 부처님의 설교장소인 마가다국의 아란야[1] 법 보리[2] 도량[3]은 눈부시게 화려하였다. 땅은 금강석으로 이루어졌고 주위는 갖가지 보배와 온갖 아름다

---

1) 아란야(阿蘭若, aranya) : 아련야(阿練若)·아란야(阿蘭若)·아란나(阿蘭拏)·아란양(阿蘭攘)이라고도 음역한다.삼림(森林), 마을에서 멀지도 가깝지도 않은 수행하기에 적절한 장소, 수행승이 사는 곳; 즉 암자 절을 의미한다.
2) 보리(菩提, bodhi) : 지(智)·도(道)·각(覺)이라 한역한다.보리도량(菩提道場)의 약어로 깨달음을 연 장소를 말한다.부처님의 정각(正覺)의 지(智), 깨달음, 정지(正智)의 작용, 깨달음의 지혜, 미혹으로부터 눈뜬 것, 지혜의 작용에 의해 무명(無明)이 없어진 상태를 의미한다. 또 번뇌를 끊고 얻은 열반을 말한다.
3) 도량(道場) : 깨달음을 연 장소, 부다가야에 있어서 보리수 아래의 금강좌(金剛座)를 말한다.깨달음의 자리, 각오(覺悟)의 단상, 깨달음의 장소, 부처님이 깨달음에 도달한 장소(어떠한 곳이라도 좋다.)를 의미한다. 또 도를 배우거나 또는 수행(修行)·수법(修法)을 배우는 장소, 수행의 자리, 법을 펴거나, 실현하는 장소라는 의미도 있다.그리고 불도를 수행하는 장소, 대부분은 절을 말한다. 본존을 참배하고 수행하는 장소이다. 불당(佛堂), 절의 다른 이름이기도 하다.

운 꽃으로 장식되어 있었다. 하늘높이 우뚝 솟은 보리수는 줄기로부터 가지와 잎사귀에 이르기까지 모두 진귀한 보배로 장식되어 부처님이 거처하는 궁전은 넓고 화려하였으며 그곳에서는 언제나 찬란한 광명[4]이 온 누리에 빛을 뿌리고 있었다.

다음으로 부처님의 신기한 힘과 그를 수호하는 무리들을 소개하고 있다. 그에 의하면 부처님은 아름다움으로 극치를 이룬 궁전의 설교할 자리에 앉아서 찬란한 빛발을 내보내어 온 누리의 어두움을 쓸어버리고 햇빛처럼 밝은 부처님의 나라를 펼쳐주었다. 그리하여 세상의 모든 생명들은 부처님의 빛발에 의하여 고통에서 구제되고 서로 화목을 이루게 되었다.

한편 이 설교장소에는 부처님의 신비한 힘을 배우면서 그의 교화를 돕는다고 하는 우두머리보살들과 부처님을 수호한다고 하는 형형색색의 귀신들이 수많이 모여들었다.

여기에는 부처님과 같은 신비한 재주와 힘을 가지고 사람들을 교화하고 구제한다는 보현보살을 비롯한 수많

---

[4] 광명(光明) : 미망의 암흑을 깨고, 진리를 나타내기 때문에 불·보살의 지혜를 상징하는 것으로 사용된다. 불신(佛身)에서 발하는 빛이다.

은 보살들이 언제나 부처님을 둘러싸고 있었다. 그리고 위력한 힘을 가지고 부처님을 수호한다고 하는 금강귀신을 비롯하여 용신, 땅신, 나무신, 약초신, 곡식신, 하천신, 바다신, 불신, 바람신 등 수 많은 귀신들이 부처님을 옹위하고 있었다. 이 모든 귀신들은 수 천만년의 세월을 걸쳐 진심으로 부처님을 섬기면서 호위하여 왔고 온갖 나쁜 것을 제압하여 좋은 덕행[5]을 마련하여 왔기 때문에 큰 복덕을 얻게 되었다고 한다.

끝으로 모든 보살과 귀신들이 저마다 부처님의 덕행을 찬양하고 있다.

우선 모든 하늘세계의 왕들은 부처님께서 세상사람들이 당하는 고통을 가엾게 생각하여 신비한 지혜의 힘을 가지고 세상에 나타났으며 부처님이야말로 세상만물의 허무한 본성을 제일 먼저 깨닫고 번뇌[6]의 암흑에서 모든 사람들을 구제하는 등불로 되었다고 찬양하였다. 또한 부처님은 모든 신통한 조화를 한 몸에 지니고 온갖 마귀들

---

5) 덕행(德行) : 공덕을 갖추고 있는 행법, 즉 삼학(三學)·육도(六道)를 말한다.
6) 번뇌(煩惱, kleśa) : 나쁜 마음의 작용, 번요뇌란(煩擾惱亂)이라 한다. 고민 걱정, 몸과 마음을 번거롭게 하고 괴롭히는 정신작용을 말한다. 중생의 몸이나 마음을 어지럽히고 고통을 낳는 불순한 정신작용의 총칭으로 중생은 번뇌에 의해서 업을 일으키며 그 과보를 받는다.

의 작간을 들부시며 어리석음과 의혹에 물 젖은 사람들의 마음을 씻어주고 극락[7]의 길로 이끌어준다고 하였다.

이어서 보현보살[8]을 비롯한 많은 보살들이 부처님의 덕행을 찬송하였다. 그들은 온 세상이 부처님의 덕행에 의하여 구제되고 사람마다 화목을 이룩하게 되었으며 부처님의 교화가 온 세상 모든 사람들의 마음에 뿌리내렸기 때문에 화원의 백화가 만발하듯이 누구나 다 마음의 안락을 누릴 수 있게 되었다고 한다.

이상과 같이 이 품에서는 부처님께서 이 세상에 나옴으로써 사람들은 마음의 고통에서 벗어날 수 있고 화목을 이룩할 수 있게 되었다는 것을 설교하였다.

---

7) 극락(極樂) : 안양(安養)·안락국(安樂國)·무량수불토(無量壽佛土)·무량광명토(無量光明土)·무량청정토(無量淸淨土)·연화장세계(蓮華藏世界)라고도 한다. 서쪽을 향하여 십만억의 국토를 지나면 저쪽 편에 있는 나라로 여러가지 고통이 없고, 단지 즐거움만이 있으며, 아미타불은 그곳에 계시면서 항상 설법을 한다고 한다. 이 나라에 태어나는 사람은 여러 가지 즐거움을 받는다고 한다. 예를 들면, 부처님과 같이 신통을 얻고, 마음대로 법을 듣고, 부처님에게 공양하면, 깨달음이 열린다고 한다.

8) 보현보살(普賢菩薩, samantabhadra) : 불교의 실천을 대표하는 보살로흰 코끼리를 탄 형상과 연화대 위에 앉은 두 가지 모습이 있다. 대행원(大行願)의 상징으로 석가모니 부처님을 오른쪽에 모시고 있고, 문수보살과 함께 석가모니 부처님의 좌우협시 보살이다. 『화엄경』, 『법화경』에 우두머리보살(上首菩薩)로 나타난다.

2. 제6권

이 권에는 1개의 품이 있다.
② 여래현상품 – 여래현상이란 세상에 나타난 부처님의 모습이라는 뜻이다. 이 품에서도 위의 「세주묘엄품」과 마찬가지로 부처님의 여러 가지 덕행을 찬양하고 있다. 먼저 부처님은 자기가 얻은 신비한 덕행의 유래에 대하여 설명하고 있다.

부처님은 자기가 지니고 있는 모든 힘과 재주를 헤아릴 수 없이 많은 덕행으로 이루어졌다고 하였다. 만일 자기가 입을 벌려 광명을 비치면 온 누리는 삽시간에 밝아지고 고통 속에서 헤매던 모든 사람들은 기쁨과 행복을 얻게 된다고 하였다.

부처님은 자기가 이런 덕행을 지니게 된 것은 아득히 먼 오랜 옛날부터 불도[9]를 닦는 과정에 어느 날 보리수 밑에서 세상의 허무한 이치를 깨닫고 큰 자비심이 생겨났기 때문이라고 하였다. 그러면서 그는 이제 이 신비한

---

9) 불도(佛道) : 부처님의 도, 부처님이 되기 위한 가르침, 깨달음에 이르러야 할 도, 부처님의 깨달음을 말한다. 또 불교의 수행, 부처님이 설한 실천 방법을 뜻하기도 한다. 불법과 동일하다.

덕행을 배우려는 의향을 가진 어진 자들은 자기의 처소에 찾아와서 설교를 들어야 한다고 하였다.

다음으로 여러 보살[10]들이 부처님의 지혜를 찬양하고 있다.

그에 의하면 부처님의 지혜는 세상의 모든 것을 통달하고 극락세계로 가는 사람들의 길잡이로 되어있는 것만큼 그 힘의 크기를 이루 헤아릴 수 없다.

보살들은 부처님께서 자유자재한 지혜의 힘에 의거하여 세계의 모든 나라에 수천 수만의 화신으로 나타나서 세상살이에 대한 사람들의 미련과 의혹, 어리석은 생각을 풀어주고 깨끗한 마음을 지니도록 하여 준다. 그러므로 착한 사람들은 저마다 부처님을 가까이하고 불도를 닦으려고 한다는 것이다.

---

10) 보살(菩薩,bodhisattva) : 깨달음의 성취를 바라는 사람이나 깨달음의 완성에 노력하는 사람·깨달음을 구해 수행하는 자·부처가 되려고 뜻을 세운 자·붓다가 되어야 할 도심(道心)을 일으켜서 수행하는 구도자·부처의 지혜를 얻기 위해 수행하고 있는 사람을 일컫는다. 이타적 의의를 포함시켜, 대승의 수행자를 말하고 스스로 불도를 구하고 타인을 구제하여 깨닫게 하는 자이며 위로는 보리(菩提)를 구하고 아래로는 중생을 교화하려는 사람을 말한다. 향상적으로는 자리(自利)의 행(行)으로서 깨달음(菩提, 道)을 체득하고 향하적(向下的)으로는 이타(利他)의 행(行)으로서 중생을 이익되게 하는 사람으로 대승에서는 재가·출가에 통하고 발심하여 불도를 행하는 자를 말한다.

끝으로 보살들은 자기들을 세상에 태어나게 하여준 부처님의 은혜를 찬양하였다. 그에 의하면 보살은 부처님의 신기한 힘에 의하여 세상에 태어날 수 있었고 그의 신통한 재주를 이어받았기 때문에 사람들을 교화하는 일을 감당할 수 있게 되었다.

부처님께서 자기들을 낳아주고 신통한 재주를 심어준 것은 보살들을 통하여 일체 자비심을 모든 사람들에게 고르게 베풀어주기 위한 부처님의 너그러운 마음에서 나온 것이다. 그러므로 부처님이야말로 모든 보살과 사람을 비롯한 일체 목숨 가진 생명들의 은인이라는 것이다.

이처럼 이 품에서는 부처님의 신비성을 강조하면서 부처님께서 곧 이 세상을 구제하여 주고 있다고 찬양하였다.

3. 제7권

이 권에는 2개의 품이 있다.

③ 보현삼매품 – 보현삼매란 보현보살이 명상에 잠긴다는 뜻이다. 이 품에서는 명상에 의한 수양방법으로 부

처님의 지혜를 얻은 보현보살을 찬양하고 있다.

먼저 부처님은 불도에 충실한 보현보살을 기특하게 여기고 자기가 사랑하고 있다는 것을 이야기하고 있다.

부처님은 보현보살이 이미 명상속에서 마음을 깨끗이 수양하고 세상만물이 허공과 같이 허무한 것이라는 이치를 깨달았기 때문에 부처님의 지혜를 원만히 지니게 되었다고 하였다. 그러면서 그는 보현보살이 부처님처럼 신통한 재주로써 임의의 시각에 임의의 세계에 나타날 수도 있고 순식간에 수천 수만의 보현보살로 변신하여 부처님의 교리를 가지고 사람들 앞에 나타나서 설교할 수 있는 능력을 닦았기 때문에 부처님의 각별한 사랑을 받게 된 것이라고 하였다.

다음으로 부처님은 온 세상 사람들이 보현보살을 잘 섬기고 받들고 있다고 이야기하고 있다.

그에 의하면 보현보살은 부처님의 교리와 그의 신기한 힘에 의하여 생겨난 깨끗한 몸을 가지고 있는 것만큼 부처님을 진정으로 섬기려는 사람들의 귀감으로 되고 온 세상 사람들의 존경을 받게 된 것이다. 그러면서 부처님은 보현보살이 명성에 의한 방법으로 마음을 안착하여 불도를 닦기 때문에 그 누구보다도 더 큰 보람을 얻게 된다고 하였다.

④ 세계성취품 - 세계 성취란 모든 세계가 하나로 이루어진다는 뜻이다. 이 품에서는 부처님께서 지혜의 힘으로 온 세계를 하나의 대승교리에 포섭시킨 데 대하여 이야기하고 있다.

먼저 보현보살이 부처님의 지혜의 힘은 온 세상에 미치지 않는 곳이 없다는데 대하여 이야기하고 있다.

그에 의하면 부처님의 지혜의 힘은 묘하기 때문에 사람들의 생각을 가지고서는 헤아릴 수 없고 말할 수도 없다. 그러나 부처님은 고통받는 세계의 모든 사람들을 가엾게 생각하여 자유자재한 지혜의 힘으로 그들을 다 너그럽게 포섭하여 교화한다. 만일 부처님의 이런 은공을 깊이 간직하고 대승불교를 굳게 믿고 불도를 닦는 사람들은 부처님의 지혜를 빨리 얻게 된다.

다음으로 보현보살은 온 세계는 부처님의 조화에 의해서만 깨끗하게 될 수 있다고 설교하고 있다.

그에 의하면 부처님께서 과거와 현재, 미래에 걸쳐 세상에서 벌어지는 일체사연을 모두 알고 있기 때문에 그에 대처할 수 있는 방법과 수단을 이용하여 어지러운 것을 밝게 하고 고통스러운 것을 즐겁게 하는 등 온 세계를 하나의 깨끗한 부처님의 세계로 조화시킨다. 부처님의 조화에 의하여 이루어지는 세계는 극락세계로 되는 것만큼 그 모양이 아름답고 찬란하며 거기에서 사람들은 영원한 복락을 누리게 된다.

끝으로 보현보살은 모든 사람들이 부처님을 섬기는 것을 응당한 일로 여겨야 한다고 설교하고 있다.

그에 의하면 대승불교를 믿는 모든 사람들은 불도의 좋은 바탕을 마련하기 위하여 부처님을 섬기고 받드는 것을 한시도 잊지 말아야 한다. 그것은 부처님의 설교를 떠나서 그 누구도 교화될 수 없기 때문이다. 그러므로 온 세상은 사람들이 고달픈 인간생활에서 벗어나 극락으로 가기 위해서는 부처님을 섬기고 하나의 대승교리에 포섭되는 것은 응당한 일이다.

이상과 같이 위의 품들에서는 모든 사람들이 부처님의 교리에 무조건 순종해야 하며 그를 섬기고 받들어야 한다는 것을 설교하였다.

4. 제8권~제10권

이 권들에는 1개의 품이 있다.

⑤ 화장세계품 - 화장세계[11]란 연꽃 속의 화려한 세계라는 뜻이다. 이 품에서는 연꽃세계의 화려한 모습을 보여주면서 세상에 극락세계와 고통의 세계가 있게 되는 까닭에 대하여 설명하고 있다.

먼저 연꽃세계의 유래와 그 아름다움에 대하여 소개하고 있다.

보현보살의 설교에 의하면 연꽃세계가 그처럼 아름다운 세계로 될 수 있는 것은 부처님께서 전생[12]에서부터 이 연꽃세계에 있으면서 꾸준히 불도를 닦아 신기한 힘을 얻고 자비로운 덕행을 널리 펴왔기 때문이다.

이 세계는 향수 바다 속에 자리잡고 있으며 그 주위는 금강석을 비롯한 여러 가지 진귀한 보물산으로 둘러싸여

---

11) 화장세계(華藏世界) : 연화장세계·연화장장엄세계해(蓮華藏莊嚴世界海)의 준말로 화장계라고도 한다. 석가모니불의 진신(眞身)인 비로자나불의 정토이며 가장 밑은 풍륜(風輪), 풍륜 위에 향수해(香水海)가 있고, 향수해 가운데 대연화가 있으며, 이연화 안에 무수한 세계를 포장(包藏)하였다한다.
12) 전생(前生) : 전세(前世), 이전 세상, 먼저 세상의 생애를 말한다.

있다. 또한 이 연꽃세계는 모든 것이 보석으로 장식되어 있기 때문에 눈부시게 찬란하며 곳곳에 향기 그윽한 향수강이 흐르고 향수강의 줄기를 따라 그 양쪽 기슭에는 무성한 보배의 수림이 우거졌으며 수정누각들이 줄줄이 늘어서 있어 연꽃세계의 아름다움과 웅장함을 더 부각시켜준다.

보현보살은 누구나 부처님을 따라서 그처럼 불도를 닦으면 이런 연꽃세계를 맞이하게 된다고 하였다. 계속하여 그는 연꽃세계 속에는 수 많은 나라가 있는데 그 모든 나라는 형태가 서로 다르지만 나라마다 부처님의 공덕이 깃들어 있으므로 모두 하나와 같이 신비스럽다고 하였다.

그는 여기에 있는 향나무모양으로 된 나라, 구슬모양으로 된 나라, 꽃구름 모양으로 된 나라 등 수천 수만가지의 모양을 가진 각이한 나라들을 모두 보석으로 장식되고 진귀한 물건으로 차 넘치기 때문에 그 아름다움과 깨끗함을 어디에도 비길 데 없다고 하였다.

다음으로 보현보살은 인간세상이나 하늘세계는 영원한 것이 아니라고 설교하고 있다.

그에 의하면 세계라는 것은 영원히 그대로 있는 것이

아니라 파괴되기도 하고 새롭게 형성되기도 한다. 이것은 마치 밀림의 무성한 숲 속에서 자라나는 나무들 가운데 어떤 나뭇가지에서는 잎이 말라 떨어지고 또 다른 나뭇가지에서는 새로운 잎사귀가 움트고 자라는 이치와 같은 것이다. 그러면서 그는 오직 극락세계만이 영원히 없어지지 않는 세계로 된다고 하였다.

또한 보현보살은 세계마다 나라마다 여러 가지 구별이 있게 되는 근거를 설명하고 있다. 그것은 비유하여 말하면 과일나무에 따라 거기에 달리는 열매가 다르듯이 매개 나라 사람들의 마음이 깨끗한가 더러운가에 의하여 좋고 나쁜 차별이 있게 된다.

만일 사람들의 마음이 바르고 착하면 그 나라는 부처님의 세계처럼 자연히 아름답게 되고 누구나 복을 누릴 수 있는 극락세계로 될 수 있다. 그러나 사람들의 마음이 어지러운 나라는 지세가 험악해지고 모든 사람들이 고통과 번민으로 나날을 보내게 된다. 그것은 부처님의 교리를 어기고 사람마다 제각기 자기의 미련, 지기의 욕망, 자기의 생각을 가지고 제멋대로 행동하기 때문이라는 것이다.

끝으로 보현보살은 지옥과 인간세상과 극락세계는 판

이하게 구별된다고 이야기하고 있다.

지옥에서는 죄를 지은 자들의 비명이 그칠새 없고 인간세상에서는 고통으로 신음하는 사람들의 한숨 소리가 높으나 극락세계에서는 복락을 누리는 노랫소리가 울려 퍼지고 있다.

여기서 부처님은 고통받는 모든 사람들을 가엾게 생각하고 그들에게 큰 자비심을 베풀어준다. 그것은 연꽃세계에서 비치는 부처님의 빛발이 극락의 신기한 노래를 싣고 고통으로 가득 찬 세상에 울려 퍼지기 때문에 모든 사람들은 괴로운 생각이 사라지고 깨끗한 마음을 지니게 될 것이며 온 세상은 연꽃세계처럼 극락세계로 될 것이다.

이처럼 이 품에서는 극락세계에 가려면 불도를 닦아서 착한 마음을 지녀야 한다는 것을 설교하였다.

5. 제11권

이 권에는 1개의 품이 있다.

⑥ 비로자나품 – 비로자나[13]란 온 누리에 광명을 비친다는 뜻으로서 여기서는 석가모니부처님의 다른 이름으로 쓰였다. 이 품에서는 부처님을 높이 받들고 섬겨야 하는 근거를 설명하고 있다.

보현보살의 말에 의하면 부처님은 아득히 먼 옛날부터 오늘에 이르기까지 모든 사람들을 위하여 큰 은혜를 베풀어왔기 때문에 그를 받들고 재물을 섬겨 받쳐야 한다. 그는 부처님께서 한때 어리석은 사람들과 교화하여 그들로 하여금 허무한 세상의 이치를 깨닫게 하고 육체의 고통과 마음의 번민을 없애게 하여 주었다고 하였다.

보현보살은 다른 실례도 들고 있다. 어느 한 나라의 왕과 왕태자는 부처님의 교화를 받고 착실하게 불도를 닦

---

13) 비로자나(毘盧遮那, vairocana) : 변일체처(遍一切處), 광명변조(光明遍照)라고 옮김. 부처님의 진신(眞身)을 나타내는 칭호이다. 부처님의 신광(身光), 지광(智光)이 이사무애(理事無碍)의 법계(法界)에 충만하여 원명(圓明)한 것을 표현하는 칭호이다. 부처님의 본래 모습은 진리당체이고 광명이시므로 바이로차나(Vairocana)곧 변일체처광명변조(遍一切處光明遍照)라 한다. 일체에 광명이 두루 비추지 않는 곳이 없다는 뜻이다. 곧 태양의 뜻으로 불지(佛智)의 광대무변한 것의 상징으로, 무량겁해(無量劫海)의 공덕을 닦아 정각(正覺)을 성취한 연화장세계(蓮華藏世界)의 교주로 천엽(千葉)의 연화(蓮華)에 앉아 계신다. 특히 비로자나불, 노사나불, 석가모니불을 각각 법신, 보신, 화신의 삼신에 배치하여 구경(究竟)의 묘경(妙境)에 나투시는 것을 비로자나불이라 한다.

았기 때문에 부처님의 깨끗한 마음을 지니는 비결과 자비심을 베풀어 사람들을 고통에서 구제하는 방법을 비롯한 열 가지 재간을 얻게 되었다.

그리하여 왕태자는 부처님에 대한 고마움을 노래하면서 부처님이야말로 모든 사람들의 은인이며 그를 공경하고 받드는 것을 응당한 도리라고 하였다. 이때 왕은 부처님에 대한 왕태자의 칭송을 듣고 즐거운 마음을 걷잡지 못하여 나라안에 포고를 내려 모든 사람들에게 금은보화와 재물들을 마련하여 가지고 부처님에게 가서 섬겨 받치도록 하였다.

이 왕과 왕태자의 부처님에 대한 정성을 본받아 다른 나라의 모든 왕들도 부처님을 높이 받들게 되었다고 한다.

보현보살은 이들처럼 부처님을 섬기는 모든 왕들과 귀신들의 소행을 칭찬하면서 이들이 바로 불도를 닦는 자들의 본보기로 된다고 하였다.

이상과 같이 이 품에서는 부처님을 애초부터 신성불가침의 존재로서 떠받들 것을 설교하였다.

6. 제12권

이 권에는 2개의 품이 있다.

⑦ 여래명호품 – 여래[14]명호란 부처님의 이름이라는 뜻이다. 이 품에서는 부처님의 여러 가지 이름이 모두 고통받는 사람들을 구제하기 위하여 적중하게 만들어진 것들이라는 것을 설교하고 있다.

먼저 앞부분에서는 설교 당시의 환경을 소개하고 있다. 부처님은 마가다국의 아란야법보리도량에서 세상의 허무한 이치를 깨닫고 곧 신비한 지혜를 얻은 뒤에 보광명전에 있는 설교할 자리에 가서 앉았다. 그 때 부처님과

---

14) 여래(如來, tathāgata) : tathā(이와 같이) + gata(갈수 있다)는 의미이지만, 한역자는 tathā(이와 같이) + āgata(올 수 있다)라고 해석하여 여래라 하였다. 여래는 수행을 완성한 사람으로 인격 완성자, 완전한 사람, 향상에 전념한 사람, 향상하여 오는 사람, 진리의 체현자이다. 불교뿐만 아니라 당시 인도의 일반 제 종교에서 널리 사용되었던 호칭이다. 부처님의 십호(十號)의 하나로 깨달음의 완성에 도달한 부처님이다. 특히 대승불교에서는 '진여(眞如)로부터 내생(來生)하는 것'의 뜻으로 해석하였다. 진여로부터 와서(진리의 체현자로써) 중생을 가르쳐 이끈다는 활동적인 측면에서 본 부처님의 다른 이름이다. 여(如)는 깨침의 묘처(妙處)에서 나타난 사람으로 있는 그대로의 절대적인 진리에 따라 와서 나타난 사람이다. 일행(一行)의 해석에 의하면 제불(諸佛)이 여실한 도에 올라와 올바른 깨달음을 얻도록 지금의 부처님도 이렇게 온다는 뜻이다.

함께 있던 수많은 보살들이 그의 신기한 지혜를 보여줄 것을 마음속으로 기대하고 있었다.

부처님은 그들의 심중을 알아차리고 자기의 신비한 위력으로 수없이 많은 부처님의 나라를 눈앞에 펼쳐 보이고 그 나라들에서 또 헤아릴 수 없이 많은 부처님과 보살들이 쏟아져 나오게 하였다. 그 수많은 부처님과 보살들은 각각 자기의 고유한 이름을 가지고 있었다.

예를 들면 동쪽으로 무수한 세계를 지나가면 금색이라고 하는 나라가 있는데 그 나라의 부처님의 이름은 부동지, 보살은 문수사리라고 하였다. 이처럼 시방세계의 모든 부처님과 보살들의 이름이 소개되었다.

다음으로 문수보살이 모든 보살들에게 부처님의 이름이 많게 되는 이유를 설명하고 있다.

그에 의하면 부처님은 지혜의 힘으로 모든 사람들을 구제하려는 큰 자비심을 가지고 수많은 세계에 화신으로 나타난다. 부처님께서 각이한 세계에 화신으로 나타나는 경우에도 그 세계에 사람들의 요구와 뜻에 맞게 석가모니 부처님, 모든 뜻을 이룩하는 부처님, 온 누리에 광명을 비치는 부처님 등 각이한 이름을 가지고 나타나서 사람들을 교화하기 때문에 모든 세계를 극락으로 만들 수 있게 한다.

이처럼 이 품에서는 이르는 곳마다에 부처님께서 있기 때문에 자신을 부지런히 수양하면 누구나 다 극락에 갈 수 있다는 것을 설교하였다.

⑧ 사성제품 – 사성제[15]란 네 가지 이치라는 뜻이다. 이 품에서는 사람들이 당하게 되는 고통의 근원을 밝히고 극락으로 가는 방도를 설교하고 있다.

먼저 문수보살이 인간세상은 고통으로 가득찬 번뇌의 세계라는 데 대하여 설교하고 있다. 그에 의하면 사람들은 인간세상을 놓고 죄악의 세상, 괴로움의 세상, 허황한 세상, 어리석은 자들이 횡행하는 세상이라고 한다. 그것

---

15) 사성제(四聖諦) : 부처님의 초전법륜(初轉法輪)에서 설해진 불교의 기본 교리로 네 가지의 성스러운 진리라고 한다. 화엄경 사성제품에서는 이 사성제가 다양한 이름과 방편으로 설해지고 있다. 사성제란 다음과 같다. ① 고성제(苦聖諦) : 모든 중생은 고통받고 있다. ② 집성제(集聖諦) : 생존의 고통에는 그 고통을 일으킨 원인이 있다. 그것은 탐욕과 원한, 어리석음[貪・瞋・癡]이라는 번뇌의 쌓임과 그 상승작용에 의한 것이다. ③ 멸성제(滅聖諦) : 고통의 원인을 소멸하는 진리, 그것은 니르바나이다. ④ 도성제(道聖諦) : 니르바나에 이르기 위한 길, 그것은 여덟 가지 바른 실천. 즉, 팔정도(八正道)이다. 팔정도란 바른 지혜[正見]・바른 사유[正思]・바른 언어[正語]・바른 행위[正業]・바른 생활[正命]・바른 노력[正精]・바른 생각[正念]・바른 선정[正定]이다.

은 인간세상에서는 사람들의 이러저러한 생각에 의하여 온갖 죄악이 저질러지고 누구나 번민 속에 사로잡혀 있기 때문이다. 다시 말하여 인간세상이 고통으로 가득 찬 어지러운 세상으로 되는 것은 사람들이 생에 대한 애착을 버리지 못하고 세상에 태어나서 늙고 병들어 죽는 것을 두려워할 뿐 아니라 재물에 대한 욕망, 여자에 대한 사랑 등 온갖 탐욕과 갖가지 번뇌가 언제나 마음속에 가득 차 있기 때문이다. 문수보살은 인간세상이 바로 이러한 원인에 의하여 고통과 번민의 장소로, 인간세상이라고 하는 나쁜 이름으로 불리게 된다고 하였다.

다음으로 문수보살은 극락으로 가는 길에 대하여 설교하고 있다.

그에 의하면 인간세상에서 일체 욕망과 미련을 버리는 것이 곧 극락으로 가는 길로 된다. 이 길을 마련하기 위해서는 모든 사람들이 인간세상의 허무한 본성을 바로 이해하며 인생의 모든 것이 고통뿐이라는 이치를 알고 인간세상과 결별해야 하며 세상의 어떠한 유혹에도 걸려들지 말고 언제나 깨끗한 마음을 지녀야 한다. 사람들의 이 깨끗한 마음이 곧 부처님의 마음이며 극락이다.

끝으로 문수보살은 마음을 깨끗하게 닦으려면 누구나

부처님의 교리에 의거해야 한다고 하였다.

모든 사람들이 부처님의 교리에 의거하여 자신을 수양해야만 인간 세상의 고통의 근원을 알게 되고 거기에서 쉽게 벗어날 수 있게 된다. 그것은 부처님의 교리가 모든 사람들로 하여금 일체의 잡생각을 버리고 오직 고요한 명상 속에서 세상의 허무한 이치를 깨닫게 하고 부처님의 신비한 지혜를 얻게 하는 비결을 안겨주기 때문이다.

이처럼 이 품에서는 사람들이 극락으로 가려면 인간생활을 떠나 부처님의 교리에 따라 불도를 닦아야 한다는 것을 설교하였다.

7. 제13권

이 권에는 2개의 품이 있다.

⑨ 광명각품 - 광명각이란 밝은 깨달음이라는 뜻이다. 이 품에서는 문수보살이 부처님께서 갖추고 있는 밝은 깨달음에 대하여 찬양하고 있다.

이 품의 첫머리에서는 부처님의 빛발을 받아 안은 시

방의 우두머리 보살들인 문수보살을 비롯하여 10명의 보살들이 부처님의 덕행을 찬양하고 그의 설교를 도와주기 위하여 모여드는 장면을 서술하였다.

다음으로 문수보살이 부처님의 덕행에 대하여 찬양하고 있다.

그에 의하면 우선 부처님은 온 세상을 돌아다니면서 모든 고통을 참아가며 언제나 자비심[16]과 동정을 가지고 어리석은 사람들을 깨우쳐 주었고 불도의 바른 길로 이끌어 주었다. 부처님께서 모든 사람들에게 세상에서 벌어지는 모든 일은 허깨비나 꿈속에서 보는 형상과 조금도 다를 것이 없다는 교리를 안겨줌으로서 그들로 하여금 세상의 그 어떤 유혹에도 마음의 동요를 일으키지 않게 하였다.

또한 문수보살은 부처님의 용모가 아름다운 데 대하여 찬양하였다. 그는 부처님께서 날 적부터 온몸이 금빛으로 빛났고 사자처럼 걸어다녔으며 빛나는 눈으로 온 세상을 굽어보고 위엄과 덕망을 다 갖춘 모습으로 언제나 빙그레 웃고 있다고 하였다.

---

16) 자비심(慈悲心) : 불쌍히 여기는 마음. 자(慈)는 중생에게 즐거움을 주고, 비(悲)는 중생의 괴로움을 없애는 것이다.

또한 문수보살은 부처님께서 모든 것을 차별하지 않고 누구나 고르게 대해준다고 하였다. 부처님은 세상만물을 살펴볼 때 좋고 나쁘거나 크고 작은 것을 구별하지 않으며 다 동등하게 보고 대한다. 왜냐하면 하나 가운데 많은 것이 있고 많은 것 가운데 하나가 들어 있는 것만큼 하나는 많은 것으로 이루어졌고 많은 것은 하나를 떠나서 있을 수 없다. 그러므로 하나가 곧 많은 것이고 많은 것이 곧 하나이므로 여기서는 구태여 그 어떤 차별도 할 수 없다.

 문수보살은 부처님께서 이런 관점에서 사람들에게 자비심을 베풀기 때문에 설사 한사람을 위해 불도를 닦는 다고 하더라도 그것은 모든 사람을 위한 것이라고 하였다.

 끝으로 문수보살은 부처님의 신기한 힘에 의하여 이룩한 모든 것은 과거와 현재, 미래에 걸쳐 모든 사람들을 극락으로 갈 수 있게 하는 좋은 바탕으로 된다고 찬양하였다.

 ⑩ 보살문명품 - 보살문명이란 보살들이 서로 묻고 대답하는 뜻이다. 이 품에서는 인간 세상에 온갖 차별이 있

게 되는 까닭을 설명하고 있다.

먼저 문수보살이 각수보살에게 '마음이라고 하는 본성은 원래 다 같은 하나인데 왜 마음에 의하여 세상을 좋고 나쁜 것으로 차별하게 되는가' 하고 물었다. 각수보살의 대답에 의하면 '세상에 보이는 모든 것들은 허공에서 불어오는 바람과 같이 시시각각으로 변하기 때문에 그 참된 모습이란 존재할 수도 없고 볼 수도 없다' 고 한다. 그런데 사람들의 마음의 작용에 의하여 허깨비와 같은 현상들을 실재한 것으로 인정하기 때문에 곧 여러 가지 차별이 있게 된다.

원래 부처님은 모든 번뇌를 씻어버린 것만큼 세상의 모든 것을 균등하게 보고 대한다. 그러나 부처님께서 사람들을 교화하는 과정에 세상에 대한 사람들의 편견과 의혹을 버리도록 가르쳐 주기 위하여 그들의 마음을 그대로 대변하며 세상에는 여러 가지로 차별되는 것들이 있다고 가상하면서 그것을 교화의 임시수단으로 이용할 뿐이다.

다음으로 문수보살이 재수보살에게 부처님께서 어떻게 사람들의 수준에 맞게 교화하게 되는가하고 물었다.

재수보살의 대답에 의하면 모든 세상만사가 그러하듯

이 사람의 육체란 일정한 원인과 조건의 결합에 의해서만 일시적으로 있게 되는 것으로서 한갓 꿈속에 보이는 형상에 지나지 않는다. 지혜 있는 자는 이 허무한 이치를 알고 있기 때문에 자신의 육체를 인정하지 않고 오직 마음의 수양을 위한 불도를 닦는다. 그러나 어리석은 사람들은 모든 것이 허무한 것이라는 이치를 모르고 나와 내 것이 있다고 생각하면서 세속[17]의 이치에 말려들어 모든 것이 실지로 있는 것으로 여기고 있다. 그러므로 부처님은 어리석은 사람들의 소견을 바로 잡아주기 위하여 그들의 인식정도에 맞게 세상만물의 허무한 본성을 납득시키면서 마음의 수양을 기본으로 하여 교화시킨다.

다음으로 문수보살은 보수보살에게 '세상의 모든 것은 차별이 없다고 하는데 왜 사람은 괴로움과 즐거움을 느끼게 되고 죄를 지으면 지옥으로 가게 되는가' 하고 물었다.

보수보살의 대답에 의하면 '사람이 죄를 지으면 지옥에 떨어지고 좋은 일을 하면 극락으로 가게 되는 것은 어길 수 없는 사실이다. 그러나 사람이요, 죄요, 지옥이요

---

17) 세속(世俗) : 널려진 세상의 일, 출세간의 반대말. 불교이외의 세간 일반적인 견해를 말한다.

하는 것도 모든 것이 허무하다고 하는 이치에서 볼 때에는 차이가 없고 같은 것이지만 사람들이 이러한 이치를 모르고 삶의 애착을 버리지 않고 사물현상에 애착을 가진다면 온갖 번뇌의 고통 속에서 살게 된다'라고 하였다. 비유하여 말하면 깨끗한 거울에 각종 물건을 비쳐보면 모든 물건은 각각 그 형태대로 거울 속에 나타난다.

그리하여 고운 것은 아름답게 보이고 못난 것은 흉하게 보인다. 그러나 거울 속에 과연 고운 것과 흉한 것이 실제로 있는 것은 아니다. 바로 거울 속에 비친 물건들처럼 이 세상에는 그 어떤 사물현상도 실재하지 않는다. 그런데 거울 속에 나타난 형상을 실재하는 것으로 생각하는 것처럼 세상의 모든 것을 그대로 인정하게 되면 결국 마음속에는 즐거운 생각, 괴로운 생각 등 온갖 번뇌가 겹치게 된다.

끝으로 여러 보살들은 불도수양에 대한 자기들의 견해를 말하고 나서 문수보살에게 부처님의 경지에 대하여 설명해 줄 것을 간청하였다.

문수보살의 설교에 의하면 보통사람들의 생각을 가지고서는 부처님의 경지를 알 수 없고 말할 수도 없다. 그것은 부처님의 경지가 부처님의 지혜에 의하여 이룩되는 것만큼 세상의 허무한 이치에 정통하고 부처님의 자유자재한 힘으로써 모든 사람을 구제할 수 있는 능력을 가져야 하는 것이다.

이상과 같이 이 품에서는 부처님의 교리를 믿고 그대로 닦아 나가면서 부처님의 경지에 오를 수 있다는 것을 설교하였다.

8. 제14권

이 권에는 1개의 품이 있다.

⑪ 정행품 - 정행[18]이란 깨끗하게 닦는다는 뜻이다. 이 품에서는 어떤 방법으로 마음을 깨끗하게 닦아야 사람들을 구제할 수 있게 되는가에 대하여 설교하고 있다.

이 품은 문수보살과 지수보살의 문답으로 되어 있다.

문수보살은 지수보살의 물음에 대답하여 '보살이 착한

---

18) 정행(淨行) : 음사(淫事)를 하지 않는 것, 깨끗한 행위에 머무는 사람을 말한다.『법화경』종지용출품(從地踊出品)에 나오는 4보살 중의 제3의 명칭이다.

마음을 닦고 부처님의 덕행과 지혜를 얻어 사람들을 교화하기 위해서는 온갖 악행을 버리고 여러 가지 선행을 닦아야 한다'고 하면서 141가지 내용을 들고 있다. 그 가운데서 몇 가지를 들면 다음과 같다.

우선 보살은 집에서 부모처자를 거느리고 살 때에도 부처님에 대한 신앙심을 버리지 말아야 한다.

보살이 집에서 불도를 닦는 경우에도 집에 대한 미련을 버리고 어떻게 하면 모든 사람들에게 부모에 대한 효성보다 부처님을 더 잘 보호하고 섬기게 할 것인가를 생각하여야 한다. 가족이 한자리에 단란하게 모였을 때 설사 원수가 갑자기 끼여든다고 하더라도 복수심을 품지 말고 처자와 똑같이 사랑해 주어야 한다.

또한 보살이 집을 버리고 절간에 들어가서 불도를 닦을 때에는 바른 생각을 가져야 한다.

보살이 집을 떠나 절간에 들어가서 불도를 닦는 경우에는 온갖 마음의 번민이 가셔지는 것만큼 다른 사람들도 자기처럼 마음을 안정하도록 해야 한다. 보살이 세속의 옷을 벗고 머리와 수염을 깎고 비구의 옷을 입은 다음에는 마땅히 고통받는 사람들로 하여금 모든 죄악의 멍에를 벗어버리고 불도를 이룩하게 하리라고 생각하여야 한다.

그리고 스승의 가르침을 받고 계율[19]을 배울 때에는 다른 사람들도 자기와 함께 윗사람에게 공손하고 나쁜 짓을 하지 않기를 바라야 한다.

또한 보살이 불도를 닦을 때에는 언제나 몸가짐과 행실을 바로 해야 한다. 보살이 옷을 입고 벗을 때에는 남들이 보지 않을까 하여 부끄러운 생각을 가지고 주위를 살펴보아야 한다.

대소변을 보거나 일을 마치고 손을 씻을 때, 혹은 몸의 더러운 것을 씻을 때에는 마땅히 다른 사람들도 자기를 본받아 부드러운 손과 깨끗한 몸으로 부처님의 교리를 받아 지니도록 할 것을 생각해야 한다.

또한 보살은 자기가 숲 속에 들어가 있을 때에는 모든 사람들의 존경을 받는 일을 하고 있다고 생각하여 마을에 들어가서 밥을 빌려 남의 집에 들어갈 때에는 어색한

---

19) 계율(戒律, śila-vinaya) : 인간완성의 수행생활의 규칙. 일반적으로는 도덕적인 덕을 실현하기 위한 수행상의 규범이다. 불교도들이 준수해야 할 윤리적 덕목과 수행의 규범이다. 불교교단이 확립됨에 따라 교단의 질서 유지에는 규범이 필요하게 되었고, 이 때문에 만들어진 다양한 규율조항이나, 위반시의 벌칙을 규정한 것일 율(律)이고, 이것을 마음으로부터 자발적으로 지키려고 맹세한 것을 계(戒)라고 한다.

생각하지 말고 떳떳하게 들어가야 하며 다른 사람들도 그렇게 하도록 바라야 한다.

이처럼 이 품에서는 보살이 남을 위하여 자신의 마음과 행실을 닦으면 모든 사람들에게 안락한 생활을 누리게 할 수 있다고 설교하였다.

9. 제15권

이 권에는 1개의 품이 있다.

⑫ 현수품 - 현수[20]란 보살의 이름이다. 이 품에서는 현수보살이 문수보살에게 부처님의 덕행과 위력을 이룩하려면 반듯이 불도를 닦아야 한다는 자기의 신앙생활의

---

20) 현수(玄首) : 중국 승려, 화엄종 제 3조 조상은 강거(康居) 사람이며, 조부 때 중국 장안에 옴, 호는 향상(香象)이며 이름은 법장(法藏), 속성은 강(康)이다. 17세에 태백산에 들어가 수년동안 경·논을 연구하고 다시 낙양 운화사에서 지엄(至嚴)에게 『화엄경』을 들었다. 책을 지어 화엄의 교리를 크게 밝히고, 화엄종의 조직적 체계를 이루어 놓았다. 당 선천 1년 11월 장안 대천복사에서 입적하였다. 저서로는 『화엄경탐현기(華嚴經探玄記)』20권, 『화엄오교장(華嚴五敎章)』3권, 『금사자장(金獅子章)』등이 있다.

체험을 소개하고 있다.

먼저 현수보살은 처음으로 불도를 닦는 자는 마음속에서 욕심부터 없애야 한다고 하였다. 그는 불도를 처음으로 닦는 사람이 이룩한 보람은 큰 바다와 같은 부처님의 공적과 지혜에 비해보면 한 방울의 물에 지나지 않지만 그것은 티끌이 모여 대지를 이루는 것과 같이 앞으로 큰일을 나타내는 밑천으로 된다고 하였다. 그러면서 그는 자기는 마음의 수양을 쌓는 과정에 애초부터 배불리 먹으려 하거나 마음껏 잠을 자보려는 욕심을 가져본 적이 없으며 또한 왕의 자리나 재물에 눈이 어두워 그것을 탐낸 일도 없었다고 하였다. 그는 오직 모든 사람들의 번뇌와 고통을 가지고 세상을 안락하게 만들기 위하여 마음의 동요가 없이 꾸준히 불도를 닦아왔을 뿐이라고 하였다.

다음으로 현수보살은 불도에 대한 신앙은 여러 가지 수양의 원천이며 복을 주는 터전이라는데 대하여 말하였다.

보살이 부처님을 받들어 섬기며 모든 의혹을 없애고 온갖 마음의 번뇌에서 벗어나려면 굳건한 신앙심을 길러 만가지 덕을 갖추고 만가지 수양을 완성하여야 한다. 우선 모든 부처님을 믿고 공경하는 것은 불도를 닦는 근본으로 된다. 부처님께서 설교한 계율과 교리를 따르고 받들며 그것을 등불로 여기고 그대로 불도를 닦는다면 모든 고통에서 벗어나 부처님의 보호도 받고 부처님께서 되겠다는 마음도 더욱 굳건해진다.

실례로써 가령 보살이 계율을 잘 지키는 경우에는 불도를 닦는 전 과정에만 자만하거나 우쭐대는 일도 없고 삶에 대한 애착이나 죽음에 대한 두려움도 없어지는 것만큼 말과 생각, 행동에서 자그마한 잘못도 저지르지 않고 오직 부처님만을 따르게 될 것이다.

또한 부처님을 섬기면 부처님을 볼 수 있고 부처님을 보면 세상에 부처라는 것이 실지로 있다는 것을 믿게 되고 부처님께서 있다는 사실을 믿으면 그의 교리도 영원하리라는 것을 믿게 되어 모든 사람을 교화하여 극락에 가게 하여야 하겠다는 자비심이 생겨나게 된다.

또한 부처님을 잘 섬기고 그의 지혜를 소유하면 온 세상을 순간에 구제할 수 있는 자유자재한 재주가 생기고 온갖 보배가 저절로 쏟아져 나오게 할 수 있다.

다음으로 현수보살은 불도를 닦아 모든 사람을 구제하려면 그에 알맞은 방법과 수단을 가져야 한다고 하였다.

그에 의하면 우선 보살이 사람들의 요구대로 모든 것을 해결해 주기 위하여서는 불도를 닦아 부처님의 신기한 재주를 얻어야 한다. 그래야 때에 따라서 부자로, 상인으로, 왕으로, 의원으로 변신하여 그들을 구제하고 부처님을 따르게 할 수 있다.

또한 불도를 닦는 데서는 부처님께서 비치는 빛발을 받아 안을 수 있도록 끝까지 마음을 안정하고 있어야 한다.

불도를 닦지 않고 죄를 지은 사람의 눈은 밝은 태양을 보지 못하는 소경과 같이 영원토록 부처님의 광명을 보지 못한다. 그러므로 부처님의 광명을 보고 혜택을 받으려면 오로지 부처님만을 생각하고 일체 잡념을 깨끗이 씻어버려야 한다.

이와 같이 그는 보살이 일체 잡념을 씻어버리고 부처님을 받드는 문에 들어가면 부처님의 명상이나 보살의 명상에 잠겨 온 세상을 마음대로 오가면서 부처님과 같은 위력을 발휘하게 된다고 하였다.

끝으로 현수보살은 보통사람들의 마음을 가지고서는 신비한 위력을 주는 이 불도를 믿기도 어렵고 생각할 수도 없다고 하였다. 그는 오직 부처님의 마음을 지니거나 또 그것을 진정으로 배우려고 하는 사람만이 불도를 닦을 수 있다고 하였다.

그러면서 그는 온 세상을 머리에 이고 있는 것보다 이 불도를 닦는 것이 오히려 더 어려운 일이나 부처님을 끝까지 섬기고 믿는 경우에는 거룩한 힘을 갖추게 될 것이라고 하였다.

이상과 같이 이 품에서는 이 세상에서 불도를 믿는 것보다 더 큰 힘이 없다는 것을 설교하였다.

10. 제16권

이 권에는 3개의 품이 있다.

⑬ 승수미산정품 - 승수미산정이란 부처님께서 수미산 꼭대기에 올라갔다는 뜻이다.

이 품은 다음에 계속되는 품들의 머리말 부분으로서 부처님께서 수미산 꼭대기에 올라가서 하늘 사람들을 교화한 내용과 부처님의 덕행을 찬양한 내용을 싣고 있다.

부처님은 인간세상에서 사람들을 교화하고 나서 또 하늘세계의 사람들을 교화하여야 되겠다고 생각하고 신기한 조화를 부려 수미산 꼭대기에 있는 제석천[21] 왕의 하늘궁전으로 향하였다. 이 때 제석천왕은 부처님께서 오는 것을 보고 궁전을 아름답게 꾸리고 그가 앉을 자리를 금은보화로 장식하여 놓은 다음 곧 부처님을 마중하였다. 제석천왕은 부처님에게 이 궁전에 머물러 있으면서 하늘사람들을 위하여 설교해 줄 것을 간청하였다. 부처님은 그의 청을 수락하고 궁전에 들어가 설교할 자리에 앉았다. 제석천왕은 부처님께서 자기의 궁전을 찾아 준데 대하여 기쁨을 금치 못해하면서 이 수미산 꼭대기의 궁전이 왜 상서로운 곳으로 되는가에 대하여 설명하였다. 그것은 전생에 가섭과 연등을 비롯한 열 부처님께서 이 궁전에 와서 설교하였기 때문이라고 하였다.

 이와 같이 이 품에서는 부처님의 신비한 위력을 찬양하기 위한 전제를 마련하였다.

 ⑭ 수미정상게찬품 - 수미정상게찬이란 수미산 꼭대기에서 부처님을 찬양하는 송가를 올린다는 말이다.

---

21) 제석천(帝釋天) : 범천과 함께 불법의 수호신이다.

이 품에서는 부처님의 덕행에 대한 찬송을 기본내용으로 하고 있다.

먼저 부처님을 찬송하기 위하여 모여 온 보살들의 이름이 소개되고 있다. 그들은 인타라화세계에서 온 법혜보살, 파두마화세계에서 온 일체혜보살, 보화세계에서 온 승혜보살, 우발라화세계에서 온 공덕혜보살, 금강화세계에서 온 정진혜보살, 모향화세계에서 온 선혜보살, 열의화세계에서 온 지혜보살, 아로나화세계에서 온 진실혜보살, 나라타화세계에서 온 무상혜보살, 허공화세계에서 온 견고혜보살들이었다.

다음으로 위에서 소개된 열 보살들이 차례로 부처님의 덕행을 찬송하고 있다.

법혜보살은 부처님의 신기한 힘을 찬양하면서 자기들이 지금 수미산 꼭대기에서 부처님을 섬기고 있는데 이와 동시에 시방의 모든 곳에서도 부처님께서 나타나서 사람들을 교화하고 있으니 이야말로 무한한 지혜를 가지고 있는 부처님의 재주를 그 누구도 그 무엇으로써도 가늠할 수 없다고 하였다.

일체혜보살은 부처님의 신비한 몸을 찬양하면서 세상만물이 허무하다고 하는 이치를 아는 사람은 마음의 번뇌가 없기 때문에 부처님을 볼 수 있지만 만일 이 이치를 모르고 인간생활에 사로잡힌 사람은 눈이 어두워 부처님을 보지 못하는 데 이것을 부처님의 신기한 조화에 기인되는 것이라고 하였다.

승혜보살은 부처님께서 모든 사람들의 등불이라고 찬양하면서 온 세상에는 부처님의 지혜에 미칠만한 사람이 없으므로 모든 사람의 눈을 틔워 주는 부처님의 지혜는 어두운 밤에 앞길을 밝혀 주는 등불과 같다고 하였다.

공덕혜보살은 부처님을 보면 세상의 이치를 깨닫게 된다고 그를 찬양하면서 자기가 과거에 고통 속에서 헤매게 된 것은 부처님을 보지 못했기 때문이었는데 이제 부처님을 보니 마음이 깨끗해지고 세상만사에 거리낌없는 큰 깨달음을 얻게 되었다고 하였다.

다른 여러 보살들도 다 같이 세상만물의 허무한 본성에 대한 이해를 가지고 마음을 닦아야 부처님의 지혜를 얻을 수 있다는 것을 말하면서 부처님의 신비성을 찬양하였다.

끝으로 견고혜보살은 부처님이야말로 세상을 구제하기 위하여 나타났다고 찬양하면서 만일 세상에 부처님께서 없었더라면 그 누구도 즐거운 낙에 대하여 생각할 수 없었을 것이라고 하였다.

 이상과 같이 이 품에서는 세상을 구제할 자는 부처님 밖에 없다는 것을 설교하였다.

 ⑮ 십주품 - 십주[22]란 보살수양의 10단계라는 말이다.

 이 품에서는 법혜보살이 부처님을 대신하여 보살이 불도를 닦는데서 반듯이 거쳐야 할 것 10단계의 내용에 대하여 설교하고 있다. 그 설교의 내용은 대체로 다음과 같다.

 첫 단계는 처음으로 부처님을 믿는 마음을 일으키는 단계이다.

 이 단계에서는 보살이 부처님의 32가지의 단정한 모습과 80가지의 류 다른 생김새를 보고 그를 공손하게 대하며 부처님의 신비한 조화를 보고 그의 설교를 들으며 고통을 받는 사람들의 애처로운 정상을 보면서 이들을

---

22) 십주(十住) : 화엄경에서 설해지는 보살의 수행계위(階位) 52위(位)중 제 11위에서 제 20위까지를 일컫는다. 이미 십신(十信)의 위(位)를 지나서 이른 진제(眞諦)의 경지로서 곧 부처님의 지위에 안주할 수 있게 되었다는 의미에서 십주라고 한다. 십주는 다음과 같다. 발심주(發心住), 치지주(治地住), 수행주(修行住), 생귀주(生貴住), 구족방편주(具足方便住), 정심주(正心住), 불퇴주(不退住), 동진주(童眞住), 법왕자주(法王子住), 관정위(灌頂位).

구제하는 부처님께서 되겠다는 마음을 일으키게 된다.

보살이 이 단계에서 10가지의 불도를 배우게 된다. 모든 부처님을 공경하고 잘 섬기며 그들의 덕행을 배우고 좋은 사람들을 사귀고 생사를 되풀이하는 인간세상을 멀리하며 고통받는 사람들을 가엾게 생각하는 불도를 닦는 것 등이다.

둘째 단계는 마음을 닦는 단계이다.

이 단계에서는 보살이 크게 사랑하는 마음, 크게 슬퍼하는 마음, 즐거워하는 마음, 편안히 사는 마음, 기뻐하는 마음, 사람을 구제하는 마음, 사람들을 보호하는 마음, 스승의 마음, 부처님의 마음을 닦게 된다.

보살은 이 단계에서 10가지 불도를 배우게 된다. 무엇보다도 보살은 부처님의 교리를 외우고 익혀 많이 알며 좋은 벗을 사귀고 온순하게 말하며 적당한 때에 쓸 말만 하고 두려운 마음이 없으며 세상의 허무한 이치를 알고 어리석은 짓을 멀리하며 마음을 안정하여 불도를 닦는 것 등이다.

셋째 단계는 불도수양의 실천의 단계이다.

이 단계에서는 보살이 열 가지 방법으로 세상만물을 관찰하게 된다. 그것은 이 세상 모든 것은 허무한 것이고 고통뿐이며 나라는 존재도 없고 모든 것은 생겨나거나 없어지지도 않는 허공과 같은 것이라는 입장에서 보고 마음을 닦게 된다.

보살은 또한 이 단계에서 여러 가지 불도를 배우게 된다. 그것은 보살이 사람들의 세계를 알고 부처님의 세계를 이해하게 되며 흙, 물, 불, 바람의 세계를 파악하고 욕심세계, 낮은 하늘세계, 높은 하늘세계에 대한 인식을 가지게 되는 것이다.

넷째 단계는 안온한 극락에 들어가는 단계이다.

이 단계에서는 보살이 부처님에 대한 신앙이 굳건하고 그의 교리를 다 받아들이며 온 세상에서 벌어지는 일을 빠짐없이 알며 번뇌의 세계와 극락세계에 정통하게 된다.

보살은 이 단계에서 또 여러 가지 불도를 배우게 된다. 그것은 보살이 과거, 현재, 미래의 모든 부처님의 불도를 배우고 불도를 닦는 방법을 습득하며 모든 부처님은 높고 낮은 차이가 없이 동등하다는 것을 알게 된다.

다섯째 단계는 부처님의 덕행을 갖추는 단계이다.

이 단계에서는 보살이 목숨 가진 모든 것들을 가엾게 여기고 보호하며 그것들의 재앙을 없애주고 안락하게 하며 생사의 윤회[23] 길에서 건져내고 기쁘게 하여주며 그들 모두를 극락에 가도록 하여 준다.

보살은 또한 이 단계에서 여러 가지 불도를 배우게 된다. 그것은 생명을 가진 모든 것을 헤아리자면 끝없는 것을 배우고 그 모든 생명들도 결국 허무한 것 외에 다른 것이 아니라는 이치를 알게 되는 것이다.

여섯째 단계는 몸과 마음이 부처님과 같아지는 단계이다.

이 단계에서는 보살이 부처님이나 부처님의 교리를 헐뜯어도 마음이 흔들리지 않으며 보살과 그가 수행하는 불도를 헐뜯어도 마음이 흔들리지 않으며 세상을 구제하지 못한다는 소리를 들어도 마음이 흔들리지 않고 부처님의

---

23) 윤회(輪廻, saṃsāra) : 나고 죽는 것이 반복되어 수레바퀴처럼 돌아간다는 것을 뜻한다. 중생이 미혹하여 번뇌를 일으키고, 번뇌로 말미암아 온갖 업을 짓는다. 이 업의 차별에 따라 삼계(三界) 육도(六道)에 돌아가며 태어나는 것이다. 중생이 선업을 지으면 천상, 인간, 아수라의 선도에 나고 악업을 지으면 지옥, 아귀, 축생 등 악도에 태어나고 설사 사람이 되었더라도 우치하고 고통과 장애가 많은 환경을 받게 된다. 업을 짓는 것을 쉬지 아니하면 윤회는 끝없이 계속 된다. 설령 선업을 지어 천상에 나더라도 그 업은 유한하기 때문에 즐거움도 유한하며, 그 다음 과보를 받게되므로 윤회와 생사가 끝없이 반복되며 생사의 고통이 끊임이 없다. 윤회하는 가운데에 지옥, 아귀, 축생은 특히 고통스럽고 해탈을 얻기 어려운 곳인데, 이를 삼악도(三惡道)라고 한다. 이에 대하여 천상, 인간, 아수라는 선업으로 인하여 태어나므로 삼선도(三善道)라고 한다.

세계가 없다는 소리를 들어도 마음이 흔들리지 않는다.

보살은 이 단계에서도 역시 여러 가지 불도를 배우게 된다. 그것은 이 세상의 모든 것을 모양이 없고 본성도 없으며 진실하지 않고 허공과 같으며 허깨비와 같은 꿈결같고 메아리와 같다는 것을 확신하게 되는 것이다.

일곱째 단계는 마음이 물러서지 않는 단계이다.

이 단계에서는 보살이 불도에 대한 확고한 신심을 가졌기 때문에 부처나 부처님의 교리가 없다는 소리를 들어도 낙심하지 않으며 보살이 없다거나 보살이 불도를 닦을 수 없다는 소리를 들어도 마음이 조금도 흔들리지 않는다.

보살은 이 단계에서 또 여러 가지 불도를 배우게 된다. 그것은 하나가 곧 많은 것이며 많은 것이 곧 하나라는 이치를 배우고 없는 것이 곧 있는 것이고 있는 것이 곧 없는 것이라고 하는 공[24]의 본성을 아는 것이다.

---

24) 공(空, śūnya) : 연기(緣起)의 이법(理法)으로 불교가 설하는 존재의 법칙은 무자성(無自性), 불생불멸(不生不滅), 부상부단(不常不斷)이므로 실체적인 자성은 존재하지 않는다는 불교의 중심교리이다. 우리는 보통 공(空)을 무(無), 허무(虛無), 텅빈 허공 등 존재의 덧없음을 표명하는 용어로 쓰고 있지만 어원적으로 공을 가리키는 범어 순야(śūnya)란 '증가한다, 확장한다'를 의미하는 어원 스비(Svi)에서 파생된 단어이다. 따라서 공은 허무가 아니라 모든 현상이 연기적(緣起的)인 관계에서 끊임없이 운동, 변화하는 존재의 역동적인 실상을 의미한다.

여덟째 단계는 어린이의 천진한 마음과 같이 깨끗한 마음을 지니는 단계이다.

이 단계에서는 보살이 모든 행동에서 잘못이 없다고 말에서 실수가 없으며 생각이 바르고 모든 사람들의 마음을 정확히 이해하며 그들의 욕망을 풀어주는 등 많은 덕행을 쌓게 된다.

보살은 또한 이 단계에서 여러 가지 불도를 배우게 된다. 그것은 보살이 부처님의 세계를 배우고 부처님의 세계에 직접 들어가며 부처님의 교리를 받고 자유자재한 신통한 힘을 지니며 한마음으로 모든 부처님을 공경하고 잘 섬기는데 정통하게 된다.

아홉째 단계는 부처님의 지혜가 생겨나는 단계이다.

이 단계에서는 보살이 모든 사람들의 태어나는 경위를 알고 인간세상에서 일어나는 모든 번뇌를 알며 나쁜 버릇이 집요하다는 것을 알고 그것을 없애기 위한 방법과 수단을 알며 앞으로 벌어질 일을 예언할 줄 알게 된다.

보살은 이 단계에서 역시 여러 가지 불도를 배우게 된다. 그것은 보살이 부처님을 만날 때와 궁전에 출입할 때 지켜야 할 예의범절을 배우고 부처님의 두려움 모르는 의지와 그의 자비심을 배우게 된다.

열째 단계는 부처님께서 되는 단계이다.

이 단계에서는 보살이 모든 세계를 진감시키고 모든 세계에 밝은 빛을 주며 모든 세계를 깨끗하게 하고 모든 사람들의 소행을 관철하며 모든 사람들의 욕망을 알아내고 그들의 본성에 맞게 가르치고 교화한다.

보살은 이 단계에서 또 여러 가지 불도를 배우게 된다. 그것은 세상을 통달하는 지혜와 부처님의 교리를 통달하는 지혜, 부처님의 자유자재한 지혜와 온 세상의 광명을 비치는 지혜, 모든 사람을 구제하는 지혜를 배우게 된다.

이상과 같이 이 품에서는 부처님께서 되려는 보살의 첫 열 단계의 단계별 수양내용을 설교하였다.

11. 제17권

이 권에는 2개의 품이 있다.

⑯ 범행품 - 범행[25]이란 깨끗한 수행이라는 말이다. 이 품에서는 정념천자와 법혜보살의 문답을 통하여 보살이

깨끗한 수양을 이룩하고 부처님의 깨달음을 얻으려면 어떻게 불도를 닦아야 하는가를 설명하고 있다.

먼저 법혜보살이 정념천자에게 보살이 깨끗한 수양을 이룩하는 문제에 대하여 설교하고 있다.

그에 의하면 보살이 깨끗한 수양을 이룩하기 위하여서는 열 가지 조목에 의거하여 마음을 닦아야 한다. 그것은 첫째로, 말과 생각과 행동을 항상 부처님의 계율에 의거하여야 하며 둘째로, 가거나 머물거나 앉거나 눕거나 하는데서 몸가짐을 단정히 하고 예절을 갖추어야 하며 셋째로, 말하거나 숨쉬거나 침을 삼키고 뱉을 때에는 조심스럽게 해야 하며 넷째로, 말은 이치에 맞게 하고 인사와 문안할 때에는 세속의 풍습대로 하며 다섯째로, 보고 생각하는 것은 다 꿈과 같은 것이라는 생각을 가져야 하며, 여섯째로, 추위와 더위, 주림과 갈증, 괴로움과 즐거움을

---

25) 범행(梵行) : 깨끗한 행으로 청정한 계율을 지켜 어긋남이 없는 행동이다. 범(梵)은 청정(淸淨)의 뜻으로, 욕망을 끊는 수행을 이르며, 바라문이 실행하는 학생기(學生期)의 수행을 말한다. 바라문이 일생동안 더듬어 찾는 4개의 아슈라마[āsrama, 주기(住期)]의 제1을 범행기(梵行期 · 학생기(學生期))라 하고, 베다(고대 인도 바라문교의 성전)의 학습 · 제사의 습득 등의 종교적 교육에 전념해야 하는 기간으로, 이 동안에는 스승의 집에 들어가 몸과 마음을 결재(潔齋)하고, 정진(精進)을 행한다.

겁내지 말아야 하며 여덟째로, 부처님의 교리에 확신을 가지고 극락을 동경해야 하며 아홉째로, 불도를 닦는 모든 사람들을 존경해야 하며 열째로, 부처님의 계율에 모든 것을 복종시켜야 한다고 하였다.

다음으로 법혜보살은 보살이 부처님의 깨달음을 이룩하려면 부처님의 지혜를 지녀야 한다고 설교하고 있다.

그는 보살이 세상의 모든 것이 허무한 것이라는 것을 깨달은 뒤에 곧 선악을 아는 지혜, 사람들의 본성과 운명을 아는 지혜, 세계를 통달하는 지혜, 극락세계를 아는 지혜 등 모든 것에 정통하는 지혜를 닦아야 한다고 하였다.

끝으로 그는 보살이 깨끗한 수양을 이룩하고 부처님의 깨달음을 지니게 되면 큰 자비심이 생기여 모든 사람들을 교화하게 되고 그들을 극락세계로 구제하는 신비한 위력을 성취하게 된다고 하였다.

이상과 같이 이 품에서는 부처님의 교리를 믿고 마음을 닦는 것이 깨달음을 이룩하고 극락으로 가는 길이라는 것을 설교하였다.

⑰ 초발심공덕품 - 초발심[26] 공덕이란 처음으로 신앙의 마음을 가지는 보살의 보람이라는 말이다. 이 품에서는 법혜보살이 제석천왕에게 처음으로 신앙의 마음을 일으키는 보살의 보람이 크다는데 대하여 설교하고 있다.

먼저 법혜보살은 처음으로 신앙의 마음을 일으킨 보살의 큰 보람에 대하여 말하고 있다.

그에 의하면 보살은 모든 사람을 구제하는 대승불도에 대한 신앙의 마음을 굳게 가지고 애초부터 다섯 가지 계율을 지키고 열 가지 좋은 일을 하고 있다. 대승[27]불도를 닦는 보살의 소행은 곧 큰공을 쌓는 것으로 되며 이것은 오랜 기간 소승[28]의 불도를 수행하여 이룩한 보람보다 비할 바 없이 크다. 왜냐하면 그것은 자기 혼자만 도를

---

26) 초발심(初發心) : 처음으로 깨달음을 구하는 마음을 일으킨다는 뜻. 처음으로 발보리심(發菩提心)할 때 일체 중생을 널리 구제한다고 하는 보리심(菩提心)이다. 화엄종에서는 십신(十信)의 최후를 말한다.

27) 대승(大乘) : 마하연나(摩訶衍那)·마하연(摩訶衍)이라 적는다. 크나큰 수레, 위대한 가르침이라는 뜻으로 소승불교의 승원 중심의 독선적은 불교를 비판하면서 이론과 학문보다는 신앙과 실천을 바탕으로 삼는 대중적인 불교이다. 이 새로운 형태의 불교는 부처님의 입적 4백년 후 B.C. 1세기경 북부 인도를 중심으로 발흥하기 시작하여 중국, 한국, 일본에 전해졌다. 대승불교의 이상적인 인간상으로서, 보살은 불교 실천의 능동적인 주체임을 자각하고 보다 철저한 자기수행과 이타적 실천을 중시한다. 따라서 대승불교는 일체중생과 더불어 해탈의 길로 나아가고자 한다.

닦으려는 소승이 불도는 아무리 오랜 세월에 걸쳐 사람들에게 자비심을 베푼다고 하더라도 결국 남들이 당하는 고통은 안중에 없고 자신이 구제되면 그만이라는 생각을 가지기 때문에 모든 사람을 위하여 대승불도를 신앙하는 보살의 보람에 비할 것이 못된다고 하였다.

다음으로 법혜보살은 처음으로 신앙의 마음을 일으키는 보살의 덕행을 찬양하고 있다.

그에 의하면 대승불도에 대한 보살의 신앙의 마음은 보석과 같이 변함이 없다. 보살은 부처님의 지혜를 지닐 수 있는 성품을 갖추고 있으므로 고통 속에 얽매여 있는 모든 사람을 구제하여 극락에 가게 할 수 있다.

또한 보살은 사람들을 구제하는 일에 그 어떤 고달픔도 마다하지 않고 인간세상, 하늘세계, 지옥을 오가면서 분별없이 생각하고 온갖 나쁜 짓을 일삼는 무리들을 가르친다. 그러면서 그는 보살이 이러한 큰 자비심을 가지고 부처님의 덕행을 쌓기 때문에 모든 사람들의 존경을 받게 된다고 하였다.

---

28) 소승(小乘) : 대승에 비해 그 수행하는 바의 교(敎)·이(理)·행(行)·과(果) 및 수행하는 사람이 열등한 점에서 그것을 멸칭(蔑稱)하여 소승이라고 한다. 성문승(聲聞乘)이라고도 한다. 열등한 탈것의 뜻으로 대승 편에서 붙인 명칭이다. 소승에는 성문승·연각승 둘이 있다.

이상과 같이 이 품에서는 오직 대승불교를 믿고 따르는 사람만이 큰복을 얻을 수 있다는 것을 설교하였다.

12. 제18권

 이 권에는 1개의 품이 있다.
 ⑱ 명법품 - 명법[29]이란 부처님의 깨끗한 교리라는 말이다. 이 품에서는 법혜보살과 정진혜보살과의 문답을 통하여 보살이 부처님의 깨끗한 교리를 닦으려면 자신을 끊임없이 수양해야 한다는 것을 설교하고 있다.
 먼저 법혜보살은 보살이 부처님의 교리를 닦으려면 마음과 행실을 바르게 하는 불도를 닦아야 한다고 하였다.
 보살이 불도를 닦는 데서는 무엇보다도 온갖 어리석은 마음과 제멋대로 행동하는 일부터 없애야 한다. 그러자면 보살 자신이 불교의 계율을 어김없이 지키고 보호해야 하며 거짓말과 아첨을 하지 말고 정직해야 하며 모든 사람

---

29) 명법(明法) : 어둠의 상태를 여읜 법, 본연의 자세를 의미한다. 명(明)은 진언의 다른 이름, 즉 진언의 법(法)을 말한다.

들을 사랑하고 동정해야 한다. 그리고 착한 마음을 키우고 우둔한 사람을 멀리하며 세속의 향락을 버리고 언제나 조용하고 안온한 생활을 즐겨야 한다. 또한 부처님의 설교가 가장 신성한 것으로 여기고 남을 위해 좋은 일을 하더라도 절대로 자만하거나 자랑하지 말아야 한다.

다음으로 법혜보살은 보살이 부처님의 깨끗한 교리를 닦으려면 그 교리를 하나하나 실행해야 한다고 설교하고 있다.

그에 의하면 보살은 모든 사람들의 생각과 요구를 제때에 알아내어 가난한 사람에게는 재물을 주어 그를 만족시켜 주며 고역에 힘겨워하는 자에게는 고통을 참고 견디는 힘을 키워주며 악행을 일삼는 자에게는 마음을 안착시켜주는 불도를 닦게 하여야 한다.

이처럼 이 품에서는 부처님의 교리를 닦는 것이 사람들을 구제하는 바탕으로 된다는 것을 설교하였다.

13. 제19권

이 권에는 2개의 품이 있다.

⑲ 승야마천궁품 – 승야마천궁이란 부처님께서 야마천[30] 궁전에 올라갔다는 말이다.

불교에서 말하는 야마천은 인간세상에서 64만리 이상 되는 높이에 있는 하늘세계로서 여기에 사는 사람들의 키는 80리 정도이며 수명은 14억 400만년이라고 한다. 이 품은 다음에 계속되는 품들의 머리말 부분으로서 야마천의 하늘궁전에서 벌어진 설교모임의 요란한 광경을 서술하고 있다.

먼저 부처님께서 수미산[31] 꼭대기에서 설교를 마치고 앉은자리에서 또 조화를 부려 그보다 높은 야마천의 하늘궁전으로 올라간 데 대하여 이야기하고 있다. 이때 야

---

30) 야마천(夜摩天) : 육욕천의 제3으로, 시기(시분, 時分)를 알아 오욕(五慾)의 즐거움을 받는다. 그 하루 밤낮은 인간 세계의 200년에 해당하며, 2천세의 수명을 유지한다고 한다. 『관무수량경』에 「여야마천궁, 유오백억미묘보주, 이위영식(如夜摩天宮, 有五百億微妙寶珠, 以爲映飾)」이라는 내용이 있어 야마천만을 끄집어내고 있는 것은, 古來의 神들 위에 서사시(敍事詩)의 야마신이 나타난 것이라고 생각된다.
31) 수미산(須彌山) : 수미루(須彌樓) · 수미로(修迷盧)라고 쓴다. 묘고(妙高) · 묘광(妙光) · 안명(安明)이라 번역된다. 불교의 우주관에 의하면 세계의 중심에 높이 솟은 거대한 산이다. 대해(大海)속에 있고 금륜(金輪)위에 있으며 그 높이는 수면에서 8만 유순(由旬, yojana)이며 구산팔해(九山八海)가 둘러싸고 있다. 그 주위가 해와 달이 돌고 육도(六道), 제천(諸天)은 모두 그 측면 또는 위쪽에 있다. 그 정상에 제석천이 사는 궁전이 있고, 중간은 사왕천이 사는 궁전이 있다고 한다.

마천왕은 부처님께서 멀리에서 오는 것을 보고 그가 거처할 궁전과 앉을 자리를 금은보화로 굉장하게 차려놓았다. 야마천왕은 부처님을 마중하고 나서 그에게 하늘사람들을 불쌍히 여겨 이 궁전에 있으면서 설교해줄 것을 간청하였다. 부처님은 그의 간청을 수락하고 궁전 안으로 들어가서 자리에 앉았다.

야마천왕은 전생에 명칭, 보왕[32], 희목 등 열 부처님께서 모두 신기한 지혜를 지니고 이 궁전을 찾아주었으므로 야마천의 하늘궁전은 가장 복이 많은 상서로운 곳으로 되었다고 자랑하였다.

이처럼 이 품에서는 부처님의 설교장소를 하늘세계에 설정하여 부처님을 신비한 존재로 만들고 누구나 그를 신망할 것을 설교하였다.

⑳ 야마궁중게찬품 - 야마궁중게찬이란 야마천의 하늘궁전에서 보살들이 부처님을 찬양하는 송가를 올린다는 말이다. 이 품에서는 공덕림보살을 비롯한 10명의 보살들이 모여서 부처님의 덕행을 찬송하고 있다.

---

32) 보왕(寶王) : 부처님의 존칭.부처님께서 모든 공덕을 닦아 장엄하므로 보왕이라 한다

그 내용들은 대체로 다음과 같다.

공덕림보살은 부처님은 헤아릴 수 없는 덕망을 지니고 있다고 찬양하면서 부처님께서 신기한 힘을 가지고 있기 때문에 인간 세상에도 나타나고 하늘궁전에도 나타나서 모든 사람들에게 광명을 비쳐주어 즐거움과 안락한 생활을 마련하여 준다고 하였다.

혜림보살은 부처님께서 온 세상사람들의 길잡이라고 찬양하면서 부처님께서 세상에 나오게 된 것은 사람들을 구제하기 위한 것이며 누구든지 그를 보기만 하면 모든 고통이 스스로 없어지게 된다고 하였다.

승림보살은 부처님께서 신비한 존재라고 찬양하면서 누구나 세상의 모든 것은 생겨나는 것도 없고 사라져 없어지는 것도 없으며 오직 허무한 것뿐이라는 부처님의 교리를 알면 부처님을 볼 수 있고 모든 번뇌를 털어 버릴 수 있으며 부처님의 경지에 이를 수 있게 된다고 하였다.

무외림보살은 부처님의 교리는 모든 사람들에게 복을 주는 스승이라고 찬양하면서 부처님의 교리가 세상의 허무한 이치를 깨우쳐 주는 스승인 것만큼 누구나 이것을 받아 지니고 수양하며 또 다른 사람에게 널리 해설하면 그 사람은 곧 부처로 될 수 있다고 하였다.

이밖에 여러 보살들도 한결같이 부처님의 덕행을 찬송하였다.

그들은 모두 부처님께서 세상에서 가장 뛰어났다고 하면서 부처님을 보려면 마음을 깨끗하게 수양해야 한다고 하였다.

그들의 설명에 의하면 원래 마음이란 번뇌가 없는 깨끗한 것이며 마음을 떠나서 모든 것이 존재할 수 없다. 그것은 마음의 작용에 의하여 모든 것이 이루어지기 때문이다.

실례를 들어 아름다운 그림은 본래부터 저절로 이루어진 것이 아니다. 그것은 화가의 마음에 의하여 그려지고 여러 가지 색깔을 조화시켜 만든 것이다. 이와 마찬가지로 모든 사물현상도 마음의 작용에 의해서만 생겨나게 된다. 그러므로 부처님께서 되려면 바른 마음을 가지고 깨끗이 도를 닦아야 한다고 하였다.

이상과 같이 이 품에서는 부처님에 대한 찬송을 통하여 세상의 허무한 이치를 깨닫고 부처님께서 되려면 닦아야 한다는 것을 설교하였다.

14. 제20권

이 권에는 1개의 품이 있다.

㉑ 십행품 - 십행[33]이란 불도를 닦는 보살의 열 가지 수양이라는 말이다.

이것은 보살수양의 두 번째 열 단계에 해당된다. 이 품에서는 공덕림보살이 부처님을 대신하여 모든 사람들을 구제하기 위한 보살의 열 가지 수양내용을 설교하고 있다.

그에 의하면 보살수양의 열 가지 내용은 대체로 다음과 같다.

첫째로, 보살은 기뻐하는 마음을 닦아야 한다.[34]

보살의 기뻐하는 마음이란 전생에 부처님께서 모든 사

---

33) 십행(十行) : 화엄경에서 설해지는 보살의 수행계위 52위(位)중 십신(十信), 십주(十住) 다음위인 제 21위에서 제 30위까지의 보살위이다. 곧 십주의 마지막 위(位)인 관정주(灌頂住)에서 진정한 불자임을 인가 받은 뒤 더 나아가 이타행을 성취하고자 중생교화에 정진하는 지위를 말한다. 즉 ① 환희행(歡喜行) ② 요익행(饒益行) ③ 무진한행(無瞋恨行) ④ 무진행(無盡行) ⑤ 이치란(離癡亂行) ⑥ 선현행(善現行) ⑦ 무착행(無着行) ⑧ 존중행(尊重行) ⑨ 선법행(善法行) ⑩ 진실행(眞實行)이다.
34) 환희행(歡喜行).

람들에게 자비심을 베풀었던 것처럼 자기도 모든 보물과 재산을 아낌없이 남을 위해 주고 그 어떤 대가도 바라지 않으며 오직 부처님의 덕행을 배워 모든 사람들을 구제하여 그들로 하여금 낙을 얻도록 하는 마음을 닦는 것을 말한다. 보살은 기뻐하는 마음을 닦을 때 어떤 가난한 사람이 굶주림을 참지 못하여 보살의 살점을 뜯어먹으려고 달려든다면 조금도 두려워하지 말고 즐거운 마음으로 서슴없이 자기의 팔다리를 떼 주어야 한다.

또한 보살이 모든 사람을 진심으로 동정하고 그들에게 부처님의 교리의 뜻을 알아들을 수 있게 잘 해설하여 주어 그들이 스스로 보살을 따르고 기뻐하며 존경하도록 하여야 한다.

둘째로, 보살은 이익을 주는 마음을 닦아야 한다.[35]

이익을 주는 마음이란 보살이 그 어떤 욕망이나 명예도 바라지 않으며 오직 대승불교의 계율을 지키는 마음을 닦는 것을 말한다.

보살은 계율을 지킬 때 악마가 아름다운 여인과 진귀한 보물을 가지고 와서 유혹한다고 해도 절대로 걸려들지 말아야 한다. 악마들이 끈질기게 달라붙어 여러 가지

---

[35] 요익행(饒益行).

방법으로 꾀이면 차라리 목숨을 버릴지언정 부처님의 교리에 어긋나는 행동을 하지 않겠다는 굳은 다짐을 보여야 한다.

또한 보살은 악마들과 더불어 모든 사람들을 교화하여 극락세계로 이끌어가기 위한 길을 찾아야 한다. 그것은 보살이 부처님의 교리대로 불도를 닦고 그 누구도 차별해서는 안되기 때문이다.

셋째로, 보살은 어기지 않는 마음을 닦아야 한다.[36]

보살의 어기지 않는 마음이란 보살자신이 언제나 부지런히 수양하여 모든 욕됨을 참고 견디며 겸손하고 소탈하며 남을 헐뜯거나 해를 주지 않고 오직 모든 사람들에게 온갖 악행을 버리도록 가르치는 마음을 닦는 것을 말한다.

보살은 모든 사람들에게 악행을 하지 못하도록 탐욕과 원망, 복수심과 교만심을 버리도록 설교해야 하며 온갖 욕됨을 참아내는 온순한 마음을 키워주어야 한다. 혹시 포악한 사람들이 저마다 보살에게 악담을 퍼붓고 칼을 들고 목숨을 해치려고 덤벼들어도 보살은 태연해야 하며 그들이 하고싶은 대로하라고 자신의 몸을 내맡겨야 한

---

36) 무진한행(無瞋恨行).

다. 만일 자신이 고통을 당하고 죽음을 면치 못하게 되었다고 하여 마음의 동요를 일으키고 맞서 나간다면 그 사람들을 교화하고 고쳐줄 수 없기 때문이다.

넷째로, 보살은 굴하지 않는 마음을 닦아야 한다.[37]

보살의 굴하지 않는 마음이란 한사람도 남김없이 모든 사람을 다 구제하기 위하여 온갖 고통을 기꺼이 받아들이는 마음을 말한다. 설사 온갖 고통을 받아들이면서 불도를 닦는 과정이 아무리 오랜 세월에 걸쳐 진행된다고 하더라도 보살은 한순간도 해이하지 말아야 하며 고달픈 생각을 가지지 말아야 한다.

가령 보살이 바닷물을 털끝으로 한 방울씩 찍어내어 온 바다를 다말리울 때까지 헤아릴 수 없이 오랜 세월을 두고 갖은 수모와 고통을 겪는 경우에도 후회하지 말고 모든 사람을 극락세계로 구제하겠다는 굳은 마음을 가지고 불도를 닦아야 한다.

다섯째로, 보살은 어리석은 생각을 버리고 마음을 바로 닦아야 한다.[38]

어리석은 생각을 버리고 마음을 바로 닦는다는 것은

---

37) 무진행(無盡行).
38) 이치란행(離癡亂行).

착한 생각을 가지고 마음을 안정하며 그 어떤 유혹에도 마음의 동요를 일으키지 않는다는 것을 말한다.

보살이 착한 마음을 닦을 때 마음을 안정하고 명상의 방법으로 불도를 닦고 세상에서 벌어지는 잡다한 일에 차명하거나 마음을 쓰지 말아야 한다. 만일 주변에서 벌어지는 일에 머리를 쓰게 되면 마음이 산란해지고 마귀들이 작간에 유혹되기 쉽다. 그러므로 보살은 마음의 안정을 위하여 오로지 부처님의 교리만을 생각하고 불도를 닦아야 한다.

여섯째로, 보살은 진실한 마음을 닦아야 한다.[39]

보살의 진실한 마음이란 말과 생각, 행동에서 잘못이나 허식을 없애고 사람들에게 부처님의 설교를 정직하게 가르쳐주어 큰 효과가 나타나게 하는 마음을 말한다.

보살은 말과 생각, 행동에서 정직하려면 부처님의 설교에 의거하여 자신을 수양하는 동시에 모든 사람들에게 허무한 세상의 이치를 가르쳐주어야 한다. 그리고 불도를 닦는 과정에 보살은 사람들을 불쌍히 여기는 마음을 조금도 소홀히 하지 말아야 한다.

가령 질병에 신음하거나 굶주림에 허덕이는 사람들을

---

39) 선현행(善現行).

보는 경우에는 "내가 저 사람들을 구원해 주지 않으면 누가 구원해주랴."고 생각하면서 부처님의 마음으로 그들에게 자비심을 베풀어서 즐겁게 해주리라고 다짐하여야 한다.

일곱째로, 보살은 욕망과 애착을 없애는 마음을 닦아야 한다.[40]

욕망과 애착을 없앤다는 것은 보살이 부처님을 위하여 재물을 바치고 사람들을 위하여 고통을 겪지만 결코 부처님께서 되겠다고 하는 야심을 가지지 않는다는 말이다.

보살이 일체 욕망과 애착을 없애려면 마음을 바로 닦아야 한다. 만일 보살이 재물을 대하는 경우에는 그것을 재물로 생각하지 말고 허깨비와 같은 것으로 보아야 하며 악행을 일삼는 원수를 대할 때에도 그를 친우로 생각하고 증오와 적의를 품지 말아야 한다. 더욱이 부처님을 섬기고 사람들을 교화한다고 해서 우쭐대며 거만하거나 마음속으로 자신의 선행을 생각하여도 안 된다. 왜냐하면 자신의 선행을 생각하거나 부처님께서 되려고 생각하는 것은 벌써 욕망과 애착을 의미하기 때문이다. 그러므

---

40) 무착행(無着行).

로 보살은 욕망과 애착을 없애는 불도를 닦을 때에는 "어리석은 사람들은 몽매하여 부처님의 교리를 따르지 않고 악마들의 속임수에 넘어가 모진 고통에서 헤매고 있다. 그러나 나는 그 어떤 값도 바라지 않고 그들을 교화할 것이다." 라고 생각하면서 불도를 닦아야 한다.

여덟째로, 보살은 얻기 어려운 것을 기어이 성취하려는 마음을 닦아야 한다.[41]

얻기 어려운 것이란 보살이 닦는 부처님의 지혜를 말한다. 보살은 부처님의 지혜를 지니기 위하여 불도를 닦을 때 아무리 어려운 고통도 참아가면서 악마들의 흉계로부터 부처님을 보호하고 사람들을 구제하는 대승불교를 지켜나가야 한다. 그러면 곧 큰 덕을 얻게 되며 자유자재한 부처님의 지혜를 지니게 된다.

아홉째로, 보살은 부처님의 교리를 잘 해설하려는 마음을 닦아야 한다.[42]

부처님의 교리를 잘 해설하려는 마음이란 보살이 모든 사람들의 스승으로 되어 부처님의 교리를 해설하고 이해시켜 줌으로써 그들로 하여금 허무한 세상의 이치를 깨

---

41) 홍존중행(尊重行).
42) 선법행(善法行).

닫게 한다는 것을 말한다.

보살이 부처님의 교리를 가지고 모든 사람들을 교화할 수 있게 되는 것은 부처님의 지혜를 지니고 사람들에게 세상의 모든 것이 꿈과 같은 것이라는 이치를 가르쳐주어 그들로 하여금 고통에서 벗어나 극락에로 지향할 수 있게 하기 때문이다.

부처님의 지혜를 지닌 보살은 혼자서도 헤아릴 수 없이 많은 사람들에게 단번에 안락을 줄 수 있다. 그것은 수억만 사람들이 저마다 자기의 소견을 가지고 수억만 가지의 의문을 한꺼번에 제기하여도 보살은 눈 깜빡하는 사이에 그 모든 대답을 알아내고 즉석에서 매 사람들을 대상하여 일체의 의혹을 풀어줄 수 있다.

이렇게 모든 의혹이 풀리면 제멋대로 생각하고 행동하는 어리석은 사람이 없게 되고 누구나 다 대승불교를 믿고 부처님과 보살을 따르게 된다.

열째로, 보살은 진실한 마음을 닦아야 한다.[43]

진실한 마음이란 부처님의 교리를 가장 진실한 것으로 여기고 마음에 그대로 받아 지닌다는 것을 말한다. 부처님의 교리는 자신보다 남을 더 귀중히 여길 것을 설교하

---
43) 진실행(眞實行).

고 있다. 그러므로 보살은 부처님의 교리를 등불로 삼아 모든 사람들을 먼저 교화하여 극락세계에 보낸 다음에 자신은 마지막에 부처님이 되어야 한다. 만일 보살이 남들을 교화하기 전에 벌써 부처님이 될 것을 생각한다면 이것은 부처님의 교리를 진실하게 여기고 마음속에 받아들인 것이 아니다. 왜냐하면 보살은 세상의 모든 것이 허무한 것이라는 이치를 알고 있는 이상 그 어떤 욕망도 가질 수 없기 때문이다.

가령 보살이 부처로 되겠다고 생각하는 경우에는 사물의 실재를 인정하는 것으로 되는 것만큼 욕망과 애착에 물 젖어 있는 사람들을 교화하는 보살의 본분을 잃게 된다. 때문에 보살은 부처님의 교리대로 모든 사람들을 벗으로 삼고 먼저 그들을 교화하여야 진실하게 불도를 닦고 세상의 이치를 원만하게 깨달았다고 말할 수 있다.

끝으로 공덕림보살은 이 품의 설교를 마치면서 누구나 모두 이 열 가지의 수양방법을 그대로 받아들여야 극락에 갈 수 있다는 것을 강조하였다.

15. 제21권

이 권에는 1개의 품이 있다.

㉒ 십무진장품 – 십무진장이란 보살수양의 열 가지 가운데 무진장한 내용이 있다는 말이다. 이 품에서도 앞의 「십행품」과 마찬가지로 공덕림보살이 부처님을 대신하여 보살에게는 사람들을 구제하는 무진장한 덕행이 있다는 것을 설교하고 있다.

보살수양의 열 가지 가운데 있는 무진장한 내용이란 대체로 다음과 같다.

첫째로, 보살에게는 부처님의 교리에 대한 굳은 마음이 있다.

보살은 세상만물이 실재한 것이 아니라 허공처럼 허무한 것이라는 확신을 가지고 있다. 그것은 보살이 부처님의 교리에 대한 굳은 믿음에 기초하여 불도를 닦아 부처님의 지혜를 지니게 된 것만큼 대승불교 이외의 그 어떤 설교에도 마음의 동요를 일으키지 않기 때문이다. 그러므로 보살은 세상에서 벌어지는 일을 생각조차 하지 않으며 심지어 자기에게 생사를 판가름하는 위험이 씌워져도 두려워하지 않는다. 이로부터 보살은 부처님의 교리에 대한 확고한 믿음을 가지고 모든 사람들을 교화하게 되는 것이다.

둘째로, 보살은 계율을 어김없이 지킨다.

보살은 부처님께서 제정한 계율을 철저히 의거하여 사람들에게 이익되는 일만 하고 죄악의 근본으로 되는 살생, 도적, 거짓말, 음란한 행동 등 열 가지 나쁜 짓을 하지 않기 때문에 잘못을 저지르지 않으며 죄를 범하지 않는다. 보살이 만일 계율을 어기는 사람을 대하는 경우에도 그를 따지거나 헐뜯지 않으며 그가 스스로 자기 잘못을 뉘우치고 부끄러워하도록 마음속으로 불도를 닦는다. 이처럼 보살이 깨끗한 행실로서 불도를 닦기 때문에 다른 모든 사람들도 그를 본받아 계율을 지키게 된다.

셋째로, 보살은 과거를 뉘우치고 부끄러워한다.

보살은 자기가 아득히 오랜 옛날에 보통사람들처럼 못하는 짓이 없이 가정생활도 하고 어리석은 짓도 하였으며 서로 싸우기도 하는 등 온갖 악행을 다 저지른 데 대하여 돌이켜 보면서 자책감을 가지고 뉘우친다. 보살은 이렇게 자신의 지난날을 진심으로 뉘우치기 때문에 부처님을 섬기고 불도를 닦을 수 있게 된다.

넷째로, 보살은 남의 창피한 일을 보면 자기의 일처럼

생각하고 깨우쳐 준다. 사람들이 서로 시기하고 질투하면서 악의를 품고 적대시하는 것은 무지몽매한 데로부터 오는 악행이다. 보살은 자신이 이런 사람들을 맡아서 깨우쳐 주리라고 결심한다.

다섯째로, 보살은 누구보다 부처님의 설교를 많이 듣고 많은 것을 알고 있다.

보살은 누구보다도 부처님을 존경하며 그의 설교를 많이 듣기 때문에 세상의 모든 것을 정통하고 있다. 이처럼 보살은 세상의 모든 것에 정통하고 있는 것만큼 세상의 허무한 이치를 알지 못하고 생사를 되풀이하는 윤회 속에서 모진 진통을 겪고 있는 사람들에게 부처님의 설교 내용을 해설해 줌으로써 그들로 하여금 모든 것을 깨닫고 고통으로 일관된 세상에서 벗어나게 하려고 언제나 생각하면서 불도를 닦는다.

여섯째로, 보살은 남을 위해 모든 것을 아끼지 않고 베풀어준다.

보살은 맛있는 음식이나 좋은 의복 혹은 침구류 같은 것이 생기면 먼저 가난한 사람을 생각하고 그들에게 돌려주며 더 줄 것이 없는 경우에는 자기의 팔다리를 뜯어내여 굶어죽는 사람들을 먹여 살린다. 보살이 이렇게 모든 것을 아끼지 않고 사람들에게 자비심을 베풀어주면서 자신을 위한 것이란 하나도 없다.

실례를 들어 보살이 맛있는 음식을 배불리 먹는 것은 입맛이 있어서 먹거나 자신의 생명을 유지하기 위해 먹는 것이 아니다. 그것은 보살이 자기의 몸에 잠복하고 있는 수 만개의 기생충들을 불쌍히 여겨 음식을 먹어 그것들을 먹여 살리기 위한 것이다. 그러므로 보살은 때로는 먹기 싫은 음식도 기생충들을 굶겨 죽이지 않기 위하여 기꺼이 먹는다. 이처럼 보살은 목숨을 가진 생명을 위한 일이라면 모든 것을 아끼지 않는다.

일곱째로, 보살은 모든 것을 아는 지혜를 가지고 있다.

사람의 육체를 비롯한 모든 것들은 원인과 조건의 결합에 의하여 일시적으로 나타난 가상적인 것이기 때문에 허공과 다름이 없다. 따라서 그 어떤 현상도 저절로 만들어질 수 없으며 또 파괴될 수도 없다. 그것은 허공을 만들어 내거나 파괴할 수 없는 것과 같기 때문이다.

부처님의 교리에 의거하여 부지런히 불도를 닦는 보살이 모든 것을 아는 지혜를 지니는 것은 세상의 허무한 이치를 통달하고 사람들을 구제하는 밑바탕으로 된다.

여덟째로, 보살은 언제나 부처님만 생각한다.

보살은 일체 어리석은 생각을 버리고 불도를 닦는 전 과정을 통하여 오직 모든 부처님의 이름과 그들이 부처님으로 된 유래를 마음속에 기억하고 영원히 간직한다. 보살의 생각에는 잡됨이 없고 마음이 깨끗하기 때문에 악마들도 범접하지 못하며 그 누구도 헐뜯을 수 없는 위력을 가지게 된다.

아홉째로, 보살은 대승불교의 모든 경전의 내용을 한마음에 지니고 있다. 보살은 부처님의 설교로 된 대승경전의 매 구절, 매 글귀까지 모두 통달하였기 때문에 그가 지닌 지혜의 힘은 가늠할 수 없이 무한히 크다.

열째로, 보살은 부처님을 대신하여 사람들을 교화한다. 보살은 대승교리에 조금도 어긋나지 않게 사람들에게 세상의 허무한 이치와 부처님의 덕행을 알려주고 그들을 교화한다. 그것은 보살이 부처님의 지혜를 지녔기 때문에 그들을 교화할 수 있도록 자유자재로 신기한 조화를 부릴 수 있기 때문이다. 이처럼 보살은 부처님의 지혜를 지니고 그의 덕행을 갖추었으므로 부처님을 대신하여 사람들을 교화할 수 있게 된 것이다.

이상과 같이 이 품에서는 보살도 부처님과 마찬가지로 사람들을 교화할 수 있는 힘을 가지고 있다고 설교하였다.

16. 제22권

이 권에는 1개의 품이 있다.

㉓ 승도솔천궁품 – 승도솔천궁이란 부처님께서 도솔천의 하늘궁전에 올라간다는 말이다. 불교에서 말하는 도솔천은 수미산 꼭대기에서도 480여 만리의 높은 곳에 있는 하늘세계라고 한다.

이 품은 다음에 계속되는 품들의 머리말에 해당하는 부분으로서 도솔천의 하늘궁전에서 벌어진 설교모임의 요란한 광경을 묘사하고 있다.

부처님은 야마천의 하늘궁전에서 설교를 마치고 앉은 자리에서 또 조화를 부려 그보다 더 높은 도솔천의 하늘궁전으로 향하였다. 이때 도솔천왕은 멀리에서 부처님께서 오는 것을 보고 그의 거처할 궁전과 앉을 자리를 금은보화로 진귀한 꽃들로 장식하여 놓았다. 도솔천왕은 왕자를 데리고 꽃과 향수를 뿌리면서 부처님을 마중하였다. 그는 부처님의 모습을 보고 기쁨에 넘쳐 부처님에게 이 궁전에 있으면서도 도솔천의 무리들을 위하여 설교해 줄 것을 간청하였다. 부처님께서 그의 청을 승낙하니 도솔천의 세계는 경사로 들끓었다. 도솔천왕은 오늘의 이

경사가 자신의 전생에 여러 부처님을 잘 섬기고 불도를 잘 닦은 데 기인된다고 추억하면서 부처님을 찬송하는 글을 읊었다.

이처럼 이 품에서도 부처님의 설교장소를 높은 하늘세계에 설정하고 부처님을 신비한 조화를 마음대로 부리는 존재로 떠받들고 있다.

17. 제23권

이 권에는 1개의 품이 있다.

㉔ 도솔궁중게찬품 - 도솔궁중게찬이란 도솔천의 하늘궁전에서 부처님을 찬송한다는 말이다. 이 품에서는 금강당보살을 비롯한 10명이 보살들이 부처님의 덕행에 대하여 칭송하고 있다.

먼저 시방세계에서 모여온 10명이 큰 보살들의 이름을 소개하고 나서 각각 부처님의 뛰어난 덕행을 찬송한 내용을 소개하고 있다.

금강당보살[44]은 부처님께서 신기한 힘을 가지고 있는데 대하여 찬양하였다. 그는 부처님께서 만 가지의 신기한 재간을 가지고 이르는 곳마다에 자기의 몸을 나타내고 사람들을 위해 설교하지만 우둔한 사람은 세상의 허무한 이치를 모르기 때문에 부처님의 신기한 재간을 볼 수 없다고 하면서 만일 누구나 부처님의 위엄 있는 모습과 신기한 재간을 임의의 곳에서 보려면 부처님과 보살들에게 재물을 섬겨바치고 공경하여야 한다고 하였다.

경고당보살은 세상에서 가장 뛰어난 자는 부처님 한 분뿐이라고 찬양하였다. 그는 부처님의 마음은 깨끗하기가 허공과 같고 위엄 있기가 사자와 같다고 하면서 그의 신통한 재주는 끝없이 위력 하다고 하였다.

용매당보살은 부처님의 교리를 받아들이는 사람에게는 누구에게나 락(樂)을 준다는데 대하여 찬양하였다. 그는 마치 어떤 가난한 사람이 큰 금 덩어리를 얻기만 하면 빈궁의 고통을 영원히 쫓아 버리듯이 누구나 부처

---

44) 금강당보살(金剛幢菩薩) : 금강계 37존 가운데 16대보살의 한 분으로 보생여래(寶生如來)의 우측에 있으며, 밀호(密號)는 원만금강(圓滿金剛)·만원금강(滿願金剛)·종종금강(種種金剛)이라 한다. 또는 허공기보살(虛空旗菩薩)·선리중생(善利衆生)·금강번(金剛幡)·금강광(金剛光)·금강보장(金剛寶杖)등으로 불리운다.

님의 교리를 받아들이기만 하면 모든 번뇌를 쓸어버리고 깨끗한 마음을 지니고 마음의 안락을 이룩할 수 있다고 하였다.

 광명당보살은 부처님께서 세상의 모든 재주를 한 몸에 지니고 있는데 대하여 찬양하였다. 그는 마치 한마음에서 여러 가지 생각이 나오듯이 한 부처님의 몸으로 수많은 부처님을 나타내게 하는 것은 그가 깨끗한 마음이 온 세상이 모든 재주를 모아 넣었기 때문이라고 하였다.

 지당보살[45]은 부처님께서 원래는 하나이지만 모든 사람들을 교화하기 위하여 조화를 부려 많은 몸을 나타내고 있다는데 대하여 찬양하였다. 그는 밝은 보름달은 모든 물에 비치어 그 영상을 물 속에 수없이 나타내지만 본래의 달은 오직 하늘 위에 뜬 달 하나밖에 없듯이 부처님의 몸도 그와 같다고 하였다. 그러면서 그는 부처님은 다만 고통에 시달리는 사람들은 가엾게 생각하고 그들을 교화하기 위하여 수많은 부처님의 몸을 나타내게 한다고 하였다.

---

45) 지당보살 : 현겁천불(賢劫千佛)의 상수(上首)인 십육존(十六尊)의 하나로 금강계만다라의 삼매야회(三昧耶會)·미세회(微細會)·공양회(供養會)의 외륜남방사보살(外輪南方四菩薩) 가운데 서방에서 제일위(第一位)에 안치된다.

이밖에 다른 보살들도 부처님께서 신기한 지혜를 가지고 있는데 대하여 찬양하면서 부처님을 받들고 공경하는 것은 응당한 일이라고 하였다.

이상과 같이 이 품에서는 부처님을 여러모로 찬양하면서 세상을 구제하려면 부처님을 받들고 섬겨야 한다는 것을 설교하였다.

18. 제24권~제33권

이 권들에는 1개의 품이 있다.

㉕ 십회향품 - 십회향[46]이란 보살이 닦은 10가지의 덕

---

46) 십회향(十廻向) : 화엄경에서 설해지는 보살의 수행계위 52위(位)중 제 31위부터 제 40위까지를 일컫는다. 즉 10신(十信), 10위(十位)의 20위를 거쳐 10행(十行)위에서 닦은 자리이타의 공덕을 일체중생을 위해 널리 되돌려 주는 공덕으로 불과(佛果)를 위해 나아가는 경지이다. ①구호일체중생이상회향 (救護一切衆生離相廻向) ② 불괴회향(不壞廻向) ③ 등일체제불회향(等一切諸佛廻向) ④ 지일체처회향(至一切處廻向) ⑤ 무진공덕장회향(無盡功德藏廻向) ⑥ 입일체평등선근회향(入一切平等善根廻向) ⑦ 등수순일체중생회향(等隨順一切衆生廻向) ⑧ 진여상회향(眞如相廻向) ⑨ 무박무착해탈회향(無縛無着解脫廻向) ⑩ 입법계무량회향(入法界無量廻向).

행을 남에게 준다는 것이다. 이것은 보살수양의 세번째 10단계에 해당된다. 이 품에서는 금강당 보살이 부처님을 대신하여 보살이 부처로 되기 위하여 자신이 이룩한 모든 덕행을 열 가지의 방법으로 남에게 돌려주는 내용을 설교하고 있다.

그의 설교는 대체로 다음과 같다.

첫째로, 보살은 모든 사람들을 구제하기 위하여 자기의 모든 것을 아낌없이 바쳐야 한다.

보살이 남을 위하여 모든 것을 아낌없이 바치려면 무엇보다도 마음이 너그러워야 한다. 보살이 남을 위해 바치는 불도를 닦는 과정에 만일 원수가 찾아와서 구원을 바라는 경우에는 옹졸하게 생각하지 말고 친형제와 다름없이 대해주어야 한다. 설사 그가 악한 마음을 품고 해치려고 달려들어도 반항하지 말아야 한다. 그것은 보살이 자신을 위하여 불도를 닦는 것이 아니라 모든 사람들을 교화하여 극락에 이르도록 하려는데 있기 때문이다. 그러므로 보살은 하늘세계와 인간세상은 물론 지옥에까지 찾아 들어가 모든 사람들을 고통과 죄악에서 벗어나도록 깨우쳐 주어야 한다.

또한 보살은 남을 위하여 모든 것을 바치기 위해서는

사람들을 생각하는 마음이 지극해야 한다. 사람들이 마음의 고통을 겪거나 고달픔을 느끼거나 죄를 짓고 불행을 당하게 되는 것은 다 생에 대한 애착을 가지고 재물욕과 명예욕을 비롯한 다섯 가지의 나쁜 욕심을 품고 있는 데로부터 생겨난 후과이다. 그러므로 보살은 사람들의 소행을 가엾게 생각하고 그들을 모든 욕망에서 벗어나게 해야 한다. 그러기 위해서는 보살자신이 사람들의 모든 고통을 대신하여 받겠다는 지극한 생각을 한순간도 잊지 말고 불도를 닦아야 한다.

또한 보살은 남을 위하여 모든 것을 바치려면 거만하거나 자만하는 일이 없어야 한다. 만일 사람들의 보살의 덕을 입어 근심과 고통을 모르고 즐겁게 지낸다고 하더라도 보살은 여기에 자만하거나 만족하지 말아야 한다. 왜냐하면 세속의 즐거움이란 어리석은 사람들의 욕망과 미련을 동반하는 것만큼 그것도 역시 마음의 고통을 낳게 하는 것이기 때문이다. 그리하여 보살은 사람들에게 허무한 세상의 이치를 가르쳐주어 그들의 즐거움도 슬픔도 고달픔도 생각하지 않는 깨끗한 마음을 지닐 때까지 불도를 끊임없이 닦아야 한다.

둘째로, 보살은 남을 위해 마음이 변하지 말아야

한다.

보살은 이미 부처님의 교리를 굳게 믿고 있기 때문에 언제나 부처님을 가까이 하고 온갖 재물을 섬기면서 받든다. 그리고 보살은 부처님께서 열반에 든 뒤에도 그의 뼈가 안치되어 있는 탑을 모든 정성을 다하여 보호하고 재물을 섬겨 바친다.

보살이 이처럼 부처님을 섬기는 것은 부처님의 뜻을 어기지 않고 모든 사람들을 구제하기 위한 변함 없는 마음에서 우러나온 것이다. 보살이 이렇게 처신하면 모든 사람들도 그 행실을 본받아 마음을 깨끗이 닦고 마귀들의 올가미에서 벗어나 부처님을 영원히 믿고 따르게 된다.

셋째로, 보살은 부처님과 같은 마음을 지니고 사람들을 보살펴야 한다.

보살은 과거와 현재, 미래에 걸쳐 사람들을 위하여 바치는 부처님의 선행을 본받으면서 그의 자비로운 마음을 지니게 된다. 보살이 부처님의 마음을 지니려면 무엇보다 먼저 어떤 세상일에도 미련을 가지거나 악의를 품지 말아야 한다. 가령 보살은 아름다운 것을 보더라도 유혹되지 말며 추악한 것을 보더라도 미워하는 마음을 가지지 말아야 한다.

또한 보살은 부처님의 마음을 지니려면 모든 사람들을 고르게 사랑해야 한다. 가령 보살이 집에서 부모처자를 거느리고 살면서 불도를 닦는 경우에 자기 가족들에 대해서는 지극히 사랑해주고 남에 대해서는 소홀히 하는 일이 없어야 한다. 왜냐하면 부처님의 자비로운 마음은 모든 사람들에게 다같이 인자하기 때문이다. 부처님의 자비심은 짐승들이 당하는 고역도 가엾게 생각하고 그 짐승들에게 낟알을 먹이며 그 고역 속에서 짐승들을 구제하기 위한 방도를 찾는다. 그러므로 보살은 부처님의 자비심을 지니려면 맛있는 음식을 먹는 경우에는 다른 사람들의 배고픈 마음을 생각해야 하며 잠을 잘 때에도 다른 사람들의 고달픈 마음을 애처롭게 생각해야 한다.

또한 보살은 부처님의 마음을 지니려면 전생에 그가 쌓은 선행을 배워야 한다. 부처님은 전생에 보살로 있으면서 불도를 닦을 때 주변에서 벌어지는 그 어떤 일에도 미련을 가지지 않고 오직 부처님을 받들고 섬겨왔으며 벌써 그때 기묘한 마음, 균등한 마음, 정직한 마음, 넓은 마음, 착한 마음, 깨끗한 마음을 지니게 되었다.

그러므로 보살이 부처님과 같은 마음을 지니려면 세상

의 허무한 이치를 깨닫고 부처님을 잘 섬기며 모든 사람들을 구제하기 위한 불도를 잘 닦아야 한다.

넷째로, 보살은 자신이 닦는 착한 마음으로 모든 부처님과 모든 사람을 보살펴 주리라고 생각하여야 한다.

보살은 자신이 닦는 착한 마음의 힘으로 부처님과 불탑에 모든 재물을 다 바쳐 공경하리라고 소원해야 한다.

또한 보살은 부처님을 섬겨 얻은 지혜의 힘으로 모든 사람들의 어지러운 마음을 깨끗이 닦아주리라고 생각해야 한다.

보살이 이렇게 생각하면서 불도를 닦아야 부처님의 마음을 들게 되고 모든 사람들의 존경을 받게 되며 그들의 길잡이가 되고 모든 세계의 광명으로 될 수 있다.

다섯째로, 보살은 부처님과 사람들에게 자신의 복덕을 바쳐야 한다. 우선 보살은 부처님을 위해 모든 복덕을 다 바쳐야 한다.

보살이 복덕을 쌓을 수 있게 된 것은 그가 과거에 자기의 죄과를 참회하여 모든 잘못을 고치고 부처님의 교리대로 부지런히 불도를 닦았기 때문이다.

보살은 불도를 닦는 과정에 부처님의 깨끗한 마음을

지니게 되었으며 인간세상과 인연을 끊고 부처님의 세계에 들어갈 수 있는 자유자재한 신통력을 얻게 되었다. 보살이 이 신통력을 가지고 자신이 쌓은 복덕으로 부처님을 잘 섬기고 부처님의 세계를 훌륭하게 꾸릴 것을 생각해야 한다.

또한 보살은 모든 사람들을 위하여 자신의 복덕을 바쳐야 한다. 사람들의 마음의 본성은 원래 깨끗한 것이나 욕망과 애욕 같은 것에 젖어 있기 때문에 온갖 나쁜 짓을 서슴없이 저지르고 있다. 보살은 이런 사람들을 구제하기 위하여 마음속으로 부지런히 불도를 닦아야 한다.

이처럼 보살이 부처님과 모든 사람에게 복덕을 바치면 곧 좋은 보람을 얻게 되는데 그것은 언제나 부처님과 가까이하면서 그의 설교를 듣고 지혜를 지닐 수 있으며 사람들을 구제하는 묘한 방법과 수단을 가지고 그들의 어리석은 생각을 없애버릴 수 있게 한다.

여섯째로, 보살은 모든 사람을 위한 드놀지 않은 마음의 바탕을 닦아야 한다.

보살은 드놀지 않는 마음의 바탕을 닦으려면 언제 어디서나 자신을 끊임없이 수양하여 부처님의 깨끗한 마음과 자비심을 지니기 위하여 노력하여야 한다. 만일 보살이 한 나라의 제왕으로 군림한다면 그의 위품과 덕망이 널리 퍼지고 그 이름은 온 세상을 진감 할 것이다. 그것은 보살이 부처님의 깨끗한 마음과 자비심을 지닌 성인인 만큼 모든 사람들이 그에게 기대를 걸고 있기 때문이다.

그러나 보살은 한 나라의 제왕으로 되었다고 해서 자만하지 않으며 오히려 모든 사람들을 위하여 마음의 바탕을 더 깨끗하게 닦는다. 그리하여 가난과 굶주림과 병들어 고통을 겪는 사람들에게 맛좋은 음식과 의복, 집과 수레, 향과 약을 주어 기쁘게 해준다. 만일 보살이 재산을 다 털어 주고 더 줄 것이 없으면 자기의 눈, 귀 심지어 골수까지 남에게 준다.

이렇게 보살이 재산과 목숨을 내놓고도 마음의 동요가 없이 불도를 닦으면 모든 사람들은 스스로 자기의 잘못을 뉘우치고 착한 마음을 닦게 될 것이다. 또한 보살은 드놀지 않은 마음의 바탕을 닦으려면언제나 모든 사람들을 가엾게 생각하여야 한다.

보살은 가령 옥에 갇혔던 한 죄수가 사형을 선고받고 옥졸에게 끌리어 단두대로 가는 것을 보았다면 그를 가엾게 여기고 가슴을 치면서 통탄해하고 그를 대신하여

죽겠다고 생각해야 한다.

 또한 보살은 드놀지 않는 마음의 바탕을 닦기 위해서는 모든 사람들을 너그럽게 대하여야 한다.

 보살은 그 누가 흉기를 들고 달려들어도 반항하지 말고 기쁜 마음으로 그를 맞이하여야 한다. 이때 보살은 그에게 방석을 깔아주고 허리를 굽혀 절하며 생각하기를 "어지러운 몸을 없애주겠다고 찾아온 이런 사람을 만나기 쉽지 않다. 바로 이 사람이 부처님의 지혜를 이루어보려는 내 소망을 풀어주려고 하니 이보다 더 큰 소득이 어디 있으랴" 라고 하여야 한다.

 일곱째로, 보살은 모든 사람들을 공평하게 대해주어야 한다.

 보살은 모든 사람들을 공평하게 대해주려는 자신의 부귀와 영화를 탐내지 말아야 한다. 그것은 보살의 깨끗한 생각에 욕망이 물들면 사람들을 불쌍히 여기는 자비심이 없어지고 부처님의 교리를 따를 수 없기 때문이다. 그러므로 보살은 자신의 모든 재물과 향락을 모든 사람들의 마음대로 처리할 수 있게 하여야 한다. 보살이 이런 마음으로 한사람도 빼놓지 않고 공평하게 대해주어야 보살과 모든 사람들의 복덕이 같아지게 된다.

또한 보살은 모든 사람들을 공평하게 대해주려는 마음을 깨끗하게 닦아야 한다. 마음을 깨끗하게 닦지 않는 경우에는 아첨과 어리석은 생각이 싹트고 사람들 사이에 이간이 생기는 등 여러 가지 차별이 있게 된다.

그러므로 보살이 모든 차별을 없애기 위하여 애착이 없는 마음, 고집이 없는 마음, 허망하게 억측하지 않는 마음, 모든 이치를 통달하는 마음을 닦아 사람들을 교화해야 한다.

여덟째로, 보살은 사람들에게 모든 것을 있는 그대로 가식 없이 깨우쳐 주어야 한다.

세상만물의 허무한 본성은 영원히 변함 없으며 그래서 그것을 진여[47](있는 그대로라는 뜻)라고 한다. 이 진여는 허공과 같은 것이기 때문에 생겨나지도 않고 없어지지도 않으며 또 그 형태와 크기가 가늠할 수도 없고 형용하기도 어렵다. 보살이 진여를 알려면 모든 미혹을 버리고 마음의 동요가 없이 대승불교만을 신앙하며 언제나 부처님을 생각하고 그의 교리를 보호하는 마음을 닦아야 한다.

만일 보살이 진여의 이치를 알고 사람들에게 허무한

---

47) 진여(眞如, tathātā) : 사물의 있는 그대로의 모습을 나타내며, 사물의 여실한 도리(道理), 연기(緣起)의 이법(理法)을 말한다.

세상의 진면목[48]을 깨우쳐준다면 그들은 곧 나와 내 것에 대한 애착을 버리고 착한 마음을 닦게 될 것이다.

아홉째로, 보살은 모든 사람들의 번뇌의 속박으로부터 벗어나게 해주어야 한다.

보살은 이미 인간 세상에 대한 미련을 버리고 변함 없는 깨끗한 마음을 지니었기 때문에 자신에게 가해지는 모든 욕됨을 참고 견디며 누구에게나 순종한다. 보살이 이 착한 마음에 의하여 모든 사람들에게 자비심을 베풀어야 하며 그들의 스승이 되어 말과 생각, 행동에서 깨끗함을 보여주어야 한다. 그래야 모든 사람들이 보살의 덕행을 따라서 세상의 아무 일에 대해서도 의혹을 가지거나 공포를 느끼지 않고 불도를 닦게 된다.

보살이 이렇게 모든 사람들의 마음을 안정시키고 불도를 닦게 하면 곧 높은 덕행을 구비하고 부처님의 지혜를 얻게 되며 극락의 경지에 들어서게 된다.

열째로, 보살은 모든 사람들을 이끌고 극락에 들어가야 한다.

보살이 모든 사람을 극락에로 이끌기 위해서는 먼저 자

---

48) 진면목(眞面目) : 본체 그대로의 진상이나 상태, 즉 참 모습을 말한다.

신의 마음부터 수양하여 티 없는 마음, 실수 없는 마음, 산란한 생각이 없는 마음, 부처님의 칭찬을 받는 마음을 지녀야 한다. 그래야 보살은 걸림 없는 마음을 사람들에게 부처님의 교리를 설교하고 그들을 깨우쳐 줄 수 있다.

또한 보살은 모든 사람들을 극락에로 이끌어주기 위해서는 그들로 하여금 부처님과 보살을 받들어 섬기는 것을 가장 기쁜 일로 여기게 하여야 한다.

또한 보살이 모든 사람을 극락으로 이끌기 위해서는 그들로 하여금 대승불교 교리를 받아들이고 그 교리의 이치대로 실행하게 함으로써 부처님의 신기한 힘을 지니도록 하여야 한다.

이상과 같이 이 품에서는 이 열 가지의 불도를 잘 닦아야 자신의 자비심을 키우고 모든 사람들을 극락에로 이끌어 줄 수 있다는 것을 설교하였다.

19. 제34권~제39권

이 권에는 1개의 품이 있다.

㉖ 십지품 - 십지[49]란 보살수양의 10단계라는 뜻이다. 이것은 보살수양의 마지막 네 번째 10단계에 해당된다.

이 품에서는 금강장보살[50]이 부처님을 대신하여 보살들에게 설교하는 것으로 되어 있다. 보살수양의 10단계에 대한 금강장보살의 설교는 대체로 다음과 같다.

첫째 단계는 처음으로 불교의 이치를 통달하고 희열을 느끼는 경지이다.

보살이 이 경지에 들어서면 인간 세상에 대한 모든 의욕과 미련이 없어지게 된다. 이 경지에서 보살은 혼잡한 마음과 시끄러운 생각이 없어지고 언제나 안온하고 편안하면서도 불도에 대한 깨끗한 신심과 끝없는 기쁨이 생기게 된다.

이 경지에서 혼잡한 마음과 시끄러운 생각이 없어지게 되는 것은 나라는 생각을 버렸으므로 모든 시름과 공포

---

49) 십지(十地) : 화엄경에서 설해지는 보살의 수행계위 52위(位)중 제41위에서 제50위까지의 지위이다. 지(地)는 범어 bhumi의 역어로서 주처(住處), 주지(住持), 생성(生成)을 의미한다. ① 환희지(歡喜地) ② 이구지(離垢地) ③ 발광지(發光地) ④ 염혜지(焰慧地) ⑤ 난승지(難勝地) ⑥ 현전지(現前地) ⑦ 원행지(遠行地) ⑧ 부동지(不動地) ⑨ 선혜지(善慧地) ⑩ 법운지(法雲地).
50) 금강장보살(金剛場菩薩, Vajragarbha) : 금강계의 현겁십육존(賢劫十六存)중에 한분으로 분노신(忿怒身)을 드러낸다. 혹은 금강저를 가지고 악마를 조복하므로 금강장왕이라고도 한다.

증이 사라졌기 때문이다. 그러므로 보살은 자기의 몸을 아끼지 않고 남의 신세도 바라지 않으며 죽음에 대한 공포도 느끼지 않고 자기가 죽더라도 부처님의 교리대로 불도를 닦을 수 있다는 신심을 가지고 여기에서 기쁨을 찾는 것이다.

또한 보살은 불교의 이치를 통달하고 희열을 느끼는 경지에 들어서려면 사람들을 구제하는 방법과 수단의 묘리를 가지고 있어야 한다. 보살이 사람들을 구제하는 방법과 수단의 묘리를 아는 것은 마치 어떤 큰 상인이 자기 밑의 여러 장사꾼들을 데리고 멀리 큰 거리로 물건을 팔러 갈 때에는 우선 떠나기 전에 그들이 길가는 동안에 숙식해야 할 곳과 있을 수 있는 위험한 지대를 자세히 알아보고 필요한 대책을 세워 가지고 떠나는 것과 같다.

보살이 사람들을 구제하는 방법과 수단의 묘리를 지니려면 모든 것을 아는 부처님의 지혜를 닦아서 대승불교를 끝까지 신앙하는 마음, 불행한 사람을 불쌍히 여기는 마음, 남에게 자비를 베푸는 인자한 마음, 모든 미련을 버리는 깨끗한 마음을 간직한 것이다.

그러나 보살은 이 희열을 느끼는 경지에 들어섰다고 하여 만족해하거나 자만하지 않고 부처님께서 가르쳐준대로 불도수양에 더 큰 힘을 넣는다. 그것은 마치 쟁인바치가 쇠붙이를 가공할 때 모든 지혜와 힘과 정열을 다하여 끝내 섬세한 장식품을 만들어 내듯이 보살도 부지런히 사람들을 교화하여 부처님의 세계를 웅장하고 아름답게 꾸리며 여기에서 다같이 행복을 누릴 수 있는 기쁨을 마련해 가고 있다.

둘째 단계는 모든 더러움을 씻어버리는 경지이다.

보살이 모든 더러움을 씻어버리는 경지에 들어서기 위해서는 정직한 마음과 참을성 있는 마음을 비롯하여 열 가지의 깨끗한 마음을 지녀야 한다. 보살이 이 경지에 이르면 마음이 저절로 온순하여지기 때문에 일체 살아 있는 목숨을 끊지 않으며 남의 물건을 훔치지 않고 남과 다투지 않으며 거짓말을 하지 않고 남에게 악담을 퍼붓지 않으며 재물을 탐내지 않고 도리에 어긋나는 행동을 하지 않는다. 보살은 이 온순하고 착한 마음을 영원히 지니기 위하여 남을 해칠 수 있는 칼과 몽둥이를 깡그리 없애버리고 원수와 화해하여 벗으로 삼는다.

또한 보살이 모든 더러움을 씻어버리는 경지에 들어서려면 모든 사람들을 잘 교화하여 그들로 하여금 착한 행동만을 하고 나쁜 짓을 하지 않도록 이끌어주어야 한다.

만일 사람들을 교화하지 않는다면 그들은 제멋대로 행동하게 될 것이며 살생과 도적질을 비롯한 열 가지 악행을 저지르고 지옥에 떨어지거나 짐승 혹은 아귀[51]로 되어 버릴 것이다.

그것은 마치 숲 속의 험한 오솔길로 가는 눈먼 사람이 길잡이를 해주는 사람이 없는 탓으로 길 아닌 길에 잘못 들어서서 악마들에게 붙들려 갖은 고초를 겪고 결국 그들의 악한 행위를 따르게 되는 것과 같다. 그러므로 보살

---

51) 아귀(餓鬼, preta) : 귀(鬼)는 죽은 자의 영혼으로, 무서운 것을 의미하지 않고, 아(餓)는 그냥 붙인 자(字)이다. 고대 인도에서는 조상의 영혼을 preta(가버린 자)라 하고, 그것은 자손의 공양물(음식 등)을 기다린다고 생각했다. 이 관념이 불교에 도입되어 굶주려서 음식물을 기다리는 사자(死者)로 생각되었다. 육도(六道)의 하나인 아귀도(餓鬼道)에 사는 자로, 악업(惡業)의 보답으로서 아귀도(餓鬼道)에 떨어진 망자(亡者)이며 기갈로 고통받는 자(者)이다. 복덕(福德)이 없는 자가 떨어져 늘 굶주림, 목마름, 고통에 괴로워하며, 가끔 음식물을 얻어도 이를 먹으려 하면 불꽃이 일어나 먹을 수가 없게 된다고 한다. 탐욕의 과보로서 중생이 윤회하는 여섯 세계(육도(六道) ; 지옥, 아귀, 축생, 아수라, 인간, 천상)중의 한 세계로 아귀는 무엇을 먹더라도 곧 불덩이로 변해서 끊임없는 기갈에 시달리며 그 생김새는 북같이 큰 배에 바늘 만한 목을 가졌다고 한다. 또 아귀에는 세 종류의 아귀가 있다고 한다. ① 아무 것도 전혀 먹을 수 없는 무재아귀(無財餓鬼) ② 인간이 버린 부정한 것만 조금씩 먹을 수 있는 소재아귀(小財餓鬼) ③ 호화로운 건물이나 풍요로운 곳에서 인간과 함께 살지만 항상 부족함을 느끼며 허덕이는, 영원히 불만의 세계에서 고통받는 유재아귀(有財餓鬼).

은 계율에 의거하여 사람들을 착하게 만들고 자비심을 베풀어 마음을 안정시켜야 한다.

셋째 단계는 빛나는 지혜가 나타나는 경지이다.

우선 보살이 빛나는 지혜가 나타나는 경지에 들어서려면 깨끗한 마음, 안정된 마음, 모든 것에 싫증을 느끼는 마음, 탐욕을 없애는 마음을 간직하여야 한다.

보살이 이런 마음을 간직하기 위해서는 세상의 모든 것이 허무한 것 외에 다른 것이 없다는 부처님의 교리에 자그마한 의심도 품지 말아야 한다. 모든 것이 허무하다는 이치를 모르는 어리석은 사람들 때문에 세상은 고통과 괴로움, 근심과 슬픔, 분노와 울분으로 들어차 있다. 그러므로 보살은 사람들을 구제하기 위하여 열 가지의 자비심을 닦아야 한다.

보살은 의지할 데가 없어 고독하게 사는 사람, 생활이 어려워 쪼들려 사는 삶, 애욕과 탐욕에 눈이 어두워 난동을 부리는 사람, 불도의 계율을 지키지 않는 사람들의 처사를 보고 그들을 불쌍히 여기며 이것을 한순간도 잊지 말아야 한다. 이렇게 보살이 사람을 위해 불도를 닦으면 자연히 부처님의 지혜가 생기게 된다.

또한 보살은 모든 의혹을 없애고 빛나는 지혜가 나타

나는 경지에 들어서려면 부처님을 섬기고 받들며 그의 교리에 의거하여 불도를 닦아야 한다. 보살은 자신이 가지고 있는 모든 재물을 아끼지 말고 부처님에게 섬기고 사람들에게도 나누어주며 설사 남의 값진 보물을 보더라도 부러워하지 말아야 한다. 그리고 보살은 이미 자비심을 닦은 것만큼 부처님의 교리를 소중히 여기고 모든 사람들에게 해설해주어야 한다.

가령 어떤 사람이 보살에게 부처님의 교리를 해설하여 줄 것을 청한다면 이때 보살은 더 없는 좋은 기회라고 생각하고 지옥이나 불 속에라도 따라 들어가서 온갖 고통을 참고 부처님의 교리를 설교해 주어야 한다.

이렇게 보살이 생각과 행동으로 어리석은 사람들을 교화한다면 부처님의 신통한 힘을 얻어 지혜를 빛 내이게 된다.

넷째 단계는 지혜가 더욱 원숙해지는 경지이다.

보살이 지혜가 더욱 원숙해지는 경지에 들어서려면 인간세상과 하늘세계의 허무한 본성을 올바르게 살펴보고 거기에서 그 어떤 미련도 가지지 말아야 한다.

보살이 세상에 대한 미련을 버려야 탐욕과 근심을 없애고 착한 법을 닦게 되며 지혜가 원숙해지는 경지에 들어서게 된다. 보살이 이 경지에 들어서면 부드러운 마음, 양순한 마음, 지혜를 구하는 마음, 부처님의 교리를 어기지 않는 마음을 지니게 되어 부처님의 의도대로 불도를 닦게 된다.

만일 어떤 사람이 생에 대한 애착을 가진 탓으로 부처님의 꾸중을 들었다면 보살은 그것이 부처님의 자비심이라는 것을 알고 곧 적당한 방법으로 그 사람을 어리석은 생각에서 건져내야 한다. 이것이 부처님의 뜻에 순응하여 불도를 닦고 사람들을 구제하는 지혜를 더 원만하게 다지는 보살의 끝없는 보람이다.

다섯째 단계는 모든 것을 통달하는 경지이다.

보살이 모든 것을 통달하는 경지에 들어서려면 우선 세상의 모든 것은 같은 것이라는 생각을 가져야 한다.

과거와 현재, 미래에 걸쳐 부처님의 교리는 변함 없이 모든 사람들에게 균등하다. 그것은 부처님의 교리가 모든 사람들을 차별 없이 다 극락세계로 이끌어 주기 때문이다. 부처님의 교리가 이처럼 모든 사람들에게 균등하다는 것을 알아야 인생의 모든 것이 고통으로 일관되어 있고 이 고통을 인간 세상에 대한 미련과 가정에 대한 애욕으로 생겨났기 때문에 곧 인간세상을 버리고 이상의 경지로 지향하여야겠다는 생각에 이르게 된다.

또한 보살은 모든 사람을 구제하기 위해서는 온 세상을 통달하는 능력을 지녀야 한다. 그러기 위해서는 모든 사람들에게 이익이 될 수 있는 지혜를 가져야 한다. 그것은 첫째로, 사람들 사이에 통용되는 글과 산수와 그림과 서적 등 모든 학문을 통달하는 것이며 둘째로, 약방문을 잘 알아서 사람들의 여러 가지 질병을 치료해 주는 것이며 셋째로, 모든 귀신과 도깨비로 제압하는 것이며 넷째로, 문장과 글씨, 시와 노래, 춤과 풍악 등을 능하게 하는 것이며 다섯째로, 큰 거리와 시골, 집과 원림, 샘과 못, 풀과 나무, 꽃과 약초를 가꾸고 꾸리는 묘리가 있어야 하며 여섯째로, 금, 은, 옥, 진주, 보석 등 보물이 있는 곳을 다 알아내고 파내어 사람들에게 보이는 것이며 일곱째로, 해와 달, 별이 조화를 부리고 지진이 일어나 재앙을 주는 현상을 잘 관찰하여 길흉을 알아 맞추어야 한다.

보살이 이처럼 인간세상의 기술과 재주를 함께 갖추고 불도를 닦으면 모든 사람들에게 이익을 줄 수 있다.

여섯째 단계는 이 세상의 모든 것이 허무한 것이라는 이치를 원만히 소유하는 경지이다.

이 세상이 모든 것이 허무한 것이라는 이치를 원만히

소유하려면 세상만물에 대한 이해를 바로 가지고 모든 것을 거울 속에 비친 영상이나 피어오르는 아지랑이와 조금도 다를 것이 없는 가상이라는 것을 굳게 믿어야 한다. 그러나 어리석은 사람들은 나와 내 것을 인정하기 때문에 눈에 보이는 것을 놓고 좋은 것과 나쁜 것을 구별하게 되며 여기에서 욕망과 애착이 생기고 어지러운 번뇌가 점차 자라나게 되며 결국 태어나고 늙고 병들어 죽는 윤회 길에서 맴돌게 된다.

그러므로 보살은 인생과 사물에 대한 그 어떤 미련도 가지지 말고 부처님의 교리대로 모든 것을 허무한 것이라는 이치를 마음속에 간직하고 끊임없이 도를 닦아야 한다.

일곱째 단계는 인간세상을 버리고 부처님의 세계로 가는 경지이다.

보살이 부처님의 세계에 가려면 모든 사람을 구제하고 부처님을 섬길 수 있는 근본인 바라밀[52]을 마음속에 지

---

52) 바라밀(波羅蜜, pāramitā) : 예전에는 도(度)라 한역했다. 당대(當代)에 있어서는 도피안(到彼岸)이라 한역하였다. 도(度)란 건넜다, 도피안이란 피안에 이르렀다는 뜻이며, 절대, 완전한의 뜻이다. 바라밀(波羅蜜)로서는 시(施)·계(戒)·인(忍)·진(進)·정(定)·혜(慧)의 육바라밀(六波羅蜜), 또는 이것에 방편(方便)·원(願)·역(力)·지(志)를 더하여 십바라밀(十波羅蜜)을 세운다.

니고 있어야 한다. 그것은 보살로 하여금 남에게 재물을 주는 것으로써 자비심을 닦고 모든 애착과 욕망을 없애는 것으로써 계율을 지키며 남의 고통을 대신하여 받는 것으로써 괴로움을 참는 마음을 닦고 착한 일을 하면서도 자만하지 않는 것으로써 부지런히 마음을 닦으며 부처님의 지혜를 지향하여 마음을 안착하는 것으로써 명상에 잠기고 모든 것이 허무하다는 이치를 깨닫는 것으로써 부처님의 신기한 힘을 갖추기 때문이다.

여덟째 단계는 마음의 동요가 없는 경지이다.

보살이 이 경지에 들어서면 몸과 마음이 안온하고 편안해 진다. 이것은 마치 어떤 사람이 꿈속에서 강물에 빠져 죽을 지경에 이르렀으나 그가 꿈에서 깨어나면 그런 고통이 있었던가 생각하면서 편안히 앉아있게 되는 것과 같다. 보살이 닦는 마음의 수양도 이와 마찬가지로 몸과 마음이 안온하다고 해서 해이하지 말고 마음의 동요가 없이 계속 부처님의 교를 따라 어리석은 사람들을 불쌍히 여기는 마음을 쉼 없이 닦아야 한다.

보살은 부처님의 지혜를 얻었다고 하더라도 자기를 처음으로 불도를 닦는 신자라고 생각하고 마음을 닦아야 부처님의 세계에 대한 변함 없는 마음을 가지고 동요 없이 대승교리를 온 세상에 퍼뜨릴 수 있다.

아홉째 단계는 부처님의 지혜가 완성되는 경지이다.

보살이 부처님의 지혜를 완성하면 우선 마음의 온갖 차별과 번뇌의 여러 가지 표현을 알게 되고 모든 악의 근원을 알게 되며 결국 세상의 모든 일을 통달하게 된다.

가령 보살이 한 곳에서 불도를 닦는다고 해도 인간세상의 어느 구석 또는 하늘세계의 어느 곳에서 누가 어떤 악행을 하며 착한 생각을 하고 있는가를 다 알게 된다. 그러므로 보살은 모든 사람들의 성품과 욕망 등 온갖 차별을 알고 그에 맞게 교화하고 부처님을 믿도록 한다.

또한 보살이 부처님의 지혜를 완성하면 기묘한 재주와 힘을 가지게 되며 화를 막고 복을 주문에 통달하게 되며 보살은 이러한 수양의 힘으로써 온 세상을 오가며 모든 사람을 구제하게 된다.

열째 단계는 큰 덕행으로 모든 사람을 극락에로 이끌어주는 경지이다.

보살이 이 경지에 들어서면 인간세상의 모든 번뇌가 생기는 원인과 고통이 가져오는 후과를 알고 사람을 구제하는 방법에 정통하게 된다. 또한 보살이 이 경지에 들어서면 자기의 생각대로 지혜를 불러 일으켜 가난한 사람들에게 자비심을 베풀고 악마들을 제압한다.

그러나 이 신기한 힘은 부처님의 덕행을 지닌 보살만이 할 수 있다. 그러므로 이 경지에 들어선 보살은 부처님의 자비로운 마음을 그대로 나타내어 모든 사람을 교화하고 그들을 극락세계로 이끌어 간다.

이상과 같이 이 품에서는 보살이 반드시 이 마지막 10단계의 수양과정을 거쳐야 부처님이 될 수 있다는 것을 설교하였다.

20. 제40권~제43권

이 권들에는 1개의 품이 있다.

㉗ 십정품 - 십정[53]이란 불도의 열 가지 명상이라는 말

---

53) 십정(十定) : 화엄경에서 설해지는 보살의 열 가지 선정(禪定)이다. ① 보광정(普光定) ② 묘광정(妙光定) ③ 차제변정제불국토신통(次第遍定諸佛國土神通) ④ 청정심심행(淸淨深心行) ⑤ 여과거장엄정(如過去莊嚴定) ⑥ 지광명정(智光明定) ⑦ 요지일체세계불장엄정(了知一切世界佛莊嚴定) ⑧ 중생차별신정(衆生差別身定) ⑨ 법계자재정(法界自在定) ⑩ 무애륜정(無碍輪定).

이다. 이 품에서는 부처님의 지혜를 이룩하려면 열 가지 명상을 하는 방법으로 불도를 닦아야 한다는 것을 설교하고 있다.

먼저 부처님께서 마가다국의 고요한 법보리도량의 보광명전[54]에 앉아 깊은 명상 속에서 신기한 조화를 부리는 광경을 묘사하였다. 다음으로 보현보살이 부처님을 대신하여 부처님의 지혜를 이룩하는 열 가지 명상에 대하여 설교하고 있다. 그 내용은 대체로 다음과 같다.

첫째는 넓은 광명을 주는 명상이다.

보현보살은 보살이 이 명상에 잠기면 부처님을 섬기고 받들려는 어진 마음, 사람들을 구제하려는 착한 마음, 부처님의 지혜를 배우려는 근면한 마음, 부처님의 교리를 널리 퍼뜨리려는 기특한 마음을 가지게 되고 자연히 큰 보람을 얻게 된다고 하였다. 그는 보살이 이때부터 고통과 즐거움, 애욕과 탐욕, 미련과 원망 등 번뇌로 가득 찬 인간세상의 내막을 알고 세상살이를 멀리하며 불도를 닦는데 힘쓰게 된다고 하였다.

둘째는 묘한 광명을 주는 명상이다.

---

54) 보광명전(寶光明殿) : 부처님께서 『화엄경』의 제 2 · 제 7(및 제 8)회(會)의 설법을 한 궁전이다. 마갈타국의 보리도량(菩提道場)옆에 있었다고 한다.

보현보살은 보살이 이 명상에 잠기면 모든 세계를 자유자재로 오갈 수 있는 지혜가 생기고 수많은 세계에 광명을 비쳐 모든 사람들을 즐겁게 해줄 수 있는 신통한 힘이 생기게 된다고 하였다.

셋째는 부처님의 세계로 가는 신비한 명상이다.

보현보살은 보살이 이 명상에 잠기면 마음의 수양정도에 따라 순간에 부처님의 세계에 들어갈 수도 있다고 하였다. 부처님의 세계로 들어가는 것은 시간이 문제가 되는 것이 아니라 부처님을 신앙하는 마음이 지극해야 한다고 하였다.

넷째는 깨끗한 마음을 닦는 명상이다.

보현보살은 보살이 이 명상에 잠기면 부처님의 수많은 화신을 보게 되어 곧 모든 부처님에게 재물을 섬기고 받들게 된다고 하였다. 또한 그는 보살이 깨끗한 마음으로 자신을 수양하기 때문에 명상에서 깨여나도 부처님의 덕행을 늘 기억하게 된다고 하였다. 그것을 비유하면 어떤 사람이 잠을 자다가 깨어나서도 꿈에서 벌어졌던 일을 생생하게 기억하는 것과 같다고 하였다.

다섯째는 부처님의 지난 일을 배우는 명상이다.

보현보살은 보살이 이 명상에 잠기면 과거에 부처님께

서 생겨난 유래를 알게 되는 만큼 현생에서 과거의 부처님의 덕행에 대한 전 과정을 한꺼번에 배울 수 있게 된다고 하였다. 또한 그는 보살이 이 명상에서 과거와 현재, 미래의 부처님을 따라서 불도를 닦기 때문에 말과 행동에서 어긋나는 일이 없고 부처님의 교리를 잘못 해석하는 일이 없으며 마음에 두려움이 없고 모든 사람들의 스승으로 되어 그들을 구제하게 된다고 하였다.

여섯째는 지혜의 광명을 주는 명상이다.

보현보살은 보살이 이 명상에 잠기면 내세에 부처님께서 될 사람들의 이름을 알게 되며 그들이 언제 어떤 이익을 주고 악마들의 나쁜 짓을 어떻게 다스리는가를 다 알게 된다고 하였다.

비유하여 말하면 해가 뜨면 갖가지 모양이 한눈에 다 안겨오는 것처럼 보살이 이 명상도 그와 같다고 하였다. 또한 그는 보살이 이 명상 속에서 모든 사람들의 번뇌를 제거하는 지혜를 지니게 되기 때문에 하늘세계와 인간세상의 모든 왕들이 보살의 덕을 찬양하고 부처님 마냥 높이 받들고 섬기게 된다고 하였다.

일곱째는 부처님의 잘난 모습을 아는 명상이다.

보현보살은 보살이 이 명상에 잠기면 온 세계를 가고

오면서 부처님께서 태어나고 자라나는 과정을 보게 되고 부처님의 신통한 힘을 보게 되며 부처님을 섬기려고 구름 떼처럼 모여드는 사람들을 보게 된다고 하였다. 또한 그는 보살이 이 명상 속에서 모든 사람들의 고통을 가엾게 여기는 자비심을 일으키는 부처님의 자유자재한 지혜를 성취하며 깨끗한 덕을 얻고 부처님을 섬기고 공경하는 마음을 지니게 된다고 하였다.

여덟째는 모든 사람을 구제하는 명상이다.

보현보살은 보살이 이 명상에 잠기면 모든 욕망이 없어지고 몸과 마음이 편안하고 자유로우며 자신의 한 몸을 수천수만개의 보살의 몸으로 변신하여 그들을 교화할 수 있게 된다고 하였다. 또한 그는 보살이 이 명상에서 신기한 조화를 한 몸에 지니게 되기 때문에 사람의 입으로 들어가서 눈 또는 귀로도 나오고 땅속으로 들어가서 순간적으로 하늘세계에 나타나 모든 사람들의 잡된 생각을 제거하고 그들을 번뇌 속에서 건져낸다고 하였다.

아홉째는 부처님의 세계에서 자유로이 노는 명상이다.

보현보살은 보살이 이 명상에 잠기면 허무한 인간세상은 마음속에서 가뭇없이 사라지고 모든 것이 훌륭하고 진실하며 장엄한 부처님의 세계가 눈앞에 펼쳐지게 된다고 하였다. 또한 그는 이것은 보살이 부처님의 교리를 굳게 믿고 오랫동안 불도를 닦아 쌓은 보람이라고 하였다. 비유하여 흐르는 강물은 영원히 고달픔을 모르고 쉼 없이 한 골을 따라 바다로 들어가는 것처럼 보살의 불도수양도 이와 마찬가지라고 하였다.

열째는 부처로 되는 명상이다.

보현보살은 보살이 이 명상에 잠기면 그 어떤 장애에도 막힘 없는 자유 자재한 힘을 원만히 갖추게 된다고 하면서 보살은 이때부터 큰 연꽃에 자리를 차지하고 앉아 부처님의 거룩한 모습으로 온 세상에 광명을 비치며 그 이름을 떨치게 된다고 하였다. 또한 그는 보살이 이렇게 모든 덕행을 갖추고 부처님이 되었다고 하더라도 부처님의 뜻을 넓게 펴고 사람들을 구제하는데서 게으른 마음이 없다고 하였다.

이상과 같이 이 품에서는 보살이 부처로 되는 빠른 길을 명상 속에서 부처님의 지혜를 닦는 것이라고 하였다.

21. 제44권

이 권에는 2개의 품이 있다.

㉘ 십통품 - 십통[55]이란 열 가지를 통달한다는 말이다. 이 품에서는 보살이 과거, 현재, 미래의 일을 통달하고 있으므로 모든 일을 마음대로 할 수 있는 힘을 가지고 있다는 것을 설교하고 있다. 부처님을 대신하여 한 보현보살의 설교에 의하면 보살의 열 가지 신통한 힘은 다음과 같다.

첫째는 남의 속을 잘 아는 신통한 힘이다.[56]

보현보살은 보살에게는 온 세상 사람들의 마음을 속속들이 알아내는 신통한 지혜의 힘이 있다고 하였다. 보살은 각이한 사람들 가운데서 누구는 착하고 어질고 너그러운 마음을 가지고 있으며 또 누가 악하고 옹졸하고 생사를 두려워하는 마음을 가지고 있는가를 환히 분간한다.

---

[55] 십통(十通) : 화엄경 이세간품(離世間品)에서 설해지는 열 가지 신통력이다. ① 숙명통(宿命通) ② 천이통(天耳通) ③ 타심통(他心通) ④ 천안통(天眼通) ⑤ 현신력통(現神力通) ⑥ 현다신통(現多身通) ⑦ 속왕래통(速往來通) ⑧ 능찰토장엄통(能利土莊嚴通) ⑨ 현화신통(現化身通) ⑩ 누진통(漏盡通).

[56] 숙명통(宿命通).

둘째는 하늘 눈으로 모든 것을 거침없이 꿰뚫어 보는 지혜의 힘이다.[57]

보현보살은 보살이 사람들의 행동을 어디에서나 볼 수 있는 신통한 하늘의 눈을 가지고 있다고 하였다. 보살은 천리를 꿰뚫어 보는 하늘 눈으로 온 세상 사람들의 일거 일동을 살피면서 어느 사람이 착한 일을 하여 복을 받으며 또 어느 사람이 추잡하고 나쁜 일을 하여 죄를 받고 있는가를 똑똑히 본다.

셋째는 지나간 일을 아는 지혜의 힘이다.[58]

보현보살은 보살이 수억 만년 전에 있었던 일을 모두 기억하는 신통한 지혜의 힘을 가지고 있다고 하였다. 보살은 아득한 오랜 옛날에 어느 누가 어떤 족속으로서 무슨 이름을 가진 사람으로 태어났는데 그때 그가 어떤 음식을 좋아했고 또 어떤 고통을 받았다는 것까지 기억하고 있다.

넷째는 매 사람들의 내생을 아는 지혜의 힘이다.[59]

보현보살은 보살이 미래의 세월이 끝날 어느 무렵에 어느 사람이 어떤 죄를 짓고 어떻게 죽으며 다시 어떤 짐

---

57) 천이통(天耳通).
58) 타심통(他心通).
59) 천안통(天眼通).

승으로 태어날 것인가를 미리 알고 있으며 어떤 사람이 불도를 닦아서 언제쯤 부처로 될 것이라는 것도 다 내다보고 있다고 하였다.

다섯째는 깨끗한 하늘귀로 듣는 지혜의 힘이다.[60]

보현보살은 보살에게는 부처님께서 아무리 멀리에서 설교하여도 다 들을 수 있는 신통한 지혜의 힘이 있다고 하였다. 부처님께서 설사 하늘세계에 올라가서 설교한다고 해도 그 음성과 말마디를 다 듣고 기억하며 그 자리에서 부처님의 음성과 말마디를 본떠서 그대로 사람들에게 깨우쳐 줄 수 있다.

여섯째는 부처님의 세계에 이르는 신통한 지혜의 힘이다.[61]

보현보살은 보살이 아무 때나 마음 내키는 대로 부처님의 세계에 갈 수 있는 신통한 지혜의 힘을 가지고 있다고 하였다. 보살은 뜻대로 나아가는 지혜와 생각대로 모든 것을 이룩하는 지혜의 힘을 가지고 있기 때문에 부처님께서 있는 곳에 곧 자기의 몸이 있다는 것을 보게 된다. 그러므로 언제나 부처님을 가까이서 섬길 수 있으며

---

60) 현신력통(現神力通).
61) 현다신통(現多身通).

부처님의 교화를 널리 펴 나갈 수 있다.

일곱째는 모든 말을 잘 분별하는 신통한 지혜의 힘이다.[62]

보현보살은 보살이 생명을 가진 모든 것들의 말을 다 알고 있으며 그것을 분별할 줄 아는 지혜를 가지고 있다고 하였다. 보살은 성인의 말, 어리석은 자의 말, 용의 말, 귀신의 말 등 모든 것을 이 제각기 나타내는 말들을 다 분별할 줄 알기 때문에 그들의 성품과 욕망을 알게 되고 따라서 그들을 구제할 수 있는 방편이 서게 된다.

여덟째는 여러 가지로 몸을 나타낼 수 있는 신통한 지혜의 힘이다.[63]

보현보살은 보살이 여러 가지 몸으로 변신하는 신통한 지혜의 힘을 가지고 있다고 하였다. 보살은 무수한 부처님의 몸으로 변신하여 각양각색의 빛발을 비치면서 사람들을 구제하기도 하고 또는 보살이 사람이나 짐승과 같은 몸으로 변신하여 그들 속에 들어가 교화하기도 한다.

아홉째는 세상의 모든 것이 허무하다는 것을 아는 신통한 지혜의 힘이다.[64]

---

[62] 속왕래통(速往來通).
[63] 능찰토장엄통(能刹土莊嚴通).
[64] 현화신통(現化身通).

보현보살은 보살이 세상의 모든 것이 허무한 것이라는 이치를 알고 있기 때문에 세상살이에 대한 그 어떤 미련이나 애착을 가지지 않는다고 하였다.

열째는 명상에 들어가는 신통한 지혜의 힘이다.[65]

보현보살은 보살이 깊은 명상 속에서 마음을 수양하고 자비심을 베풀어 사람들을 구제하며 부처님을 섬기는 일을 근본으로 하여 불도를 닦는다고 하였다.

이상과 같이 이 품에서는 보살이 부처로 되려면 열 가지의 신통한 지혜의 힘을 닦아야 한다는 것을 설교하였다.

㉙ 십인품 - 십인[66]이란 열 가지로 참는다는 뜻으로서 여기서는 보살의 열 가지의 굳은 마음이라는 말이다. 이 품에서는 보살이 불도수양에서 반드시 열 가지의 굳은 마음을 가져야 한다는 것을 설교하였다.

보현보살의 설교에 의하면 보살의 열 가지 굳은 마음이란 첫째로 부처님의 설교를 듣고 그것을 믿고 그대로

---

65) 누진통(漏盡通).
66) 십인(十忍) : 보살의 번뇌를 끊고, 모든 법이 본래 적연(寂然)한 줄을 깨달을 때에 생기는 열가지 안주심(安住心)이다. ① 음성인(音聲忍) ② 순인(順忍) ③ 무생인(無生忍) ④ 여환인(如幻忍) ⑤ 여염인(如焰忍) ⑥ 여몽인(如夢忍) ⑦ 여향인(如響忍) ⑧ 여영인(如影忍) ⑨ 여화인(如化忍) ⑩ 여공인(如空忍).

실행하겠다는 굳은 마음[67]이다. 둘째로, 모든 편견을 버리고 마음을 깨끗하게 가지겠다는 굳은 마음[68]이다. 셋째로, 세상만물에는 나고 죽는 변화가 있다는 이치를 깨닫고 온갖 미련과 욕망을 버리겠다는 굳은 마음[69]이다. 넷째로, 인연의 화합으로 이루어진 모든 것은 요술과 같이 눈 홀림이라는 확신을 가지는 것[70]이다. 다섯째로, 모든 것은 아지랑이와 같이 허망한 것이라는 확신을 가지는 것[71]이다. 여섯째로, 모든 것은 꿈결과 같다는 것을 알고 그 어떤 현상에도 마음을 사로잡히지 않겠다는 확신을 가지는 것[72]이다. 일곱째로, 모든 것은 메아리와 같이 있지도 않고 없지도 않다는 확신을 가지는 것[73]이다. 여덟째로, 모든 것은 그림자와 같이 실체가 없다는 확신을 가지는 것[74]이다. 아홉째로 모든 것은 허깨비와 다를 바 없다는 확신을 가지는 것[75]이다. 열째로, 모든 것은 허공

---

67) 음성인(音聲忍).
68) 순인(順忍).
69) 무생인(無生忍).
70) 여환인(如幻忍).
71) 여염인(如焰忍).
72) 여몽인(如夢忍).
73) 여향인(如響忍).
74) 여영인(如影忍).
75) 여화인(如化忍).

과 같이 차별이 없다는 확신을 가지는 것[76]이다.

이상과 같이 이 품에서는 이 세상 모든 것은 허무하다는 것을 설교하고 있다.

22. 제45권

이 권에는 3개의 품이 있다.

㉚ 아승지품 – 아승지[77]란 헤아릴 수 없이 많은 수량이라는 말로서 무한 수를 표시하고 있다. 이 품에서는 부처님과 보살의 위력이 무한하다는데 대하여 설교하고 있다.

부처님은 자기가 이룩하려는 부처님의 세계는 끝없이 넓고 커서 사람들의 생각이나 말로는 다 표현할 수 없다고 하였다. 또한 그는 대승불교를 닦는 보살의 덕행의 크기와 신비한 지혜의 높이도 가늠할 수 없이 무한하다고 하였다. 그러나 불도에 대한 변함 없는 신앙을 간직하고

---

76) 여공인(如空忍).
77) 아승지(阿僧祇) : 범어 asaṁkhya의 음사. 무앙수(無央數)라고 옮긴다. '셀 수 없이 많은 무한 수'라는 뜻으로 『화엄경』「아승지품」에서 설해지는 121대수(大數)중 제105대수이다.

자신을 부지런히 수양하여 허무한 세상의 이치를 깨달은 대승의 보살만이 모든 것을 알 수 있으며 헤아릴 수 없이 많은 사람들을 구제할 수 있다고 하였다.

이처럼 이 품에서는 대승불교가 가장 큰 위력을 가지고 있다는 것을 설교하였다.

㉛ 수량품 – 수량이란 목숨의 길이를 말한다. 이 품에서는 심왕보살이 안락한 극락세계에 대하여 소개하고 있다.

그는 인간세상의 1겁[78](4억 3,200만년)이 극락세계의

---

78) 겁(劫, kalpa) : 겁파(劫波)라고도 음역한다. 인도의 시간적 단위 중 가장 긴 것으로 지극히 긴 시간, 세계의 연령, 보통은 영원의 시간, 무한의 시간이라고 생각해 말하는데 그 무한의 시간을 하나의 단위로서 생각하고 있었다. 영원, 우주론적 시간, 세계가 성립되고 존속하고, 파괴되고, 공무(空無)가 되는 하나하나의 시기를 말한다. 측정할 수 없는 긴 시간, 몇억만년, 극대의 시한으로 그 길이를 『잡아함경』에는 반석겁(盤石劫)·개자겁(芥子劫)의 비유로 나타내고 있다. 사방상하일유순(四方上下一由旬)의 철성(鐵城)에 개자를 채워, 백년마다 하나의 개자를 제거하고, 그 개자 전부를 다 써도 겁은 끝나지 않는다. 또 사방일유순의 대반석(大盤石)을 백년에 한번씩 하얀털로 제거하여, 그 돌이 없어져도 겁은 끝나지 않는다고 한다. 『대비바사론』, 『대지도론』 등에도 똑같은 비유가 있다. 사십리의 돌산을 장수하는 사람이 백년에 한번씩 가늘고 부드러운 옷으로 스쳐서 이 돌산이 다 해도 또한 이 겁은 끝나지 않는다. 또 사십리의 큰성에 개자를 채우고 장수하는 사람이 백년에 한번 와서, 하나의 개자를 제거하는 것으로 하여 개자가 다해도 겁은 또한 끝나지 않는다.

하루밖에 안 된다고 하면서 극락세계에 가면 영원히 죽지 않는다고 하였다.

㉜ 제보살주처품 - 제보살주처란 모든 보살들이 사는 곳이라는 말이다. 이 품에서는 심왕보살이 보살들이 사는 곳에 대하여 소개를 하고 있다.

그는 예로부터 보살들은 제각기 자기의 무리들을 거느리고 동쪽의 선인산, 남쪽의 승봉산, 서쪽의 금강염산, 북쪽의 향적산을 비롯하여 이름 있는 산들에서 불도를 닦으며 살아왔다고 하였다.

이처럼 이 품에서는 불도를 닦을 수 있는 영역이 넓다는 것을 설교하고 있다.

23. 제46권~제47권

이 권들에는 1개의 품이 있다.

㉝ 불부사의법품 - 불부사의법이란 생각할 수도 말할 수도 없는 불도라는 뜻이다. 이 품에서는 청련화보살이

부처님의 신기한 덕행에 대하여 설교하고 있다.

먼저 그는 부처님에게는 자유자재한 지계가 있다고 하였다. 그는 부처님에게는 막힘 없는 눈과 밝은 귀가 있기 때문에 이 세상의 모든 것을 한꺼번에 보고 듣고 판별하는 지혜를 가지고 있으며 순식간에 태어나는 지혜가 있기 때문에 이 세상에서 하늘세계, 하늘세계에서 저 세상을 마음대로 오르내리면서 신선과 사람, 짐승 속에 들어가서 교화한다고 하였다.

또한 그는 부처님께서 몸에서 광명을 내뿜어 온 세상의 번뇌를 씻어버리고 모든 사람들로 하여금 대승불교를 받아들여 불도를 닦게 한다고 하였다.

다음으로 청련화보살은 부처님에게 신기한 덕행이 있다고 하였다. 그는 부처님께서 과거와 현재, 미래에 걸쳐 온 세상 사람들이 당하는 고통을 가엾게 여기고 그들을 돌봐주고 생사가 되풀이되는 번뇌의 세상에서 구원해 주고 있다고 하였다.

또한 그는 부처님께서 도솔천의 하늘세계에서 인간세상으로 내려와 어머니의 배속에 들어가 있다가 다시 왕자로 태어나서 화려한 왕궁을 버리고 산 속에 들어가 불도를 닦은 것은 모든 사람들에게 안락한 극락의 경지를 마련해 주기 위한 것이라고 하였다.

끝으로 그는 부처님의 덕행이 크고 위력하기 때문에 불로 태울 수도 없고 폭풍으로 무너뜨릴 수 없으며 귀신의 힘으로서도 건드릴 수 없다고 하였다.

이상과 같이 이 품에서는 부처님의 덕행과 위력이 대단하다는 것을 보여주었다.

24. 제48권

이 권에는 2개의 품이 있다.

㉞ 여래십신상해품 – 여래십신상해란 바다와 같이 큰 부처님의 모습이라는 말이다. 이 품에서는 부처님은 보통사람들과는 다른 신비한 모습을 가지고 있다는 것을 이야기하고 있다.

보현보살은 부처님에게는 32가지의 특이한 모습이 있는데 그의 머리카락으로부터 시작하여 검푸른 눈, 맑은 목소리, 길고 널따란 혀, 둥근 어깨, 부드러운 손발, 평평한 발바닥에 이르기까지 모두 보배로 되어 있고 금빛

찬란하여 그 광명이 온 세계를 비친다고 하였다. 그리하여 이 광명을 보는 사람은 누구나 고통이 사라지고 스스로 마음이 깨끗해지며 영원히 낙(樂)을 누리게 된다고 하였다.

이처럼 이 품에서는 부처님은 그 육신도 가장 신비한 존재라는 것을 설교하였다.

㉟ 여래수호광명공덕품 – 여래수호광명공덕이란 부처님의 몸에서 나오는 광명이 위력하다는 말이다. 이 품에서는 부처님께서 보수보살에게 부처님의 몸에서 나오는 광명의 위력에 대하여 설교하고 있다.

그는 우선 부처님께서 전생에 벌써 번뇌 속에서 모든 사람들을 구원해 주려는 자비심을 닦았고 모든 것을 통달하는 지혜를 얻었다고 하였다. 그러므로 부처님께서 세상에 출현함으로써 부처님의 교화가 미치지 않는 곳이 없었고 모든 사람들은 헤아릴 수 없이 많은 복을 얻게 되었다는 것이다.

비유하면 그것은 마치 한꺼번에 온 세상을 적시는 빗방울의 개수를 헤아릴 수 없듯이 부처님의 자비심은 가늠할 수 없고 헤아릴 수 없이 크다고 하였다.

다음으로 뛰어난 부처님의 몸에 대하여 소개하고 있다.

보현보살의 말에 의하면 부처님은 모든 사람들을 교화하기 위하여 신기한 조화를 부리면서 수많은 부처님의 몸을 온 세상의 모든 곳에 한날 한시에 나타낸다. 그리하여 부처님의 몸은 태양의 빛이 모든 곳을 고루 비쳐 어두운 곳을 밝게 하고 젖은 것을 마르게 하며 씨앗을 싹틔우고 열매맺게 하며 길손들의 앞길을 밝혀주듯이 나타나는 곳마다 사람들의 나쁜 행실과 어리석은 짓이 없어지고 깨끗하고 착한 마음이 자라나며 안락을 마련한다고 하였다. 그러면서 보현보살은 모든 보살은 부처님의 몸이 무수하여 온 세상의 모든 곳에 두루 차있으며 바로 자기의 눈앞에도 있다는 확신을 가지고 마음을 닦아야 한다고 하였다.

다음으로 보현보살은 뛰어난 부처님의 말소리에 대하여 소개하고 있다.

그에 의하면 온 세상에 가득 찬 부처님의 말소리는 그 어떤 가식도 없이 있는 그대로 세상이 모든 것을 고통뿐이라는 이치를 알려준다. 그리하여 사람들이 죄를 지으면 지옥에 떨어지는 괴로움, 짐승으로 태어나는 괴로움,

나라고 하는 것에 애착을 가지는 괴로움, 온갖 나쁜 짓을 하려고 꾀하는 괴로움 등을 깨우쳐 준다. 부처님의 말소리는 이렇게 모든 사람들을 깨우쳐 줌으로써 그들로 하여금 착한 마음을 닦아서 안락한 세상에 태어나도록 하게 한다. 보현보살은 모든 보살들은 이처럼 모든 사람들에게 큰 보람을 안겨주는 부처님의 말소리를 잘 알고 불도를 닦아야 한다고 하였다.

다음으로 보현보살은 뛰어난 부처님의 마음에 대하여 소개하고 있다.

그는 부처님의 마음은 언제나 어리석은 사람들의 허망한 생각을 가엾게 여기면서 그들을 한마음에 받아 안아 자비심을 베풀어주며 위로하여 모든 사람들은 깨끗한 마음과 지혜로운 마음을 얻게 된다고 하였다.

이와 같이 이 품에서도 앞의 품들과 마찬가지로 부처님을 신비화하고 그의 교화를 받아야 극락에 갈 수 있다는 것을 설교하였다.

25. 제49권

이 권에는 1개의 품이 있다.

㊱ 보현행원품 – 보현행이란 보현보살이 체험한 수양이라는 말이다.

이 품에서는 보현보살처럼 마음을 안정하고 수양해야 부처님의 경지에 오르게 된다는 것을 설교하고 있다.

보현보살은 먼저 여러 보살들에게 마음을 안정하지 못하면 서로 화목하지 못하고 성을 내거나 다툼질을 하게 되며 불도수양에 여러 가지 장애가 가로놓이게 된다고 하였다.

그는 이런 장애는 부처님의 설교를 훙정하는 장애, 서로 비방하는 장애, 용렬한 사람들과 친하는 장애, 나쁜 귀신이나 악한 사람이 집에 태어나는 장애 등 수많은 장애들이라고 하였다.

다음으로 보현보살은 보살들이 언제나 자신을 참회하며 부처님의 교리를 잘 실행하겠다는 하나의 생각만을 가지고 마음을 안정하면서 불도를 닦아야 한다고 하였다. 그래야 모든 장애가 없어지고 부처님의 지혜를 얻게 되는데 그 지혜는 바로 보현보살이 지닌 부처님의 교리를 통달한 지혜, 모든 사람을 구제하는 지혜, 세상의 이치를 깨닫고 부처님의 경지에 들어서는 지혜 등 10가지의 교묘한 지혜라고 하였다.

이상과 같이 이 품에서는 누구나 부처님의 경지에 이르려면 온순하고 착한 마음을 닦아야 한다는 것을 설교하였다.

26. 제50권~제52권

이 권들에는 1개의 품이 있다.

㊲ 여래출현품 - 여래출현이란 부처님이 세상에 나타난다는 말이다. 이 품에서는 부처님이 나타나면 그 신기한 모습과 덕행에 의하여 모든 사람들이 큰복을 얻게 된다는 것을 설교하고 있다.

먼저 부처님이 이 세상에 나타나는 장면을 보여주고 있다.

부처님이 이 세상에 나타나자 그의 양미간에서 비쳐오는 광명이 온 세상을 밝혀주며 사람들은 비로소 기쁨과 환희에 넘치게 되고 상서로운 일이 여러 가지로 나타났다고 하였다.

다음으로 보현보살이 성기묘덕보살에게 부처님의 출현에 대하여 소개하고 있다.

그는 우선 부처님이 전생에 벌써 번뇌 속에서 모든 사람들을 구원해 주려는 자비심을 닦았고 모든 것을 통달하는 지혜를 얻었다고 하였다.

그러므로 부처님이 세상에 출현함으로써 부처님의 교화가 미치지 않은 곳이 없었고 모든 사람들은 헤아릴 수 없는 많은 복을 얻게 되었다는 것이다.

비유하면 그것은 마치 한꺼번에 온 세상을 적시는 빗방울의 개수를 헤아릴 수 없듯이 부처님의 자비심은 가늠할 수 없고 헤아릴 수 없이 크다고 하였다.

다음으로 뛰어난 부처님의 몸에 대하여 소개하고 있다.

보현보살의 말에 의하면 부처님은 모든 사람들을 교화하기 위하여 신기한 조화를 부리면서 수많은 부처님의 몸을 온 세상의 모든 곳에 한날 한시에 나타낸다. 그리하여 부처님의 몸은 태양의 빛이 모든 곳을 고루 비쳐 어두운 곳을 밝게 하고 젖은 것을 마르게 하며 씨앗을 싹틔우고 열매맺게 하며 길손들의 앞길을 밝혀주듯이 나타나는 곳마다에 사람들의 나쁜 행실과 어리석은 짓이 없어지고 깨끗하고 착한 마음이 자라나며 안락을 마련한다고 하였다.

그러면서 보현보살은 모든 보살은 부처님의 몸이 무수하여 온 세상의 모든 곳에 두루 차 있으며 바로 자기의 눈앞에서도 있다는 확신을 가지고 마음을 닦아야 한다고 하였다.

다음으로 보현보살은 뛰어난 부처님의 말소리에 대하여 소개하고 있다. 그에 의하면 온 세상에 가득한 부처님의 말소리는 그 어떤 가식도 없이 있는 그대로 세상이 모든 것은 고통뿐이라는 이치를 알려준다. 그리하여 사람들이 죄를 지으면 지옥에 떨어지는 괴로움, 짐승으로 태어나는 괴로움, "나"라고 하는 것에 애착을 가지는 괴로움, 온갖 나쁜 짓을 하려고 꾀하는 괴로움 등을 깨우쳐준다. 부처님의 말소리는 이렇게 모든 사람들을 깨우쳐줌으로써 그들로 하여금 착한 마음을 닦아서 안락한 세상에 태어나도록 하게 한다.

보현보살은 모든 보살들은 이처럼 모든 사람들에게 큰 보람을 안겨주는 부처님의 말소리를 잘 알고 불도를 닦아야 한다고 하였다.

다음으로 보현보살은 뛰어난 부처님의 마음에 대하여 소개하고 있다.

그는 부처님의 마음은 언제나 어리석은 사람들의 허망한 생각을 가엾게 여기면서 그들을 한마음에 받아 안아 자비심을 베풀어주며 위로하여 모든 사람들은 깨끗한 마음과 지혜로운 마음을 얻게 된다고 하였다.

이와 같이 이 품에서도 앞의 품들과 마찬가지로 부처님을 신비화하고 그의 교화를 받아야 극락에 갈 수 있다는 것을 설교하였다.

27. 제53권~제59권

이 권들에는 1개의 품이 있다.

㊳ 이세간품 - 이세간이란 보통사람이 살고 있는 세계를 벗어난다는 말이다. 이 품에서는 보통사람들이 살고 있는 세계를 벗어나기 위한 보살의 수양내용을 설교하고 있다.

먼저 앞부분에서는 부처님께서 마가다국의 보광명전에 돌아오자 온 세계의 보살들이 모여드는 광경을 묘사하고 설교모임의 주되는 인물들인 보현보살, 보안보살, 보화보살, 보혜보살 등 10명의 보살들을 소개하였다.

다음으로 보통사람들이 사는 세계를 벗어나는데서 닦아야 할 불도의 여러 가지 내용들을 소개하고 있다. 여기서는 보현보살이 보혜보살의 200가지의 물음의 2,000가지의 내용으로 대답하였다. 그 내용을 크게 여섯 가지로 나눌 수 있다.

그것은 첫째로, 대승불교를 믿도록 마음을 닦는 것이며 둘째로, 부처님의 덕행을 따르는 마음을 닦는 것이며 셋째로, 자비심을 베푸는 마음을 닦는 것이며 넷째로, 자신이 이룩한 일체 덕행을 모든 사람들에게 돌려주는 마음을 닦는 것이며 다섯째로, 보살이 부처님의 경지에 오르기 위하여 마음을 닦는 것이며 여섯째로, 보살이 부처님이 된 경지에서 마음을 닦는 것이다.

끝으로 보현보살은 부처님께서 설교한 깊은 뜻은 다 부처님의 지혜가 스며있는 만큼 모두가 찬양하고 그대로 성취해야 한다고 하였다.

이상과 같이 이 품에서는 인간생활 속에서는 극락을

바랄 수 없고 오직 부처님의 교리에 따라 마음을 닦아야만 극락에 들 수 있다는 것을 설교하였다.

28. 제60권~제80권

이 권들에는 1개의 품이 있다.
㊴ 입법계품 – 입법계란 불도의 세계에 들어간다는 말이다. 이 품에서는 불도의 세계로 들어가는 전 과정을 설화적 형식으로 이야기하고 있다.

먼저 앞부분에서는 설교장소의 주위환경과 부처님의 신비한 조화를 보여주고 불도수양의 세계로 들어가는 문수보살[79], 사리불[80], 목건련[81] 등 수많은 인물들을 소개하였다. 다음으로 선재동자가 부처로 되는 길을 찾아 불도의 세계로 들어가는 과정을 이야기하고 있다. 우선 선재동자가 어떻게 불도수양의 길에 들어서게 되었는가를 이야기하고 있다.

한때 문수보살은 부처님과 하직하고 금강귀신들의 호위를 받으면서 많은 보살들과 함께 선주루락을 나와서 남쪽으로 여행한 일이 있었다고 한다. 그때 부처님의 제자인 사리불은 남쪽으로 여행하는 문수보살을 보고 자기도 그를 따라가리라고 생각하면서 부처님에게 청을 드려보았다. 부처님의 허락을 받은 사리불은 6,000명의 비구들을 데리고 그의 뒤를 따라 나섰다. 이 비구들은 모두 사리불의 제자들로서 지혜와 재주를 다 갖추고 있는 문

---

79) 문수보살(文殊菩薩, Mañjuśri) : 문수사리(文殊師利), 만수시리(滿殊尸利), 만수실리(曼殊室利)라 번역한다. 보현보살과 짝하여 석가모니불의 보초로서 왼쪽에 있어 지혜를 맡았다. 머리에 5계(髻)를 맺은 것은 대일(大日)의 5지(智)를 표한다. 바른손에는 지혜의 칼을 들고, 왼손에는 꽃 위에 지혜의 그림이 있는 청련화를 쥐고 있다. 사자를 타고 있는 것은 위엄과 용맹을 나타낸 것이다. 1자(字)문수·5자문수·8자문수·1계(髻)문수·5계문수·아문수(兒文殊) 등의 종류가 있어, 모양이 각기 다르다. 이 보살은 석존의 교화를 돕기 위하여 일시적인 권현(權現)으로 보살의 자리에 있다고도 한다. 벌써 성불하여 용존상불(龍尊上佛)·대신불(大身佛)·신선불(神仙佛)이라 하며, 또 미래에 성불하여 보견여래(普見如來)라고 부른다 한다. 또는 현재 북방의 상희세계(常喜世界)에 있는 환희장마니보적여래라고도 이른다. 이 부처님의 이름을 들으면 4중죄(重罪)가 없어진다 하며, 혹은 지금 중국의 산서성(山西省) 오대산(청량산)에서 1만 보살과 함께 있다고도 한다.
80) 사리불(舍利弗, śariputra) : 부처님의 십대 제자 중의 한 사람으로 바라문 출신으로 바라문교를 신봉하다가 100인의 제자와 함께 부처님께 귀의했다. 지혜가 가장 뛰어나 '지혜제일(智慧第一)'이라고 한다.
81) 목건련(目犍連, Maudgalayana) : 신통제일(新通第一)로 목련(目連)이라고도 칭하며 부처님의 십대제자 가운데 한 분이다. 사리불과 함께 부처님의 쌍수제자로 불리우는 그는 신통력으로 많은 중생을 교화하였으나 그에게 적의를품은 외도들에게 피살되었다고 한다.

수보살을 숭배하고 있었다.

문수보살은 일행과 함께 계속 남쪽으로 가다가 복성동쪽의 장엄당사라수림속에 머물게 되었다. 그는 여기에 머물러있는 동안 일행에게 『보조일체법계경』을 설교하였다. 이때 수림 속에서 경을 설교한다는 문수보살에 대한 소문이 온 복성 땅에 퍼졌다. 수많은 사람들이 그가 있는 수림 속으로 밀려들었다. 그들 속에는 선재동자(재물이 많은 아이라는 뜻)라고 하는 사람도 있었다.

문수보살은 수많은 사람들 가운데서 용모가 뛰어난 그를 보고 선재동자의 내력을 생각해내었다. 선재동자는 태어날 때부터 벌써 몸매가 단정하였다. 그가 이 세상에 나오던 날 집 주위는 광명으로 찬란하였고 집안에는 일곱 가지 보배로 된 누각이 갑자기 솟아났고 금은보화가 산더미처럼 저절로 쌓였다. 선재동자는 이 세상에 태어나기 전에 벌써 전생에서 많은 부처님을 섬겨왔으며 불도를 지성으로 닦았기 때문에 모든 번뇌를 다 벗어난 깨끗한 마음을 가지고 있었다.

문수보살은 선재동자의 과거를 회고하고 나서 곧 그에게 부처님의 교리와 덕행을 말하여 주었다. 설교를 듣고 있던 선재동자는 그에게 보살의 불도수양방법을 가르쳐

줄 것을 청하였다. 문수보살은 그의 청을 기특하게 여기고 이렇게 말하였다.

"보살의 불도수양방법을 배우는 일은 쉬운 일이 아니다. 먼저 스승을 찾아내야 하고 다음에 스승의 가르침을 따라야 한다. 그러므로 내 말을 명심하여 듣거라. 여기서 남쪽으로 계속 가면 승락이라는 나라가 있고 그 나라에 묘봉이라는 산이 있는데 그 산 속에 덕운[82]이라는 비구가 있느니라. 그를 찾아가면 자세히 말하여 줄 것이다."

선재동자는 이 말을 듣고 기뻐서 곧 남쪽으로 스승을 찾아 떠났다. 그는 문수보살이 가르쳐 준대로 묘봉산에 올라가서 덕운을 찾았으나 어디 있는지 보이지 않았다. 7일간 산 속을 헤매다가 겨우 그를 찾아냈다. 선재동자는 그에게 자기가 찾아온 사연을 이야기하였다. 덕운은 자기는 깨끗한 마음으로 언제나 부처님을 섬기고 받드는 지혜밖에 모른다고 하면서 바다문나라의 해운이라고 하

---

82) 덕운(德雲) : 보리심을 발한 선재동자가 문수사리보살의 교시에 따라 보살의 지혜와 행(行)을 묻기 위해 방문한 53선지식 가운데 두 번째 선지식(첫번째 선지식은 문수사리보살). 범명(梵名)은 Meghasri. 길상운(吉祥雲)이라고도 한다. 덕운비구는 선재동자에게 '모든 부처님의 경계, 지혜광명을 널리 보았음을 기억하는 법문[憶念一切諸佛境界智慧光明普見法門]'을 설한다. 보살의 수행계위로는 10주(十住)중의 제1 초발심주(初發心主)이며 수행도는 구일체지(求一切智)이다.

는 비구를 찾아가서 물어보라고 하였다.

선재동자는 바다문나라의 해운을 찾아갔으나 그 역시 다른 비구를 찾아가 보라고 하였다. 이렇게 하여 선재동자는 무려 52번째로 미륵보살을 찾아갔다.

그때 미륵보살은 해안국의 높은 누각에 자리잡고 있었다. 선재동자는 단정한 마음과 깨끗한 생각을 가지고 누각 앞에 엎드려 절을 하니 자연히 몸과 마음이 상쾌하고 기뻐졌다. 그는 땅에서 일어나 누각을 우러러보며 마음속으로 '이 누각에는 불도를 다 깨달은 사람만이 살 것이다. 그들은 마음속의 모든 번뇌를 씻어버리고 부처님의 지혜로써 모든 사람을 구제하는 큰 덕행을 지닌 스승일 것이다.'라고 생각하면서 미륵보살의 공덕을 찬양하고 난 다음 그가 빨리 자기를 돌봐줄 것을 염원하였다.

이때 미륵보살은 용왕과 귀신들, 하늘 왕들의 호위를 받으면서 누각으로 들어왔다. 그는 선재동자를 살펴보고 간난신고를 겪으면서 자기를 찾아왔다고 칭찬하면서 이렇게 말하였다.

"불도수양에 정성이 지극하여 고달픔을 모르니 부처님의 성품을 지니게 되리라. 그러나 너는 나보다 더 큰 지혜가 있는 문수보살에게 가서 보살의 수양을 배우는 것이

좋을 것이다."

 선재동자는 이 말을 듣고 몹시 슬퍼 흐느껴 울면서 그의 옆을 떠나지 않고 있는데 갑자기 꽃과 여러 가지 보배가 저도 모르게 손에 가득 쥐여져 있었다. 이것은 문수보살이 먼 곳에서 그를 염려하여 조화를 부려서 보내준 것이었다.

 그때 선재동자는 미륵보살에게 이렇게 물었다.

 "어떻게 해야 보살의 수양을 배우고 부처님의 마음을 지니어 모든 사람을 구제할 수 있겠는가?"

 미륵보살은 불도수양에 변함 없는 마음을 간직하고 있는 선재동자의 행실을 거듭 칭찬하고 나서 이렇게 말하였다.

 "너는 모든 사람을 고통 속에서 구제하기 위하여 부처님이 되려는 마음을 일으켰으니 바로 그 마음이 부처님의 씨앗이며 그 마음은 비옥한 땅과 모든 번뇌의 때를 씻어내는 맑은 물과 같다. 그 마음은 또한 세상의 모든 장애물을 쓸어 가는 큰바람과 모든 욕망을 태워버리는 큰불과 같다. 그 마음은 또한 사람의 병을 치료하는 좋은 약과 모든 사람에게 혜택을 입히는 태양과도 같다. 동자야, 부처님께서 되려는 깨달음의 마음은 이처럼 헤아릴 수 없는 덕행과 위력을 지니게 한다. 왜냐하면 그 깨달음의 마음은 보살의 불도수양의 근본바탕이며 그것이 곧 부처님의 마음이기 때문이다. 비유하여 말하면 사람이 불사약을 먹으면 불에 타지 않고 독에 걸리지 않으며 칼에 상하지 않고 물에 빠지지 않는 것처럼 보살이 깨달음을 이룩하는 마음의 불사약을 얻으면 탐욕도 의혹도 미련도 그 어떤 잡념도 범접하지 못한다. 또 사람이 처음 활쏘기를 배울 때 먼저 자기 수양을 쌓은 다음에야 비로소 부처님의 모든 덕행을 지닐 수 있게 된다. 또한 마치 왕자는 나이 어리더라도 모든 대신들이 다 그를 존경하고 받드는 것처럼 보살의 수양도 그와 같아서 처음으로 깨달음의 마음을 닦는다고 하더라도 모든 사람들의 존경을 받게 된다. 동자여, 깨달음의 마음은 이처럼 큰 보람을 낳는다."

선재동자는 그의 이야기를 다 듣고 누각 안으로 들어가면서 곧 깊은 명상에 잠겼다.

선재동자는 꽃과 보배들로 장식된 누각의 황홀함을 보고 매우 기뻐하였다. 그런데 이때 그의 몸과 마음이 저절로 부드러워지면서 모든 의혹은 풀리고 본 것은 잊지 않고 들은 것은 기억하고 마음은 깨끗해졌다.

선재동자는 누각 안에 들어온 잠깐사이에 미륵보살의 자유자재한 신통한 힘을 보았다. 온 세상을 주름잡고 다니면서 사람들에게 자비심을 베푸는 광경도 보이고 모든 사람을 위하여 지옥에 들어가서 마귀들을 항복시키는 정경도 보이고 부처님의 처소에 가서 설교를 듣고 있는 모습도 보이었다. 한편 누각 안에 있는 모든 보배들과 악기들에서는 저절로 묘한 소리를 내면서 부처님의 교리를 설교하고 있었다. 귀가 솔깃하여 들으니 부처님의 깨달음을 닦는 내용, 바라밀을 닦는 내용, 부처님을 섬기고 받들어야 한다는 내용 등 보살의 불도수양의 모든 내용들이 다 있었다. 선재동자는 하나도 놓치지 않고 모든 것을 다 보고 기억하였다.

바로 이때 미륵보살이 조화를 부리던 일을 거두고 누각으로 들어와 선재동자에게 지금 보고 들은 모든 것은 부처님의 지혜에 의하여 나타난 것으로써 그것은 실로 꿈과 같고 그림자와 같은 것이라고 말하였다. 선재동자는 과연 명상에서 깨여나고 보니 누각 안에는 아무 것도 보이지 않았다.

미륵보살은 그에게 세상만물이 진상은 방금 보고 느끼고 체험한 것과 똑같이 허무한 것이라고 하면서 자기는 하늘사람들을 교화하기 위하여 이 세상에서 목숨을 거두고 도리천의 하늘세계에 가서 태어나려고 하니 문수보살에게서 보살의 불도수양을 마저 배우라고 하였다.

이리하여 문수보살에게로 다시 돌아온 선재동자는 부처님의 지혜를 쌓도록 이끌어준 그의 지극한 은혜를 찬양하였다. 문수보살은 그의 불도수양을 더 원만히 해주기 위하여 부처님의 지혜를 다 갖춘 보현보살의 덕행을 배우도록 또 조건을 마련해 놓고 자기는 자취를 감추었다.

결국 선재동자는 또다시 보현보살이 설교를 받게 되었다. 그는 보현보살에게서 세상의 모든 것은 허공과 같다는 것을 깨닫는 마음, 모든 교리를 통달하는 마음, 모든 사람을 교화하고 부처님의 위력을 소유하는 마음 등을 배웠으며 그 모든 것을 실천할 수 있는 터전을 갖추게 되었다. 그리하여 선재동자는 마침내 부처님으로 되었다는 것이다.

이상과 같이 이 품에서는 누구나 부처님이 되려면 선재동자처럼 간난신고를 이겨내고 부처님과 보살을 섬기고 받들어야 한다는 것을 설교하였다.

제3장

보현행원품

제1절 보현행원품에 대하여

보현행원품은 '대방광불 화엄경 입부사의 해탈경계 보현행원품(大方廣佛 華嚴經 入不思義 解脫境界 普賢行願品)'의 줄임말이다. 화엄경 법문의 총결이며, 화엄사상의 진면목이라고 일컬어진다. 선재동자가 무상정각을 이루기를 발심하여 53선지식을 찾아 법을 묻고 배우는 구도역정의 마지막 차례에 보현보살을 만나게 된다. 이때 보현보살이 선재동자에게 설한 법문이 보현행원이다. 예로부터 보현보살의 실천적 서원을 특별히 중요하게 여겨 방대한 화엄경에서 따로 분리시켜, 이 한 품(品)을 별도로 간행하였다.

1. 보현행원품의 의미

먼저 「입법계품」의 뜻을 하나하나 풀어보면 '들 입(入)'자, '가지 품(品)'로 '법계에 들어가는 품'이라는 말이다. 우리는 믿음을 좋아하고 따르려고 하지만 현재는 미혹한 상태이므로 앞으로 공부를 많이 하여 마음이 밝아져서 깨닫는다는 말이다. 즉 미혹으로부터 비로소 통달한다는 뜻이다. 그래서 중생의 세계에서 부처의 세계로, 불행에서 행복으로, 깜깜한 마음이 환한 마음으로, 이 언덕에서 저 언덕으로, 실패에서 성공으로 '들어간다(入)'는 의미인 것이다.

'법계(法界)'는 간단하게 '법의 세계'이다. 즉 진리의 세계인 것이다. 진리의 세계는 다른 것이 아니고 바로

'우주적인 나'이다. 온 우주와 혼연히 하나가 된 나의 몸이고 마음이다.

그리고 '품(品)'은 긴 경전에서 같은 내용끼리 한데 묶어놓은 부분을 말하는 것인데, 요즘의 장(障)과 같다고 할 수 있다. 대체로 양이 많을 때에는 품이라 하고, 글의 길이가 짧을 때에는 분(分)이라 한다. 그래서 『화엄경』이나 『법화경』에서는 글의 내용에 따라 품(品)으로 구분지었고, 『금강경』같이 단순한 경전에서는 분(分)으로 나누어 놓았다.

그러므로 「입(入)·법계(法界)·품(品)」이란 '진리의 세계인 법계로 들어가는 것을 밝혀 놓은 경문'이라는 뜻이 된다.[1]

「보현행원품」은 보현보살이 10대원을 한 품으로 만들어 공부하게 하였으므로 「보현행원품」이라 한다. 징관(澄觀)스님은 보현의 '보'자와 '현'자를 낱낱이 10덕으로 풀이하였는데

① 구하는 것이 넓으니 일체 부처님의 깨달음을 구하는 까닭이고

② 교화하는 것이 넓으니 끝없는 중생을 제도하는 까

---

1) 무비스님, 『화엄경강의』 불광출판부, 1997, 9-12쪽 참고.

닦이고

③ 끊는 것이 넓으니 일체의 번뇌를 다 끊는 까닭이고

④ 일을 행하는 것이 넓으니 8만 4천의 행을 실천하는 까닭이고

⑤ 진리를 행하는 것이 넓으니 이문(理門)에 상을 떠난 까닭이고

⑥ 걸림 없는 행이 넓으니 일과 이치를 병행하는 까닭이고

⑦ 융통한 행이 넓으니 일과 일에 구애가 없는 까닭이고

⑧ 작용을 일으키는 것이 넓으니 두루하지않은 곳이 없는 까닭이고

⑨ 가는 곳이 넓으니 8방의 제망찰(帝網刹)을 두루 다니며 수행하는 까닭이고

⑩ 수행하는 것이 넓으니 3세에 생각이 끝이 없는 까닭이다.

이와 같이 넓은 행을 지극히 어질고 착한 마음으로 실천하여 나도 이롭고 남도 이롭게 하기 때문에 '보현'이라 하는 것이다.[2]

---

2) 한정섭, 『보현행원품』 불교통신교육원, 1996, 18-19쪽 참고.

2. 보현행원품의 짜임

『화엄경』제1품부터 38품까지가 성불할 수 있는 이론적인 배경이었다면 제39품인 이「입법계품」은 그 이론에 따라 선재라는 한 중생이 실제로 성불하는 것을 보여주는 것이다.

선재동자라고 하면 항상 떠올려 지는 것이 53선지식(善知識)이다. 이 53선지식은 보살이 수행해가는 계위인 십신(十信), 십주(十住), 십행(十行), 십회향(十廻向), 십지(十地), 등각(等覺), 묘각(妙覺)의 대승 52위를 가리키는 것이다. 실재로 선재동자가 만나게 되는 선지식은 모두 55처소의 55인이다.[3]

이중에서 문수보살은 두번 만나게 되고, 44번째의 변우(偏友)동자는 법문을 거의 하지 않고 다른 선지식을 소개해주는 역할만 한다. 그리고 51번과 52번째의 선지식인 덕생동자(德生童子)와 유덕동녀(有德童女)는 언제나 함께 있기 때문에 한 선지식으로 본다.

이렇게 세어보면 선재동자가 만나서 법을 얻게 되는 선지식은 모두 52인이 된다. 그리하여 52인의 한사람 한

---

3) 무비스님,『보현행원품 강의』민족사, 1997, 19쪽 참고.

사람 선지식을 모두 대승 52위에대가 각각 배대시킬 수 있다.

즉 『화엄경』 전체 40품 중 보살의 성불을 설명하는 2품에서 38품까지도 대승 52위에 각각 배당시킬 수가 있고, 또 선재 동자가 만나는 53선지식도 대승 52위를 나타내도록 되어있다. 이렇듯 불교 경전은 내용뿐만 아니라 형식과 품의 배열도 아주 치밀하게 조직되어 있다.

3. 보현행원품의 사상

『80화엄경』의 제60권에서 제80권에 해당하는 「입법계품」은 『화엄경』의 절정이라고 한다. 그것은 선재동자라는 젊은 구도자가 진리의 세계로 들어가는 구도정신을 보여주는 것인데 중생이 성불하는 과정을 감동적으로 그리고 있기 때문이다.

1품부터 38품까지는 깨달음의 세계인 각(覺)을 나타낸 것이라고 하면 나머지 39품 「입법계품」과 40품 「보현행원품」은 깨달음의 세계를 몸소 실천한 행(行)을 나타내는 것이다. 다시말해 「입법계품」에서 선재동자가 53명의 선지식을 친견하고 휘황찬란한 깨달음의 세계를 몸소 실천하고 마지막에 만난 보현보살로부터 이 「보현행원품」을 얻어듣게 되는 것은 바로 행의 범주에 속한다.

이런 의미에서 이 품은 한 마디로 말한다면 팔만대장경 전체를 몸으로 풀이하는 경이라고 할 수 있다. 부처님의 일생동안 가르치신 내용을 팔만대장경 전체라고 하면 그 중에서 방대한 『화엄경』은 결론의 실천이라고 할 수 있다. 결국 『화엄경』의 진수라고 할 수 있는 「보현행원품」은 실천으로 똘똘 뭉쳐진 경인 것이다.

화엄사상의 결론이고 나아가 불교의 결론이라고 할 수 있는 「보현행원품은」은 자신의 존재에 대한 끝없는 자각을 통해 대자유의 길에 도달하는 것이다. 그것이 곧 삶의 현장에서 흔히 만날 수 있는 모든 이웃을 통해 철저하게 배운다는 구도정신을 내포하고 있다.

또한, 「보현행원품」에는 "지구보다 더 큰 금덩어리를 보시했다 해도 「보현행원품」을 한 번 들은 공덕과 비교될 수 없다."라고 하였다. 이것으로 미루어 볼 때 법(法)의 공덕은 참으로 무한한 것인데 반해 물질은 공덕은 유

한 것임을 잘 나타내 주고 있다.[4]

그리고 53선지식의 묘사에서는 부처님의 세계가 일체 중생에게 개방되어 있음을 구체적인 묘사를 통해서 밝히고 있다. 주인공 선재 동자가 차례로 방문하는 상대방 선지식들의 지위나 신분 또는 직업을 보면 보살·비구·장자·여성재속신자·선인·바라문·처녀·소년·자산가·국왕·편력행자·어부·비구니·경건한 여성·신의 아들·밤의 여신·룸비니원의 여신·석가족의 딸·여신·신의 딸·소년 선생·장자의 소년·소년 소녀 등이다. 여기에서 알 수 있는 것은 우선 선지식들 전체의 모든 지위·계층·신분·직업이 다양하다는 사실이다. 그리고 성차별이 없다. 단순히 대승적 평등의 이상을 주장할 뿐만 아니라 사상 표현에서 볼 때 40화엄에서의 종교운동 자체가 사회의 계급·신분·직업을 뛰어 넘어 널리 지원되고 있었던 것을 알 수 있다.[5]

---

4) 무비스님, 『보현행원품 강의』, 20~26쪽 참고.
5) 불교신문사 편, 『불교경전의 이해』 불교시대사 출판, 1997, 399쪽 참고.

4. 보현행원품의 내용

보현보살은 부처님의 행원을 대변하는 보살이다. 문수는 왼쪽에서 지덕(智德)과 체덕(體德)을 맡고, 보현은 오른쪽에서 이덕(理德)과 정덕(定德), 행덕(行德)을 맡고 있다. 대개 흰코끼를 탄 모양과 연화대에 앉은 보살로서 나타난다. 일찍이 그는 비로자나 부처님 밑에서 보살행을 닦아 보살도의 구극에 도달하여 삼매에 의한 자재력을 얻고 모든 것을 잘 안다. 여래의 비밀처를 통해 일체 불에 의문을 끊고 일체 여래의 가지(加持)를 받아 일체중생의 근기를 알고 일체 중생의 신해(信解)와 해탈의 길을 보여 주었다. 여래에 가계(家系)를 흥성하게 하는 지혜를 가지고 모든 불법을 해설하는데 능통, 한량없는 덕성을 완비하였다.[6]

내용은 부처의 공덕을 성취하려면 보현보살의 열 가지 서원과 실천을 닦아야 하는데, 그것은 ① 모든 부처님께 예배함 ② 부처님의 공덕을 찬양함 ③ 널리 공양함 ④ 잘못을 참회함 ⑤ 남이 지은 공덕을 기뻐함 ⑥ 설법을 청함 ⑦ 부처님께 이 세상에 오래 머물기를 청함 ⑧ 항상 부처

---
6) 한정섭, 『보현행원품』, 17-18쪽 참고.

님의 가르침을 배움 ⑨ 항상 부처님의 뜻에 따르고 이롭게 함 ⑩ 지은 공덕을 널리 회향하는 것이라고 밝힌 다음 이것을 어떻게 실천할 것인가를 하나씩 구분하고 설하고 있다. 즉 예배·찬탄·공양·참회 중 어느 하나를 행하더라도 지극한 정성으로 중생의 번뇌가 다할 때까지 끊임없이 실천해야한고 말하였다. 그리고 이 열 가지 공덕은 한량이 없으며, 이것을 듣고 외워 남에게 설한다면 마침내 생사에서 벗어나 아미타불의 극락에 왕생할 수 있을 것이라 하였다.

제2절 한글보현행원품

1. 서분(序分)

그때에 보현보살마하살이 부처님의 거룩하신 공덕을 찬탄하고 나서 여러 보살과 선재동자[7]에게 말씀하셨다.

"선남자여, 부처님의 공덕은 비록 시방세계에 계시는 일체 모든 부처님께서 이루 다 말할 수 없이 말할 수 없는 많은 부처님 세계의 아주 작은 티끌만큼 많은 수의 겁을 지내면서 계속하여 말씀하시더라도 다 못하느니라. 만약 이러한 공덕을 성취하고자 하면 마땅히 열 가지 넓고 큰 행원[8]을 닦아야 하느니라."

첫째는 모든 부처님께 예배하고 공경하는 것이요,

---

7) 선재동자(善財童子, Sudhana) : 입법계품에 등장하는 구도자의 이름으로 복성장자(福城長者)의 아들로 태어났다고 하며 그가 태어나자 창고에 여러 가지 보배가 가득 찼다고 해서 선재(善財)라고 부른다고 한다. 문수사리보살을 만나서 발심하여 남방으로 구법여행을 떠나는데 관음, 미륵 등 53선지식을 친견하고 끝으로 보현보살을 만나서 대원(大願)의 법문을 듣고 보현의 행위(行位)와 자재력(自在力)을 얻었다고 한다. 옛부터 선재동자는 불교 구도자의 전형으로 찬탄되어 왔다.
8) 행원(行願) : 특정한 어떤 일을 하고자 하는 원이다.

둘째는 부처님을 우러러 찬탄하는 것이요,

셋째는 널리 공양[9]하는 것이요,

넷째는 스스로의 업장[10]을 참회하는 것이요,

다섯째는 남의 공덕을 따라 기뻐하는 것이요,

여섯째는 설법하여 주시기를 청하는 것이요,

일곱째는 부처님께 이 세상에 오래 머무르시기를 청하는 것이요,

여덟째는 항상 부처님을 따라 배우는 것이요,

아홉째는 항상 중생을 따르는 것이요,

열째는 지은 바 모든 공덕을 널리 회향[11]하는 것이니라."

---

9) 공양(供養, pūjana) : 음식이나 의복을 불・법・승 삼보와 부모, 사장(師長), 망자(亡者)에게 공급하는 일인데, 공양하는 물건과 공양의 대상과 방법에 따라 여러 가지로 분류한다. 신체적 행위와 정신적인 헌신행위(法供養)까지 포함하여 공양이라고 한다.
10) 업장(業障) : 악한 업으로 인하여 생긴 장애를 말한다.
11) 회향(廻向) : 자신이 닦은 깨달음의 공덕을 일체중생에게 되돌리는 행위이다. 자기가 지은 공덕을 중생에게 베풀어 함께 정토에 왕생하기를 원하는 것이다.

2. 예경분(禮敬分)

선재동자가 아뢰었다.

"거룩하신 이여, 어떻게 예배하고 공경하오며, 내지 어떻게 회향하오리까?"

보현보살[12]이 선재동자에게 말씀하셨다.

"선남자여, 모든 부처님께 예배하고 공경한다는 것은 온 법계 허공계 시방삼세 모든 부처님 세계의 아주 작은 티끌 만치 많은 수의 모든 부처님들께 보현의 수행과 서원의 힘으로 눈앞에 대하듯 깊은 믿음을 내어서 청정한 몸과 말과 뜻을 다하여 항상 예배하고 공경하는 것이니라. 낱낱 부처님 계신 곳마다 이루 다 말할 수 없이 말할 수 없는 아주 작은 티끌만큼 많은 수의 몸을 나타내어 그 한 몸 한 몸이 이루 다 말할 수 없이 말할 수 없는 아주 작은 티끌만치 많은 부처님께 두루 절하는 것이니 허공

---

12) 보현보살(普賢菩薩, Samantabhadra) : 문수보살이 부처님의 지혜를 대표하는 것처럼 보현보살은 이덕(理德)·행덕(行德)·정덕(定德)을 맡고 있다. 불교의 실천을 대표하는 보살로 흰코끼리를 탄 형상과 연화대 위에 앉은 두 가지 모습이 있다. 석가모니 부처님을 오른쪽에 모시고 있는데, 문수보살과 함께 석가모니 부처님의 좌우협시 보살이다.

계가 다하여야 나의 예배하고 공경함도 다하려니와 허공계가 다할 수 없으므로 나의 예배하고 공경함도 다함이 없느니라. 이와 같이 하여 중생계가 다하고, 중생의 업이 다하고, 중생의 번뇌가 다하면 나의 예배하고 공경함도 다하려니와, 중생계 내지 중생의 번뇌가 다함이 없으므로 나의 예배하고 공경함도 다함이 없느니라. 생각생각 계속하여 끊임이 없되, 몸과 말과 뜻으로 하는 일은 지치거나 싫어함이 없느니라."

3. 찬양분(讚揚分)

"선남자여, 또한 부처님을 우러러 찬탄한다는 것은 온 법계 허공계시방삼세 모든 부처님 세계에 있는 아주 작은 낱낱 티끌 가운데 모든 세계의 아주 작은 티끌수의 부처님이 계시고, 부처님 계신데 마다 한량없는 보살들이 모여와 둘러싸 모시는 것이니, 내가 마땅히 깊고 훌륭한 이해와 분명한 지견으로 앞에 나타나듯 알아보며, 변재천녀의 혀보다 나은 훌륭한 혀를 내어 그 낱낱 혀로 그지

없는 소리를 내고 낱낱 소리로 온갖 말을 내어서 일체 부처님의 한량없는 공덕을 찬탄하여, 오는 세월이 다하도록 계속하여 끊이지 아니하여 끝없는 법계에 두루하는 것이니라.

이와 같이 하여 허공계가 다하고, 중생계가 다하고, 중생의 업이 다하고, 중생의 번뇌가 다하면 나의 찬탄도 다하려니와, 허공계 내지 중생의 번뇌가 다함이 없으므로 나의 이 찬탄도 다함이 없어 생각 생각 계속하여 끊임이 없건만 몸과 말과 뜻으로 하는 일에 지치거나 싫어하는 생각이 없느니라."

4. 공양분(供養分)

"선남자여, 또한 널리 공양한다는 것은 온 법계 허공계 시방삼세 모든 부처님 세계의 아주 작은 티끌의 그 하나하나마다 일체 세계의 아주 작은 티끌 만치 많은 수의 부처님이 계시고 부처님 계신 곳마다 한량없는 보살들이 모여서 둘러 계시니, 내가 보현의 수행과 서원의 힘으로 깊은 믿음과 분명한 지견을 일으켜 눈앞에 나타나듯 알아보며, 여러 가지 훌륭한 묘한 공양구로 공양하되 이른바 꽃과 꽃타래와 하늘음악과 하늘일산과 하늘옷과 여러 가지 하늘향과 바르는 향·사르는 향·가루향과 이와 같은 것들의 무더기가 각각 수미산만하며, 또한 여러 가지 켜는 등불은 우유등·기름등·향유등 같은 것이 심지어 각각 수미산 같고 기름은 큰 바닷물 같으니 이와 같은 여러 가지 공양구로 항상 공양하는 것이니라.

선남자여, 모든 공양 가운데는 법공양[13]이 가장 으뜸이니라. 이른바 부처님 말씀대로 수행하는 공양과 중생들을 이롭게 하는 공양과 중생들을 거두어 주는 공양과 중생들의 고통을 대신하는 공양과 선근[14]을 부지런히 닦는 공양과 보살업을 버리지 않는 공양과 보리심[15]을 여의지

---

13) 법공양(法供養) : 가르침의 공양으로 이종공양(二種供養)의 하나이다. 교법으로서 여래에게 공양하는 것이므로 법공양이라 한다.
14) 선근(善根, Kuśala-mūla) : 선본(善本)·덕본(德本)이라고도 번역된다. 그것이 뿌리가 되어 모든 선(善)을 낳기 때문이다. 무탐(無貪)·무진(無嗔)·무치(無癡)를 삼선근(三善根)이라 하는데 불선근은 그의 반대로 탐·진·치 삼독(三毒)을 말한다.
15) 보리심(菩提心, Bodhi-citta) : 보살이 먼저 발해야 하는 마음으로 깨달음, 도(道), 진리라고 번역한다. 즉 지금까지 세간적인 것에만 몰두하고 있던 자기존재를 마음의 깨달음의 실현, 불도(佛道)의 실천으로 돌리는 것이다.

않는 공양들이 그것이니라.

선남자여, 앞에 말한 여러 가지 공양으로 얻는 한량없는 공덕을 잠깐 동안 닦는 법 공양의 공덕에 비한다면 그 백분의 일도 되지 못하며, 천분의 일도 되지 못하며, 백천구지[16] 나유타분[17]의 일·가라분[18]의 일·산분과 수분의 일·우파니사타분[19]의 일도 되지 못하느니라.

왜냐하면 모든 부처님께서는 법을 존중하는 까닭이며, 부처님 말씀대로 행하면 많은 부처님을 내는 까닭이며, 만일 보살들이 법 공양을 행하며 이것이 곧 부처님께 공양함을 성취하는 것이며, 이와 같이 수행함이 참된 공양이기 때문이니라.

---

16) 구지(俱胝, koṭi) : 인도에서 쓰던 수의 단위로 10의 7승이다. 일·십·백·천·만·락차(lakṣa)·도락차(Atilakṣa)·구지이다. 구지분은 1천만(千萬)분의 1에 해당된다.
17) 나유타(那由他, nayuta) : 인도의 수량 단위로 지극히 큰 숫자를 나타낸다. 천만(千萬) 또는 천억, ayuta의 백배라고도 하는데 정확한 단위에 대해서는 이설(異說)이 많다.
18) 가라분(迦羅分, kalā) : 견절(堅折), 계분(計分), 교량분(校量分)이라고 번역되며 가라(歌羅)·가라(伽羅)라고도 적는다. 시간의 한 짧은 단위, 또는 극히 적은 수량의 이름이기도 한데 시간일 때는 1,600찰나 또는 일주야의 1,800분의 1을 말하고 수량을 말할 때에는 터럭 하나를 100분(혹은 16분) 한 일푼을 말한다. 여기서는 이 후자의 의미로 쓰고 있다.
19) 우파니사타분(優波尼沙陀分) : 극히 적은 수량, 가장 적은 극미소(極微小)의 분수(分數)다.

이는 넓고 크고 훌륭한 공양이니 허공계가 다하고 중생계가 다하고 중생의 업이 다하고 중생의 번뇌가 다하면 나의 공양도 다하려니와, 허공계와 내지 중생의 번뇌가 다함이 없으므로 나의 이 공양도 다함이 없느니라. 생각 생각 계속하여 끊임이 없되 몸과 말과 뜻으로 하는 일에 지치거나 싫어하는 생각이 없느니라."

5. 참회분(懺悔分)

 "선남자여, 또한 스스로의 업장을 참회한다는 것은 보살이 스스로 생각하기를 '내가 지나간 세상 한량없는 겁으로 내려오면서 탐내는 마음과 성내는 마음과 어리석은 마음으로 말미암아 몸과 말과 뜻으로 지은 모든 악한 업이 한량없고 가이없으니, 만약 이 악업이 형체가 있는 것이라면 끝없는 허공으로도 그것을 다 용납할 수 없을 것이니라. 내가 이제 청정한 세 가지 업으로 널리 법계에 두루 찬 아주 작은 티끌세계의 모든 부처님과 보살대중 앞에 지성으로 참회하고 다시는 악한 업을 짓지 아니하며,

항상 청정한 계율의 모든 공덕에 항상 머물겠나이다.'
하는 마음이니라.

 이와 같이 하여 허공계가 다하고, 중생계가 다하고, 중생의 업이 다하고, 중생의 번뇌가 다하면 나의 참회도 다하려니와 허공계와 내지 중생의 번뇌가 다함이 없으므로 나의 이 참회도 다함이 없느니라. 생각 생각 계속하여 끊임이 없되 몸과 말과 뜻으로 하는 일에 지치거나 싫어하는 생각이 없느니라."

6. 수희분(隨喜分)

 "선남자여, 또한 남의 공덕을 따라 기뻐한다는 것은 온 법계 허공계 시방삼세 모든 부처님 세계의 아주 작은 티끌 만치 많은 수의 여러 부처님들이 첫 발심한 때로부터 모든 지혜를 위하여 복덕을 부지런히 닦을 적에 몸과 목숨을 아끼지 않고, 이루 다 말할 수 없이 말할 수 없는 많은 부처님 세계의 아주 작은 티끌 만치 많은 수의 겁을 지나는 동안 이루 다 말할 수 없이 말할 수 없는 많은 부처님 세계의 아주 작은 티끌 만치 많은 수의 머리와 눈과 손과 발을 버렸으며, 이와 같이 행하기 어려운 고행을 하면서 갖가지 바라밀다문을 원만히 갖추었고, 갖가지 보살의 지혜를 증득하여 들어가며, 모든 부처님의 가장 훌륭한 보리를 성취하였으며, 열반에 드신 뒤에 사리[20]를 나누어 공양하였나니 그 모든 착한 바탕을 나도 따라 기뻐하며, 또 시방[21] 모든 세계의 여섯 갈래 길에서 네 가지로 생겨나는 모든 종류의 중생들이 짓는 공덕과 또한 티끌만한 것이라도 모두 함께 기뻐하며, 시방삼세의 모든 성문과 벽지불[22]의 배우는 이와 배울 것 없는 이의 온갖 공덕을 내가 함께 기뻐하며, 모든 보살들이 한량없이 행하기 어려운 고행을 닦아서 가장 높은 보리를 구하던 그 넓고 큰 공덕을 내가 모두 함께 기뻐하는 것이니라.

---

20) 사리(舍利, sarīra) : 실리(實利)·설리라(說利羅)라고도 적고 신골(身骨)·유신(遺身)이라고 번역된다. 부처님이나 고승의 유체(遺體)를 화장한 재에서 수행의 결과로 나오는 작은 구슬 모양의 결정이다. 이 사리를 봉안하여 탑이나 부도를 세운다.
21) 시방(十方) : 동서남북과 동남, 동북, 서남, 서북의 사유(四維)와 상하를 말한다.
22) 벽지불(辟支佛, Pratyeka-buddha) : 독각(獨覺), 연각(緣覺)이라 번역한다. 부처님의 가르침에 의하지 않고 스스로 도(道)를 깨치고 고요와 고독을 즐기므로 설법 교화를 하지 않은 성자이다. 성문(聲聞)과 더불어 이승(二乘)의 하나이다.

이와 같이 하여 허공계가 다하고, 중생계가 다하고, 중생의 업이 다하고, 중생의 번뇌가 다하여도 나의 이 함께 기뻐함은 다함이 없느니라. 생각 생각 계속하고 끊임이 없되 몸과 말과 뜻으로 하는 일은 지치거나 싫어하는 생각이 없느니라."

7. 청법분(請法分)

 "선남자여, 또한 설법하여 주시기를 청한다는 것은 온 법계 허공계 시방삼세 모든 부처님 세계의 아주 작은 티끌 하나 하나마다 이루 다 말할 수 없이 말 할 수 없는 많은 부처님 세계의 아주 작은 티끌같이 많은 수의 넓고 큰 부처님 세계가 있고 그 낱낱의 세계 안에서 잠깐잠깐 동안에 이루 다 말 할 수 없이 말할 수 없는 많은 부처님 세계의 아주 작은 티끌만치 많은 수의 부처님들이 바른 깨달음을 이루는지라, 모든 보살들이 둘러앉아 계시거든 내가 그 모든 부처님께 몸과 말과 뜻으로 갖가지 방편으로써 설법하여 주시기를 은근히 권청하는 것이니라.

이와 같이 하여 허공계가 다하고, 중생계가 다하고, 중생의 업이 다하고, 중생의 번뇌가 다하여도 내가 모든 부처님께 항상 바른 법 설하여 주시기를 청하는 것은 다함이 없느니라. 생각 생각 계속하고 끊임이 없되 몸과 말과 뜻으로 하는 일에 지치거나 싫어하는 생각이 없느니라."

8. 청주분(請住分)

"선남자여, 또한 부처님께 이 세상 오래 머무르시기를 청한다는 것은 온 법계 허공계 시방삼세 모든 부처님 세계의 아주 작은 티끌만치 많은 수의 부처님이 열반에 드시려 하거나, 모든 보살과 성문·연각[23]의 배우는 이와 배울 것이 없는 이와 내지 모든 선지식[24]에게 내가 두루

---

23) 연각(緣覺) : 벽지불, 독각이라고도 한다. 혼자서 깨달음을 연 사람을 말한다.
24) 선지식(善知識, kalyāṇa-mitra) : 훌륭한 스승, 훌륭한 지도자 또는 훌륭한 지식을 가진 사람으로 가르침을 설명하고 불도(佛道)에 들어가게 하는 사람이다. 본래의 뜻은 '내가 잘 아는 사람, 우인(友人), 지기(知己)'의 뜻이 있었다. 선종에서는 좋은 지도자로서 바르게 이끄는 사람인 사가(師家)를 말한다.

권하여 '열반에 드시지 말고 모든 부처님 세계의 아주 작은 티끌 만치 많은 수의 겁이 지나도록 일체 중생을 이롭게 하여 주소서' 라고 청하는 것이니라.

이와 같이 하여 허공계가 다하고, 중생계가 다하고, 중생의 업이 다하고, 중생의 번뇌가 다하여도 나의 이 권청하는 일은 다함이 없느니라. 생각 생각 계속하고 끊임이 없되 몸과 말과 뜻으로 하는 일에 지치거나 싫어하는 생각이 없느니라."

9. 수학분(隨學分)

"선남자여, 또한 항상 부처님을 따라 배운다고 하는 것은 이 사바세계[25]의 비로자나 부처님께서 처음 발심하실 때로부터 정진하여 물러나지 아니하고, 이루 다 말할 수 없이 말할 수 없는 몸과 목숨으로 보시[26]하며, 가죽을 벗

---

25) 사바세계(娑婆世界) : 이 세계는 온갖 괴로움이 많으므로 참아야 하는 곳이라는 의미에서 인토(忍土)라고도 하며 우리가 살고 있는 이 세계, 현실의 세계, 부처님께서 나타나 교화하는 세계를 말한다.

겨 종이를 삼고 뼈를 쪼개어 붓을 삼고 피를 뽑아 먹물을 삼아서 경전 쓰기를 수미산 높이같이 하면서 법을 소중히 여기므로 목숨도 아끼지 않거든, 하물며 왕위나 도시나 시골이나 궁전이나 동산 등의 갖가지 물건과 하기 어려운 고행이랴. 보리수 아래에서 정각을 이루시던 일이나, 갖가지 신통[27]을 보이시고 갖가지 변화를 일으키시던 일이나, 갖가지 부처님 몸을 나타내어 온갖 대중이 모인 곳에 계실 적에 혹은 모든 보살들이 모인 도량이나, 성문과 벽지불 등이 모인 도량이나, 혹은 전륜성왕[28]과 작은 왕이나 그 권속들이 모인 도량이나, 혹은 찰제리[29]

---

26) 보시(布施, dāna) : 타인에게 아무런 조건 없이 베푸는 것으로 보시에는 물질로 베푸는 재시(財施)와 진리의 말씀을 전하는 법시(法施), 두려움과 근심을 함께 하고 없애주는 무외시(無畏施)가 있다. 육바라밀(六波羅蜜) 중의 하나이다.
27) 신통(神通, Abijnā) : 신통력·신력·통력이라고도 한다. 선정을 닦음에서 얻어지는 무애자재한 초인간적인 불가사의한 능력이다. 신족(神足)·천안(天眼)·천이(天耳)·타심(他心)·숙명(宿命)을 오통(五通)이라 하고 여기에 누진통(漏盡通)을 더하여 육신통(六神通)이라 한다.
28) 전륜성왕(轉輪聖王) : 고대 인도의 이상적인 제왕으로 부처님과 같이 32가지의 외관상의 특징을 갖고 있으며 이 왕이 즉위하면 하늘로부터 윤보(輪寶)를 받아 그것을 굴리며 전세계를 평화적으로 다스린다고 한다.
29) 찰제리(刹帝利) : 고대 인도의 사성계급(四姓階級) 중에서 바라문 다음의 지위로 무사, 왕족계급을 말한다.

나 바라문³⁰⁾이나 장자나 거사들이 모인 도량이나, 내지 천룡팔부(天龍八部)³¹⁾와 사람인 듯 아닌 듯한 것 등이 모인 도량에 있어 이와 같은 갖가지 큰 모임에서 원만한 음성을 큰 우레 소리와도 같게 하여 그들의 좋아함을 따라서 중생을 성숙시키시던 일과 마침내 열반에 들어 보이시던 이와 같은 온갖 일을 내가 모두 따라서 배우며, 지금의 비로자나 부처님께도 이와 같이 하여 생각 생각 내가 따라 배우는 것이니라.

 이와 같이 하여 허공계가 다하고, 중생계가 다하고, 중생의 업이 다하고, 중생의 번뇌가 다하여도 나의 이 따라 배움은 다함이 없어, 생각생각 계속하고 끊임이 없되 몸과 말과 뜻으로 하는 일에 지치거나 싫어하는 생각이 없느니라."

---

30) 바라문(婆羅門, brāhmaṇa) : 인도의 사성계급(四姓階級)중 최고계급인 승려 계급이다.제사의식과 교리를 담당하며 신의 후예라는 권위를 강조한다. 주로 힌두교 성전의 학습·교수나 다양한 제사를 치르는 것을 직책으로서 하고 있다.
31) 천룡팔부(天龍八部) : 불법을 수호하는 여덟 부류의 무리로 천(天), 용(龍), 야차(夜叉), 건달바(乾闥婆), 가루라(迦樓羅), 아수라(阿修羅), 마후라가(摩睺羅迦), 긴나라(緊那羅)를 말한다.

10. 수순분(隨順分)

 "선남자여, 또한 항상 중생을 따른다는 것은, 온 법계 허공계 시방세계에 있는 중생들에게 여러 가지 차별이 있는데 이른바 알로 나는 것·태로 나는 것·습기로 나는 것·화해서 나는 것들인데, 땅과 물과 불과 바람을 의지하여 살기도 하고 허공을 의지하여 살기도 하며 풀과 나무를 의지하여 살기도 하는 바 여러 가지 종류와 여러 가지 몸과 여러 가지 형상과 여러 가지 모양과 여러 가지 수명과 여러 가지 종족과 여러 가지 이름과 여러 가지 성질과 여러 가지 소견과 여러 가지 욕망과 여러 가지 뜻과 여러 가지 위의와 여러 가지 의복과 여러 가지 음식으로 여러 마을이나 성읍이나 궁전에 사는 이들이며, 내지 모든 천룡팔부와 사람인 듯 아닌 듯한 것 등과 발 없는 것, 두 발 가진 것과 네 발 가진 것과 몸 있는 것, 몸 없는 것, 생각 있는 것, 생각 없는 것, 생각 있는 것도 아니고 생각 없는 것도 아닌 것들을 내가 모두 그들에게 따라 갖가지로 공양하기를 부모와 같이 공경하며 스승이나 아라한[32]

---

[32] 아라한(阿羅漢, arhat) : 부처님의 가르침을 듣고 그 가르침대로 수행하여 해탈에 도달한 소승불교의 성자이다. 도는 마땅히 존경받아야 할 성자라는 의미에서 응공(應供)이라고 한다.

이나 내지 부처님과 조금도 다름없이 받들되, 병든 이에게는 어진 의원이 되고, 길 잃은 이에게는 바른 길을 보여주고, 어두운 밤중에는 광명이 되고, 가난한 이에게는 보배를 얻게 하나니, 보살이 이와 같이 평등하게 일체 중생을 이익하게 하는 것이니라.

왜냐하면 보살이 능히 중생을 따르면 곧 모든 부처님께 순종하여 공양함이 되니, 만약 중생을 존중히 받들어 섬기면 곧 부처님을 존중히 받들어 섬김이 되며, 만약 중생들을 기쁘게 하는 것은 곧 부처님을 기쁘게 함이 되기 때문이니라. 그 까닭은 모든 부처님께서는 자비하신 마음으로 바탕을 삼으시는 까닭에 중생으로 인하여 큰 자비심을 일으키고, 자비로 인하여 보리심을 발하고, 보리심으로 인하여 정각을 이루시나니 마치 넓은 벌판 모래밭 가운데 한 큰 나무가 있어 만약 그 뿌리가 물을 만나면 가지와 잎과 꽃, 과실이 모두 무성하는 것과 같아서 나고 죽는 광야의 보리수도 역시 이와 같으니라.

일체 중생은 나무 뿌리가 되고 부처님과 보살들은 꽃과 과실이 되어 자비의 물로 중생을 이롭게 하면 즉시에 모든 부처님과 보살들의 지혜의 꽃과 과실이 성숙되느니라. 왜냐하면 보살들이 자비의 물로 중생들을 이롭게 하면 곧 아뇩다라삼먁삼보리[33]를 성취하기 때문이니라. 그러므로 보리는 중생에게 달렸으니 중생이 없으면 모든 보살이 마침내 훌륭한 정각을 이루지 못하느니라.

선남자여, 그대는 이 이치를 이렇게 알아라. '중생에게 마음을 평등이 함으로써 원만한 자비를 성취하고, 자비심으로 중생들을 따름으로써 부처님께 공양함을 성취하는 것이라'고 알아야 하느니라.

보살이 이와 같이 중생을 따르나니 허공계가 다하고, 중생계가 다하고, 중생의 업이 다하고, 중생의 번뇌가 다하여도 나의 이 따름은 다함이 없느니라. 생각 생각 계속하고 끊임이 없되 몸과 말과 뜻으로 하는 일에 지치거나 싫어하는 생각이 없느니라."

11. 회향분(廻向分)

"선남자여, 또한 지은바 모든 공덕을 널리 회향한다는

---

[33] 아뇩다라삼먁삼보리(阿耨多羅三藐三菩提) : 무상정등각(無上正等覺), 무상정변지(無上正遍智)라고 옮긴다. 불교수행의 궁극적 경지로서 최상의 바르고 평등한 깨달음, 바르고 넓은 지혜를 의미한다.

것은 부처님께 예배하고 공경하는 것으로부터 중생을 따르는 것까지의 그 모든 공덕을 온 법계 허공계 일체 중생에게 남김없이 회향하여 중생으로 하여금 항상 편안하고 즐거움을 얻게 하고 병고는 없게 하기를 원하며, 악한 일을 하고자 하면 하나도 이루어지지 않고, 착한 업을 닦고자 하면 빨리 이루어지며, 일체 악취의 문은 닫아버리고, 인간에나 천상에나 열반에 이르는 바른 길은 열어 보이며, 모든 중생이 그가 지어 쌓은 모든 악업으로 인하여 얻게 되는 모든 무거운 고통의 과보를 내가 대신하여 받으며 그 중생으로 하여금 모두 해탈[34]케 하여 마침내 더없이 훌륭한 보리를 성취하기를 원하는 것이니라.

보살이 이와 같이 그 닦은 공덕을 회향하나니 허공계가 다하고, 중생계가 다하고, 중생의 업이 다하고, 중생의 번뇌가 다하여도 나의 이 회향은 다하지 아니하여 생각 생각 계속하고 끊임이 없되 몸과 말과 뜻으로 하는 일에 지치거나 싫어하는 생각이 없느니라."

---

34) 해탈(解脫) : 괴로움에서 벗어남, 미혹의 속박에서 벗어나 완전한 자유를 얻음, 괴로움에서 해방된 평온한 상태, 번뇌의 속박을 떠나 무애자재한 깨달음을 얻는 것이다.

12. 총결분(總結分)

"선남자여, 이것이 보살 마하살의 열 가지 큰 서원을 구족하고 원만한 것이니라. 만약 모든 보살들이 이 큰 서원을 따라서 나아가면 능히 일체 중생의 기틀을 성숙시키고 아뇩다라삼먁삼보리를 따르게 하며, 보현보살의 한량없는 수행과 원력을 원만히 채우게 될 것이니라. 그러므로 선남자여, 그대는 이 이치를 마땅히 이와 같이 알지니라."

"만약 어떤 선남자 선녀인이 시방에 가득한 한량없고 끝없어 이루 다 말할 수 없이 말할 수 없는 부처님의 세계의 아주 작은 티끌수로 많은 모든 세계의 가장 좋은 칠보[35]와 또한 인간과 천상에서 가장 훌륭한 안락으로서 저 모든 세계의 중생들에게 보시하고, 저 모든 세계에 계시는 불보살께 공양하기를 저러한 부처님 세계의 아주 작은 티끌 수겁을 지나도록 계속하여 그치지 않는 그 공덕과 또 어떤 사람이 이 열 가지 원을 한 번 들은 공덕을 서로 비교하면 앞의 공덕은 뒤의 것의 백분의 일도 되지

---

35) 칠보(七寶) : 예로부터 귀하게 여기는 일곱 가지 보물이다. 금(金), 은(銀), 유리, 파려(頗黎), 자거(車渠), 진주(眞珠), 마노(瑪瑙)를 말한다.

못하며, 천분의 일도 되지 못하며, 내지 우파니사타분의 일에도 또한 미치지 못하느니라.

다시 어떤 사람이 깊은 믿음으로 이 열 가지 원을 받아 지니거나 읽고 외우거나 한 게송만이라도 쓴다면 속히 다섯 가지 무간지옥에 떨어질 업이라도 이내 소멸되고, 이 세간에서 받은 몸과 마음의 병이나 모든 고뇌와 부처님 세계의 아주 작은 티끌수의 모든 악업이 다 소멸될 것이며, 온갖 마군[36]이나 야차[37]나 나찰[38]이나 구반다[39]나

---

36) 마군(魔群) : 마의 무리라는 말이다. 사람의 생명을 빼앗고 좋은 일을 방해하며 혹 사람의 몸과 마음을 어지럽게 하며 수도를 방해한다. 마의 의미를 내관적(內觀的)으로 해석하여 번뇌와 같이 중생을 해롭게 하는 것을 모두 마라고 하고, 자기의 심신에서 생기는 장애를 내마(內魔) 밖에서 오는 장애를 외마(外魔)라 하며 이것을 이마(二魔)라 한다. 또한 제법실상을 제한 그밖의 것을 모두 마라고도 하며 죽음이 작용하는 대상인 오온(五蘊)을 오음마(五陰魔), 생사를 부르는 번뇌를 번뇌마(煩惱魔), 죽음을 사마(死魔), 수도를 방해하는 것을 천마(天魔)라 하여 이것들을 사마(四魔)라고 한다.

37) 야차(夜叉, yakṣa) : 불법을 옹호하는 팔부신중(八部神衆)의 하나로 나찰과 함께 비사문천의 권속으로 북방을 수호한다고 한다.

38) 나찰(羅刹, Rākṣasa) : 나찰파(羅利婆)·나차파(羅叉婆)라고 쓰며 가외(可畏)·속질귀(速疾鬼)·호자(護者)라고 번역된다. 악귀(惡鬼)를 대개 나찰이라고 부르는데 남나찰은 생김새가 아주 추악하고 여나찰은 매우 곱다고 한다. 모두 사람의 살과 피를 먹고 사는데, 힘이 아주 세고 공중을 날기도 하는 극히 빠른 포악한 귀신이다. 또한 지옥의 옥졸인 귀류(鬼類)를 말하기도 하는데 이들은 아방나찰(阿旁羅利)이라고 한다.

비사자나 부단나 따위로서 피를 마시고 살을 먹은 몹쓸 귀신들이 모두 멀리 떠나거나 혹은 좋은 마음을 내어 가까이 있어 수호할 것이니라.

 이 까닭에 이 열 가지 서원을 외우는 사람은 이 세간을 지냄에 조금도 장애가 없어 마치 공중의 달이 구름 밖으로 나온 듯하며, 모든 부처님과 보살들이 칭찬하시며 일체 인간이나 천상사람이 마땅히 예배하고 공경하며, 일체 중생이 마땅히 공양하느니라. 이 선남자는 훌륭한 사람 몸을 받아서 보현보살의 모든 공덕을 원만히 하고 오래지 않아 보현보살과 같은 미묘한 몸을 성취하여 서른 두 가지의 대장부상을 갖출 것이며, 만약 인간이나 천상에 태어나면 난 곳마다 항상 으뜸된 가문에 태어날 것이요, 일체 악한 갈래는 다 없애며, 일체 악한 벗은 다 멀리하고, 일체 외도[40]는 다 조복받고, 일체 번뇌에서 해탈하는 것이 마치 큰 사자가 뭇 짐승들을 굴복시키는 것과 같아서 능히 일체 중생의 공양을 받을 것이니라.

---

39) 구반다(鳩槃茶, kumbhāṇḍa) : 귀신의 일종으로 항아리와 같은 모양의 고환(睾丸)을 갖는다는 뜻이다. 일종의 악귀로 힌두신화에서는 루도라신의 지배하에 있으며 불교에서는 증장천왕(增長天王)의 소유로 되어 있는데 사람의 정기(精氣)를 먹는다고 한다.

40) 외도(外道) : 원래는 불교 이외의 사상, 종교를 의미하는 말이었으나 후대에는 그릇된 사상을 가진 사람을 지칭하는 것으로 사용되었다.

또 이 사람이 임종할 마지막 찰나에 육신은 모두 다 무너져 흩어지고, 일체의 친족들은 모두 떠나고, 일체 위엄과 세력은 다 사라지고, 고관 대작과 궁성 내외와 코끼리나 말이나 모든 수레와 보배나 재물 등 이러한 모든 것들은 하나도 따라오는 것이 없건만, 오직 이 열 가지 서원은 서로 떠나지 아니하여 어느 때나 항상 앞길을 인도하여, 한 찰나[41] 동안에 극락세계에 왕생하고, 왕생하고는 즉시에 아미타불[42]과 문수사리보살과 보현보살과 관자재보살[43]과 미륵보살[44] 등을 뵈오리니, 이 모든 보살들은

---

41) 찰나(刹那) : 염경(念頃), 일념(一念), 발의경(發意頃)이라고 번역한다. 한 생각을 일으키는 순간이라는 의미로서 시간의 최소단위를 뜻한다.
42) 아미타불(阿彌陀佛, Amitābha) : 무량한 광명과 무량한 수명을 가진 극락세계의 주불로 일찍이 법장비구의 몸으로 수행할 때 48원을 세워 수행하고 부처님이 되었다고 한다.
43) 관자재보살(觀自在菩薩, Avalokiteśvara) : 관자재(觀自在)·광세음(光世音)·관세음자재(觀世音自在)라 번역하며 줄여서 관음이라 한다. 대자비를 근본 서원으로 하는 보살이신데, 극락세계에서 아미타불의 좌보처(左補處)가 된다. 관세음이라 함은 세간의 고받는 중생이 일심으로 관세음 보살을 생각하고 이름을 부르면 곧 구원해 주신다는 뜻이며 관자재라 함은 지혜로 관조하여 자재를 이루신데서 온 이름이다.
44) 미륵보살(彌勒菩薩, Maitreya) : 석가모니 부처님의 수기를 받은 미래의 부처님으로, 석존의 입멸 후 56억 7천만년이 지난 다음에 이 세상에 출현하여 중생을 제도할 부처님이다. 지금은 도솔천에 머물고 있다고 한다.

모습이 단정하고 공덕이 구족하여 함께 아미타불을 둘러앉아 있을 것이니, 그 사람은 스스로가 연꽃 위에 나서 부처님의 수기[45] 받음을 스스로 볼 것이며, 수기를 받고는 무수한 백천만억 나유타 겁을 지나면서 널리 시방의 이루 다 말 할 수 없이 말할 수 없는 세계의 지혜의 힘으로 중생들의 마음을 쫓아 이롭게 할 것이며 머지 않아 마땅히 보리도량에 앉아서 마군을 항복받고 정각을 성취하며, 미묘한 법문을 설하여 능히 부처님 세계의 아주 작은 티끌수 세계의 중생들로 하여금 보리심을 내게 하고, 그 근기[46]에 따라 교화하여 성취시키며 오는 세월이 다하도록 널리 모든 중생을 이롭게 할 것이니라.

선남자여, 저 모든 중생들이 이 열 가지 원을 듣고 믿고 다시 받아 가지고 읽고 외우며 널리 남을 위하여 설한다면 이 사람의 지은 공덕은 부처님을 제외하고는 아무도 알 사람이 없나니, 그러므로 그대들은 이 원을 듣고 의심을 내지 말지니라. 마땅히 지성으로 받고, 받아서는

---

45) 수기(授記) : 부처님 또는 덕이 높은 보살이 중생에게 언제 마땅히 성불(成佛)하게 되리라고 예언을 주는 것이다.
46) 근기(根機) : 부처님의 법을 받아 닦아 증하는 중생의 근본 성능과 능력이다. 대개 같은 법문 아래서도 깨침에 차이가 있고 그 씀에 이동이 있는 것은 근기에 차가 있어 그러하다고 한다.

읽고, 읽고는 외우며, 외우고는 지니고 내지 베껴 써서 널리 남을 위하여 설한다면, 이 모든 사람들은 일념간에 모든 행원을 다 성취할 것이니 그 얻는 복덕은 한량없고 가이없어 능히 번뇌의 고해[47]중에 빠진 중생들을 제도하여 마침내 생사에서 벗어나 모두 아미타불의 극락세계에 왕생하게 되리라."

13. 중송분

그때에 보현보살마하살이 이 뜻을 거듭 말씀하시고자 하여 널리 시방을 두루 살피면서 게송으로 설하시었다.

---

47) 고해(苦海) : 중생이 살고 있는 세계는 삼계(三界) 육도(六途)로서 이 세계는 필경 고(苦)라고 하며, 이 고는 큰 바다와 같이 넓고 깊어 나오기 어렵다 하여 삼계고해(三界苦海)라고 한다. 또한 중생들이 이 속에 끝없이 윤회(輪廻)를 거듭하므로 고륜해(苦輪海) 또는 윤해(輪海) 라고도 한다.

온법계 허공계의 시방세계 가운데　　삼세[48]의 한량없는 부처님들께
깨끗한 이내 몸과 말과 뜻으로　　　한분도 빼지 않고 두루 예배하오며

보현보살 행과 원의 위신력으로　　한량없는 부처님들 앞에 나아가
한 몸으로 티끌수의 몸을 나타내　　티끌수의 부처님께 예배합니다

한 티끌 속 티끌수의 부처님들이　　보살대중 모인 속에 각각 계시고
온 법계의 티끌 속도 그와 같아서　　부처님의 가득하심을 깊이 믿으며

제각기 가지각색 음성 바다로　　　그지없는 묘한 말씀 널리 펴서
오는 세상 모든 겁이 다할 때까지　　부처님의 깊은 공덕 찬탄합니다

가장 좋고 아름다운 모든 꽃타래　　좋은 음악 바르는 향 보배일산과
이와 같이 훌륭한 공양거리로　　　한량없는 부처님께 공양하오며

가장 좋은 의복들과 가장 좋은 향　　가루향과 사르는 향 등과 촛불을
하나하나 수미산과 같은 것으로　　한량없는 부처님께 공양하오며

---

48) 삼세(三世, try-adhvan) : 과거 · 현재 · 미래 또는 전세 · 현세 · 내세를 말한다.

넓고크고 잘 깨닫는 이내 마음으로 삼세의 모든 부처님 깊이 믿삽고
보현보살 행과 원의 위신력으로 두루두루 부처님께 공양합니다

지난 세상 내가 지은 모든 악업은 성 잘 내고 욕심 많고 어리석어서
몸과 말과 뜻으로 지었사오매내 내가 지금 속속들이 참회합니다

시방세계 여러 종류 모든 중생과 성문, 연각 배우는 이, 다 배운 이와
부처님과 보살들의 모든 공덕을 지성으로 받들어서 기뻐합니다

시방의 모든세간 비추시는 등불로 처음으로 크신 보리 이루신 이께
더없이 묘한 법을 설하시기를 내가 지금 지성으로 권청합니다

열반에 드시려는 부처님께는 이 세상에 오래오래 머무르시오며
모든 중생 건지시어 즐겁게 하길 내가 지금 지성으로 권청합니다.

예경하고 공양하고 찬탄한 복과 오래 계셔 법문하심 권하온 복과
따라서 기뻐하고 참회한 선근 중생들과 보리도에 회향합니다

내가 여러 부처님을 따라 배우고 보현보살 원만한 행 닦아 익혀서
지난 세상 시방세계 부처님들과 지금 계신 부처님께 공양하오며

오는 세상 천상 인간 대도사들께	여러 가지 즐거운 일 원만하도록
삼세의 부처님을 따라 배워서	보리도를 성취하기 원하옵니다

끝없는 시방 법계 모든 세계를	웅장하고 청정하게 장엄하옵고
부처님을 대중들이 둘러 모시어	보리수 나무 아래 앉아 계시니

시방세계 살고 있는 모든 중생들	근심 걱정 여의어서 항상 즐겁고
깊고 깊은 바른 법의 이익을 얻어	온갖 번뇌 다 없어지기 원하옵니다

내가 보리 얻으려고 수행할 때에	모든 갈래 간데마다 숙명통[49] 얻고
출가[50]하여 모든 계행 깨끗이 닦아	때가 없고 범하잖고 새지 않으며

하늘들과 용왕[51]들과 구반다들과	야차들과 사람인 듯 아닌 듯한 것

---

49) 숙명통(宿命通) : 전세의 모습을 아는 지혜로 숙명지통(宿命智通)·숙주수념지증통(宿住隨念智證通)과 같은 것으로 과거에 일어난 일을 아는 초인적인 지혜이다. 6통(通)의 하나로 자신과 타인의 과거세의 수명이나 생존이 어떠하였는지를 전부 다 아는 능력이다.

50) 출가(出家) : 가정적이며 세속적인 집착과 속박을 벗어나 집을 나와 도를 닦는 것을 말한다. 출진(出塵)·낙식(落飾)·체발(剃髮)이라고도 한다.

51) 용왕(龍王, Nāga) : 불법을 수호하는 제신의 하나다. 용왕에는 난타(難陀)용왕·발난타(跋難陀)용왕·사가라(娑伽羅)용왕·화수길(和修吉)용왕·덕차가(德叉迦)용왕·아욕달(阿耨達)용왕·마나사(摩那斯)용왕·우발라(優鉢羅)용왕의 여덟 용왕이 있다.

그 모든 중생들이 쓰고 있는 말	여러가지 음성으로 설법하였네
청정한 바라밀다 꾸준히 닦아서	어느때나 보리심을 잊지 않았고
번뇌 업장 남김없이 소멸하고서	여러 가지 묘한 행을 모두 이루며
모든 번뇌 모든 업과 마군의 경계	이 세간의 온갖 일에 해탈 얻으니
연꽃 잎에 물방울이 묻지 않듯이	해와 달이 허공중에 머물잖듯 하네
모든 악도[52] 온갖고통 모두 없애고	중생들에게 평등하게 쾌락을 주어
이와 같이 티끌수의 겁을 지나며	시방중생 이익함이 한량없었네
나는 항상 중생들을 따라주리니	오는 세상 모든 겁이 끝날 때까지
보현보살 넓고 큰행 닦고 닦아서	가장 높은 보리도를 원만하였네
나와 함께 보현행을 닦는 동무들	날 적마다 여러 곳에 함께 모이어
몸과 말과 뜻으로 하는 일 같고	모든 수행 모든 서원 같이 닦으며
나의 일을 도와주는 선지식들은	보현보살 좋은 행을 가르쳐주며

---

[52] 악업의 과보로 태어나는 나쁜 환경이다. 지옥(地獄)·아귀(餓鬼)·축생(畜生)계를 삼악도라고 한다.

어느때나 나와 함께 모여있어 우리에게 즐거운 마음 내길바라네

바라건대 부처님을 만나뵈올 제 보살대중 모여앉아 모시었거든
많고 좋은 공양거리 차려 올리며 오는 세상 끝나도록 지칠 줄 몰라

부처님의 묘한 법을 받아 지니고 가지가지 보리행을 빛나게 하며
깨끗하온 보현의 도 항상 닦아서 오는 세상 끝나도록 익히지이다

시방세계 모든 곳에 두루 다니며 닦아 얻은 복과 지혜 다함이 없고
선정 지혜 모든 방편 해탈법으로 그지없는 공덕장을 얻었사오며

한 티끌에 티끌수의 세계가 있고 세계마다 한량없는 부처님들이
간곳마다 여러 대중 모인 속에서 보리행을 연설하심 항상 뵈옵네

끝없는 시방세계 법계바다에 털끝만한 곳곳마다 삼세의 바다
한량없는 부처님과 많은 국토에 내가 두루 수행하기 여러 겁이며

부처님들 청정하신 말씀가운데 한말씀에 여러 가지 음성 갖추고
중생들이 좋아하는 음성을 따라 음성마다 부처님의 변재를 펴네

삼세의 한량없는 부처님께서
깊은 이치 묘한 법문 연설하심을

그와 같은 그지 없는 말씀바다로
내 지혜로 깊이깊이 들어가리라

오는 세상 모든 겁을 한데 뭉치어
삼세의 모든 것을 통들어 내어

한 생각을 만드는데 들어가겠고
한생각을 만든 데도 들어가리라

삼세의 한량없는 부처님들을
부처님의 경계속에 늘 들어감은

한 생각 속에서도 모두 뵈오며
요술 같고 해탈하온 위력입니다

한 터럭끝 티끌 속에 한량없는
온시방의 티끌세계 터럭 끝마다

삼세의 장엄한 세계 나타나오며
내가 모두 들어가 장엄하오리

오는 세상 세간 비출 밝은 등불들
부처님 일 다 마치고 열반에 드심

부처 되어 설법하여 중생 건지고
내가 두루 나아가서 친히 모시리

재빠르게 두루 도는 신통의 힘과
지혜와 행 널리 닦는 공덕의 힘과

넓은 문에 두드리는 대승의 힘과
위신력으로 덮어주는 자비의 큰 힘

깨끗하게 장엄하온 복덕의 힘과
선정 · 지혜 좋은 방편 위신력과

집착 없고 의지 없는 지혜의 힘과
원만하게 쌓아 모은 보리의 힘들

모든 것을 깨끗이 한 선업의 힘과
마군들을 항복받는 거룩한 힘과

온갖 번뇌 부수는 꿋꿋한 힘과
보현행을 원만하게 닦은 힘으로

모든 세계 간 곳마다 청정 장엄해
그지없는 법문을 분별 잘하여

한량없는 중생들을 해탈케 하며
지혜바다 깊이깊이 들어가오며

어디서나 모든 행을 깨끗이 닦고
부처님들 친히 모셔 공양하옵고

가지가지 서원바다 원만히 하며
오랜 겁을 부지런히 수행하오며

삼세의 한량없는 모든 부처님
내가 모두 공양하고 원만히 닦아

좋은 보리 이루기 위한 행과 원
보현보살 큰 행으로 도를 이루리

온 세계의 부처님들 맏아드님은
내가 이제 모든 선근 회향하오며

그 이름은 누구신과 보현보살님
바랍니다 행과 지혜 그와 같고자

몸과 말과 마음까지 늘 깨끗하고
이런 지혜 이름하여 보현이시니

모든 행과 세계들도 그러하오며
저 보살과 같아지기 소원합니다

나는 이제 보현보살 거룩한 행과
저 사업을 남김없이 원만하리니

문수보살 크신 서원 깨끗이 하고
오는 세상 끝나도록 싫어않으리

내가 닦는 공과 행은 한량없으니 그지없는 모든 공덕 이루어가고
끝이 없는 온갖 행에 머물러 있어 가지가지 신통력을 깨달으리라

문수보살 용맹하고 크신 지혜와 보현보살 지혜의 행 그지없나니
내가 이제 모든 선근 회향하여서 그 일들을 항상 따라 배워보리다

삼세의 부처님들 칭찬하오신 이와 같이 훌륭하고 크신 서원들
내가 이제 그 선근을 회향하여서 보현보살 거룩한 행 얻고자 합니다

바라건대 나의 목숨 마치려 할 때 온갖 번뇌 모든 업장 없애고 나서
저 아미타 부처님을 만나 뵈옵고 지체 없이 극락왕생 하려 합니다

내가 이미 저 세계에 가서나고는 눈앞에서 이런 소원 모두 이루어
온갖 것을 남김없이 원만하여서 가이 없는 중생들을 기쁘게 하리

저 부처님께 모인대중 깨끗할시고 나는 이때 연꽃 위에 태어나리니
아미타 부처님을 친히 뵈오면 그 자리서 보리수기 내게 주시리

부처님의 보리수기 받고 나서는 마음대로 백억 화신[53] 나타내어서
크고 넓은 시방세계 두루 다니며 이 지혜로 모든 중생 제도할적에

허공계와 중생계가 끝난다면은	이내 서원도 그와 함께 끝나려니와
중생들의 업과 번뇌 끝없사오매나	나의 원도 필경까지 끝없으리라
가이 없는 시방세계 가득히 쌓은	칠보로써 부처님께 공양한대도
가장 좋은 쾌락으로 천상 인간을	티끌겁이 다하도록 보시한대도
어떤 이가 거룩하온 이 서원들을	한번 듣고 지성으로 믿음을 내어
좋은 보리 얻으려고 우러른다면	그 공덕이 저 복보다 훨씬 나으리
나쁜 벗은 언제나 멀리 여의며	나쁜 갈래 영원토록 만나지 않아
아미타 부처님을 빨리 뵈옵고	보현보살 좋은 서원 갖추오리니
이 사람은 훌륭한 목숨을 얻고	이 사람은 날 적마다 인간에 나서
이 사람은 이제부터 오래지않아	보현보살의 크신 행원 성취하리라
옛적에는 어리석고 지혜가 없어	다섯가지 나쁜죄를 지었더라도
보현보살 이 서원을 읽고 외우면	한 생각에 저 죄업이 사라지려니

---

53) 화신(化身) : 불보살이 중생을 교화하기 위하여 신통력으로 가지가지 모양을 나투는 것이다. 법신(法身)・보신(報身)에 화신을 더하여 삼신(三身)이라 한다.

날적마다 가문 좋고 용모 잘 나고	복과 지혜 모든 공덕 원만하여서
마군이나 외도들이 어쩔 수 없이	삼계 중생 좋은 공양 받게 되리라

오래지않아 보리수 아래 앉아서 여러 가지 마군들을 항복받나니
정각을 성취하고 법을 설하여 가이 없는 중생들에 이익주리라

누구든지 보현보살 이 서원들을 읽고 외워 받아 지녀 연설한다면
부처님이 그 과보를 아시오리니 결정코 보리도를 얻게 되리라

누구든지 이 서원을 읽고 외우면 그 선근의 한부분을 내가 말하리니
한생각에 모든 공덕 다 원만하고 중생들의 청정한 원 성취하리라

바라건대 보현보살 거룩한 행의 그지없이 훌륭한 복 다 회향하여
삼계고해 빠져 있는 모든 중생들 아미타불 극락세계로 어서 가소서

그때에 보현보살마하살이 부처님 앞에서 이 넓고 큰 보현의 큰 서원과 청정한 게송을 설하시니 선재동자는 한량없이 뛸 듯 기뻐하였고, 일체 보살들은 모두 크게 즐

거워하였으며, 부처님께서는 "훌륭하도다 훌륭하도다." 하시며 칭찬하시었다.

그때에 부처님께서 거룩한 여러 보살마하살과 더불어 이와 같은 헤아릴 수 없는 해탈경계의 훌륭한 법문을 연설하실 때, 문수사리보살을 우두머리로 하는 큰 보살들과 그 보살들이 성숙시킨 6천의 비구[54]들과, 미륵보살을 우두머리로 하는 현겁의 모든 큰 보살들과, 무구보현보살을 우두머리로 하는 일생보처[55]로서 정수리에 물을 붓는 지위에 있는 모든 큰 보살들과, 널리 시방 여러 세계에서 모이신 모든 세계의 아주 작은 티끌같이 많은 수의 모든 보살마하살과, 큰 지혜의 사리불과 마하 목건련 등을 우두머리로 하는 큰 성문들과, 인간과 천상과 세간의 모든 임금과, 하늘과 용과 야차·건달바[56]·아수라[57]·

---

54) 비구(比丘, bhikṣu) : 걸사(乞士)라는 뜻을 가지고 있다. 비구는 이십 세 이상의 남자로서 구족계(具足戒)를 수지하는 정식의 불교수도자이다. 구족계는 비구계라고도 하며 전부 250가지의 계율이 있다.
55) 일생보처(一生補處) : 한번의 생(生)만 지나면 불위(佛位)에 오를 보살로, 보살의 최고위인 등각(等覺)이다. 특히 미륵보살을 일생보처 보살이라고 부른다.
56) 건달바(乾闥婆, gandharva) : 식향(食香)·심향(尋香)·심향행(尋香行)등으로 번역된다. 제석천(帝釋天)의 음악을 맡은 신으로 술과 고기를 먹지 않고 향기만 먹는다고 한다. 팔부중의 하나로써 항상 부처님 설법하는 데에 나타나 정법을 찬탄하고 불법을 수호하였다.

가루라[58]・긴나라[59]・마후라가[60]・인비인[61] 등의 일체 대중들이 부처님의 말씀을 듣고 다들 크게 기뻐하고 믿고 받들어 행하였다.

---

57) 아수라(阿修羅, asura) : 불법을 수호하는 여덟 부류의 신장으로 팔부신중(八部神衆)의 하나이다. 항상 제석천과 투쟁을 일삼는 전투의 신이다. 그러나 불법을 수호하기로 서원한 신이기도 하며 선악을 모두 갖추고 있어서 그 성격이 복잡하다고 한다.

58) 가루라(迦樓羅, Garuḍa) : 금시조(金翅鳥), 묘시조(妙翅鳥)라고도 한다. 조류의 왕이라 하며 독수리 같이 날세고 용맹하여 바다의 용을 잡아 먹고 산다고 한다. 팔부중(八部衆)의 하나이다.

59) 긴나라(緊那羅, Kiṃnara) : 긴타라(緊陀羅)・긴날락(緊捺洛)이라고도 쓴다. 가영가무(歌詠歌舞)의 신(神)으로 팔부중(八部衆)의 하나이다. 아름답고 묘한 음성을 가진 춤과 노래를 잘하는 하늘의 악신으로 그 모습이 사람인지 짐승인지 일정하지 않다.

60) 마후라가(摩睺羅迦, mahoraga) : 천룡팔부중(天龍八部衆)의 하나로, 몸은 사람과 같고 머리는 뱀이라고 하며 용의 무리에 속하는 신으로 묘신(廟神)이라고도 한다.

61) 인비인(人非人) : 부처님의 법회에 모인 대중을 천룡팔부(天龍八部)와 인간을 가려서 부른 호칭이다.

제4장

화엄경 약찬게

　약찬게문은 마지막 제목을 제하면 110구 770자이다. 『80화엄』을 간략히 엮고 있는 이 「약찬게」의 체제와 내용을 살펴보면 첫째, 귀경송이다. 이는 화장세계의 비로자나 진법신과 보신 노사나불과 석가모니불 등 일체 여래와 시방삼세의 모든 대성에게 귀의한다는 것이다. 이 귀경게에서는 화엄정토가 화장세계인 것과 화엄의 주불이 법신 비로자나불인 것을 말해 준다. 그리고 이 비로자나불이 노사나불과 석가모니불과 다른 분이 아님도 시사하고 있다.

화엄교학에서는 삼불이 원융한 청정법신 비로자나불을 경주(經主)로 모시니 「약찬게」에도 그러한 화엄교학에서의 불신관이 엿보이고 있는 것이다.

둘째, 설경인연력(說經因緣力)이다. 여기서는 해인삼매력에 의하여 전법륜됨을 말하고 있다.

셋째, 운집대중이다. 보현보살을 위신한 모든 보살대중과 39류의 화엄성중을 열거하고 있다. 이들이 곧 세주라 불리는 분들이다. 그 대표되는 세주의 이름이 보이는 것이다. 각 회의 설주보살 또한 언급되고 있다. 그리고 「입법계품」의 근본법회에 모인 대중과 지말법회의 문수보살 설법처인 복성 동방 사라림에 모인 대중들도 보이며, 선재동자의 선지식들도 운집대중으로 언급되어 있다.

넷째, 선재의 선지식이다. 문수보살에서 비롯되어 보현보살에 이르기까지 53선지식이 출현한다.

다섯째, 경의 설처와 품명이다.

여섯째, 유통송이다. 이 경을 믿고 수지하면 초발심시에 문득 정각을 이루어서 화장세계에 안좌하니, 그 이름이 비로자나불이라 한다.

「약찬게」의 독송은 중생이 보살행을 통하여 자신의 본래 모습인 부처로 살고자 하는 마음을 일으켜 정각을 이룬다고 하는 수행의 길이 된다. 「약찬게」의 지송은 특히 화엄성중의 보호를 갈구하는 대중신앙의 한 모습으로 나타나게 되었다. 「약찬게」는 한국식 화엄지송경이자 다라니의 역할을 해온 것이라 하겠다.[1]

제1절 원문과 해석

| 화엄경 약찬게 | 화엄경을 간략하게 모은 게송 |
| 華嚴經 略纂偈 | |

| 대방광불화엄경 용수보살약찬게 | 대방광불화엄경을 용수보살이 |
| 大方廣佛華嚴經 龍樹菩薩略纂偈 | 찬탄한 게송 |

| 나무화장세계해 비로자나진법신 | 바다와 같이 다함없는 화장세계의 |
| 南無華藏世界海 毘盧遮那眞法身 | 비로자나부처님의 참된 법신과 |

---
1) 해주스님, 『화엄의 세계』 민족사, 1998, 34-35쪽 참고.

현재설법노사나 석가모니제여래   현재의 법을 설하는 노사나불과
現在說法盧舍那 釋迦牟尼諸如來   석가모니 부처님과 모든 여래께
                                       지극한 마음으로 귀의하오니

과거현재미래세 시방일체제대성   과거현재 미래세의 시방성인들
過去現在未來世 十方一切諸大聖

근본화엄전법륜 해인삼매세력고   근본 화엄 법의 바퀴 굴리는 것은
根本華嚴轉法輪 海印三昧勢力故   해인삼매 다함없는 힘 때문이네

보현보살제대중 집금강신신중신   보현보살 큰 성인의 여러 대중인
普賢菩薩諸大衆 執金剛神身衆神   집금강신 신중신과

족행신중도량신 주성신중주지신   족행신 무리 도량신과 성의 신과
足行神衆道場神 主城神衆主地神   땅의 여러 신

주산신중주림신 주약신중주가신   산의 신과 숲의 신과 약의 신 무
主山神衆主林神 主藥神衆主稼神   리 곡식신과

주하신중주해신 주수신중주화신   냇물신과 바다의 신들 물의 신과
主河神衆主海神 主水神衆主火神   불의 신과

주풍신중주공신 주방신중주야신　　　바람의 신들 허공신과 방위신과
主風神衆主空神 主方神衆主夜神　　　밤의 여러 신

주주신중아수라 가루라왕긴나라　　　낮의 신과 아수라와 가루라왕과
主晝神衆阿修羅 迦樓羅王緊那羅　　　긴나라와

마후라가야차왕 제대용왕구반다　　　마후라가 야차신의 왕 여러 용왕
摩睺羅伽夜叉王 諸大龍王鳩槃茶　　　구반다와

건달바왕월천자 일천자중도리천　　　건달바왕 월천자와 일천자 도리
乾闥婆王月天子 日天子衆忉利天　　　천 무리

야마천왕도솔천 화락천왕타화천　　　야마천왕 도솔천 화락천왕과
夜摩天王兜率天 化樂天王他化天

대범천왕광음천 변정천왕광과천　　　타화천과 대범천왕 광음천 변정
大梵天王光音天 遍淨天王廣果天　　　천과 광과천과

대자재왕불가설 보현문수대보살　　　대자재왕들 이루 다 말할 수가 전
大自在王不可說 普賢文殊大菩薩　　　혀 없으며 보현 문수 큰보살과

법혜공덕금강당 금강장급금강혜   법혜 공덕과 금강당과 금강장과
法慧功德金剛幢 金剛藏及金剛慧   금강혜보살

광염당급수미당 대덕성문사리자   광염당과 수미당과 성문 사리자
光焰幢及須彌幢 大德聲聞舍利子

급여비구해각등 우바새장우바이   비구 해각 등과 우바새와 우바이
及與比丘海覺等 優婆塞長優婆夷

선재동자동남녀 기수무량불가설   선재동자 함께 한 동남동녀들 그
善財童子童男女 其數無量不可說   숫자 한량 없어 말할 수 없네.

선재동자선지식 문수사리최제일   선재동자 찾아간 선지식들 중 문
善財童子善知識 文殊舍利最第一   수사리 보살님이 으뜸이시니

덕운해운선주승 미가해탈여해당   덕운 해운 선주승과 미가대사와
德雲海雲善住僧 彌伽解脫與海幢   해탈장자 해당비구

휴사비목구사선 승열바라자행녀   휴사 우바이 비목구사 선인과 승
休舍毘目瞿沙仙 勝熱婆羅慈行女   열 바라문 자행동녀

선견자재주동자 구족우바명지사　　선견비구 자재주동자 구족우바
善見自在主童子 具足優婆明智士　　이 명지거사

법보계장여보안 무염족왕대광왕　　법보계장자 보안장자 무염족왕
法寶髻長與普眼 無厭足王大光王　　대광왕과

부동우바변행외 우바라화장자인　　부동녀와 변행외도 우발라장자
不動優婆遍行外 優婆羅華長者人

바시라선무상승 사자빈신바수밀　　바시라의 뱃사람과 무상승장자
婆施羅船無上勝 獅子嚬神婆須密　　사자빈신 비구니와 바수밀다녀

비실지라거사인 관자재존여정취　　비실지라 거사와 관자재보살 정
毘瑟祇羅居士人 觀自在尊與正聚　　취보살,

대천안주주지신 바산바연주야신　　대천신과 땅의 신과 바산바연 밤
大天安住主地神 婆珊婆演主夜神　　의 신과

보덕정광주야신 희목관찰중생신　　보덕정광과 기쁨의 눈으로 중생
普德淨光主夜神 喜目觀察衆生神　　살펴 주는 신

보구중생묘덕신 적정음해주야신 普救衆生妙德神 寂靜音海主夜神	널리 중생 구해주는 묘덕의 신과 고요한 소리바다 밤의 신과
수호일체주야신 개부수화주야신 守護一切主夜神 開敷樹華主夜神	일체 중생 수호해주는 밤의 신과 나무의 꽃 피워내주는 밤의 신과
대원정진력구호 묘덕원만구바녀 大願精進力救護 妙德圓滿瞿婆女	큰원 정진의 힘으로 중생건지는 밤의 신과 묘덕이 원만한 신과 샤카족 구바녀와
마야부인천주광 변우동자중예각 摩耶夫人天主光 遍優童子衆藝覺	마야부인과 왕녀인 천주광과 변우동자와 중예동자
현승견고해탈장 묘월장자무승군 賢勝堅固解脫長 妙月長者無勝軍	현승녀 견고해탈장자 묘월장자 무승군과
최적정바라문자 덕생동자유덕녀 最寂靜婆羅門者 德生童子有德女	적정바라문 덕생동자 유덕동녀
미륵보살문수등 보현보살미진중 彌勒菩薩文殊等 普賢菩薩微塵衆	미륵보살과 문수사리 보살과 보현보살의 가는 티끌 수와 같이 많은 대중들

어차법회운집래 상수비로자나불 이 법회에 구름처럼 모여들어서
於此法會雲集來 常隨毘盧遮那佛 언제나 비로자나 부처님 따라

어연화장세계해 조화장엄대법륜 바다같은 연화장 세계 가운데 장
於蓮華藏世界海 造化莊嚴大法輪 엄한 큰 법륜을 조화해주며

시방허공제세계 역부여시상설법 시방 허공 한량 없는 여러 세계에
十方虛空諸世界 亦復如是常說法 또한 다시 이처럼 법을 설하네.

육육육사급여삼 일십일일역부일 아홉차례에 걸쳐 39품을 7곳에서
六六六四及與三 一十一一亦復一 설법하시니 다음과 같다

세주묘엄여래상 보현삼매세계성 세주묘엄 여래현상 세계성취품
世主妙嚴如來相 普賢三昧世界成

화장세계노사나 여래명호사성제 화장세계 비로자나 여래명호품
華藏世界盧舍那 如來名號四聖諦 사성제품

광명각품문명품 정행현수수미정 광명각품 보살문명품 정행품과
光明覺品問明品 淨行賢首須彌頂 현수품 승수미정상품

227
제4장 화엄경 약찬게

수미정상게찬품 보살십주범행품　　수미정상 게찬품과 보살십주품
須彌頂上偈讚品 菩薩十住梵行品　　범행품

발심공덕명법품 불승야마천궁품　　발심공덕품과 명법품 불승야마
發心功德明法品 佛昇夜摩天宮品　　천궁품과

야마천궁게찬품 십행품여무진장　　천궁게찬품 십행품과 무진장품
夜摩天宮偈讚品 十行品與無盡藏

불승도솔천궁품 도솔천궁게찬품　　불승도솔천궁품 도솔천궁게찬품
佛昇兜率天宮品 兜率天宮偈讚品

십회향급십지품 십정십통십인품　　십회향품과 십지품 십정품과 십
十迴向及十地品 十定十通十忍品　　통 십인품

아승지품여수량 보살주처불불사　　아승지품 수량품과 보살주처품
阿僧祇品與壽量 菩薩住處佛不思　　불부사의품

여래십신상해품 여래수호공덕품　　여래십신상해품과 여래수호공
如來十身相海品 如來隨好功德品　　덕품

보현행급여래출 이세간품입법계 普賢行及如來出 離世間品入法界	보현행품과 여래출현 이 세간품 입법계품의 이와 같은 품으로 이 뤄졌으니 이 모든 품
시위십만게송경 삼십구품원만교 是爲十萬偈頌經 三十九品圓滿敎	십만게송 경을 이루고 삼십구품 원만한 가르침되네.
풍송차경신수지 초발심시변정각 諷頌此經信受持 初發心時便正覺	이 경을 읽고 외어 믿어 지니면 첫 마음 낼 때가 곧 깨친 때이니
안좌여시국토해 시명비로자나불 安坐如是國土海 是名毘盧遮那佛	이와 같은 국토바다 편히 앉으면 이 이름이 비로자나 부처님이네.

제2절 약찬게 강좌

1. 제목

화엄경 약찬게   화엄경을 간략하게 모은 게송
華嚴經 略纂偈

대방광불화엄경 용수보살약찬게   대방광불화엄경을 용수보살이
大方廣佛華嚴經 龍樹菩薩略纂偈   찬탄한 게송

1) 대방광불신화엄경론(大方廣佛新華嚴經論, Buddha-avatamsaka-mahavaipulya-sutra)

이 경의 이름은 부처님의 화엄이라고 이름하는 대방광의 경으로 한역하여 『대방광불화엄경』이다. 이 경의 이름 7자를 규봉스님의 문인되는 전오대사가 저술한 『화엄경 관심석』에 보면 다음과 같다. 대(大)자는 마음이란 것이 비록 일체가 아니나 능히 일체가 되는 것이니 대자(大字)가 곧 심체(心體)를 가리킨 것이다. 심체가 갓이 없는

까닭으로 대자를 쓴 것이요, 방(方)자는 마음의 모양인 심상(心相)을 가리킨 것이니 마음이 모든 덕상(德相)을 갖춘 까닭이요, 광(廣)은 마음의 쓰임(用)을 가리킨 것이니 마음이 우주본체에 칭합한 쓰임이 있는 까닭이요, 불(佛)자는 마음의 과(果)를 가리킨 것이니 마음이 해탈한 곳을 불(佛)이라 이름하는 것이요, 화(華)자는 마음의 인(因)을 가리킨 것이니 마음의 행을 꽃에 비유한 것이요, 엄(嚴)자는 마음의 공(功)을 가리켜 마음이 공덕을 지어 꾸미는 것을 엄(嚴)이라 하고, 경(經)자는 마음의 가르침인 교(敎)이니 이름과 말(名言)을 일으켜서 이치를 설명하기 때문에 경이라 한 것이라고 하였다. 이 경은 동진 때에 불타발타라가 번역한 60권 화엄과 측천무후때에 우전국 삼장 실타난타가 번역한 80권 화엄이 있는데 내용은 동일하다. 또 숭복사에서 반야삼장이 입법계품만 번역한 40권 화엄이 있다. 『화엄경』의 구성은 육십화엄이 34장(章)으로 되어 있고, 팔십화엄이 36장(章)으로 되어 있어 팔십화엄에 비하여 육십화엄은 2장이 적다. 이 경은 처음부터 이와 같이 완전하게 결집된 것이 아니고 각 장이 독립된 경으로 따로 성립된 것을 뒤에 집대성한 것이다. 경의 성립은 대략 4세기경으로, 결집된 장소는 중앙아시아로 학자들은 추정하고 있다. 각 장 중에서 가장 오래된 경전은 독립된 경으로 『십지경(十地經)』에 해당하는 십지품(十地品)이며 그 성립한 연대는 1세기에서 2세기경이라고 이야기되고 있다. 산스크리트원전이 남아 있는 부분은 이 십지품과 입법계품이다. 이 경은 부처님께서 성도한 깨달음의 내용을 그대로 표명한 경전이다. 육십화엄에 의하면 일곱 곳에서 여덟 번 집회하고 설한 내용이 34장으로 나뉘어 있다. 첫째 모임은 적멸도량(寂滅道場)이며, 둘째는 보광법당(菩廣法堂)으로 이 모임은 지상에서의 모임이다. 셋째 모임은 도리천에서, 넷째는 야마천궁(夜摩天宮)에서, 다섯째는 도솔천궁에서, 여섯째는 타화자재천궁(他化自在天宮)에서, 이루어졌는데 모두가 천상의 모임이다. 설법이 진행함에 따라서 모임의 자리가 점차로 상승하고 있음을 알 수가 있다. 일곱째 모임은 다시 지상으로 내려와 보광법당에서 이루어졌고, 여덟째도 역시 지상의 서다림(逝多林), 즉 기원정사에서 이루어졌다. 이와 같이 설법의 장소가 점차 상승했다가 다시 지상으로 내려오는 구성은 그 설법의 내용과 부처님의 교화의 뜻을 표징하고 있으며 특히 다시 지상으로 내려와서 귀결하는 구성은 불교의 목적이 지상의 오늘에 있음을 시사하는 것으로 그 구성자체가 깊은 의미를 지닌다. 첫째 모임에서는 부처님께서 마갈타국에 깨달음을 얻은 것으로부터 시작한다. 그 때 부처님께서는 이 경의 교주인 비로자나불과 일체가 되어 있다. 그리하여 수많은 보살들은 한 사람 한 사람 일어나 부처님을 칭찬한다. 둘째 모임에서는 부처님께서는 첫째 모임의 자리를 보광법당의 사자좌로 옮긴다. 이곳에서 문수보살은 네 가지 진리 즉 고집멸도의 사제를 설하고 열 사람의 보살이 각각 열 가지 깊은 법을 설한다. 셋째 모임에서는, 설법의 장소가 천상으로 옮긴다. 이 모임에서는, 십주(十住)의 법이 설해진다. 그리고 넷째 모임에서는 십행(十行)의 법이 설해지고, 다섯째는 십회향(十廻向)이, 여섯째는 십지(十地)의 법이 설해지고 있다. 이 여섯째 모임에서 설해진 십지품은 앞에서도 말한 바와 같이 범어 원전이 전해지고 있는데 경의 이름이 「십지의 지배자라고 이름하는 대승경전(Daśabhumiśvaro nama mahayanasutra)」이다. 이 십지는 보살의 수행을 열 가지 단계로 나누어 단계적으로 설한 것이다. 이 부분은 『화엄경』안에서 극히 중요한 부분이다. 그리고 다시 지상의 모임으로 돌아온 일곱째 모임에서는 지금까지 설한 것을 요약해서 설하고 있으며, 여덟째 모임에서는 입법계품을 설하고 있는데 산스크리트 원전은 Gandavyuha-sutra로 이 경의 약경명(略經名)인 『화엄경』이며, 약경명이 경을 전체적으로 대표하듯이 이 부분은 널리 알려져 있다. 이 품은 선재(善財)라고 하는 소년이 53인의 여러 가지 종류의 사람, 즉 예를 들면 보살과 비구와 비구니와 소년과 소녀와 의사·장자·항해사·신(神)·선인·외도·바라문 등을 만나 도를 구하는 상황이 문학적으로 설해지고 있으며 이러한 구성은 참다운 구도자 앞에는 계급도 종교도 초월해야 함을 시사할 뿐만 아니라 실로 대승정신의 면모를 보여주고 있는 것이다. 이 육십화엄의 주석서로는 중국법장의 「탐현기(探玄記)」와 「공목장(孔目章)」이 있고, 『십지경』에 대해서는 인도 세친의 「십지경론(十地經論)」이 있다. 『화엄경』을 네 개의 과목으로 보면, 첫째 과(果)를 들어 낙(樂)을 전하여 신심을 내게하는 것(擧果權樂生信分)이며, 둘째 인(因)을 닦아 과(果)에 합하게 하여 깨닫는 것(修因契果生解分)이며, 셋째 법(法)을 알아 닦아 나아가 행을 이루는 것(托法進修成行分)이며, 넷째 사람에 의하여 증입하여 덕을 이루는 것(依人證入成德分)으로 되었으며, 이것은 믿고 알아서 닦아 깨쳐간다는 신해행증(信解行證)을 말한다.

2) 용수(龍樹, Nagarjuna)

인도의 대승 불교를 크게 드날린 사람으로 불멸 후 6~7백년경(B.C.2~3세기)의 남인도(혹은 서인도) 승려이다. 나가알라주나(那伽閼剌樹那)라 하고 용맹(龍猛)·용승(龍勝)이라고도 번역한다. 어려서부터 총명하여 일찍 4베다·천문·지리 등 모든 학문에 능통하여 처음에 인생의 향락은 정욕을 만족하는 데 있다 하고, 두 벗과 함께 주색에 빠져 왕궁에 출입하면서 궁녀들을 통하다가 일이 탄로되어 두 사람은 사형되고, 그는 위험을 간신히 면하였다한다. 욕락은 괴로움의 근본이 되는 것을 깨닫고 절에 가서 가비마라에게서 소승 3장(藏)을 배우다가 만족하지 못하여 설산지방으로 가서 늙은 비구를 만나 대승 경전을 구하여 깊은 뜻을 통달하였다. 그는 또 용궁에 들어가 『화엄경』을 가져왔고, 남천축의 철탑(鐵塔)을 열고, 『금강정경』을 얻었다한다. 마명(馬鳴)의 뒤에 출세하여 대승 법문을 성대히 선양하니, 대승불교가 이로부터 발흥하였으므로 후세에서 그를 제2의 석가, 8종의 조

사라 일컬어진다. 저서로는 「대지도론」 100권, 「십주비바사론」 17권, 「중론」 4권, 「십이문론」 1권 등이 있다.

3) 보살(菩薩, Bodhi sattva)

보리살타(菩提薩陀)·보리삭다(菩提索多) 또는 부살(扶薩)이라고도 쓰며, 각유정(覺有情)·도심중생(道心衆生)이라 번역한다. 보살이란 성불하기 위하여 수행에 힘쓰고 있는 이의 총칭인데, 넓은 의미로는 일반으로 대승교법에 귀의한 이를 말한다. 보살은 원래 큰 마음을 내어 불법에 들어와 사홍서원을 발하고 6바라밀을 수행하며 위로 보리를 구하고 아래로 일체중생을 교화하여 3아승지 100겁의 긴 세월 동안 자리이타의 행을 닦으며 51위의 수행계단을 지나 드디어 불과를 증득하는 것이다. 그러나 이것은 교문의 말씀이고 종문 수행에 의하면 사람의 마음을 바로 보면 곧 성품을 봄이라 단번에 부처님께서 되니 도시 이문에서는 이러한 차례를 두지 않는다. 지장보살은 중생을 제도하기 위하여 성불하지 않으므로 이런 보살은 대비천제(大悲闡提)라 한다. 소승에서는 아라한과를 최상의 증과(證果)로 삼고 부처님은 오직 석가모니불과 미래에 성불할 미륵불뿐이라고 하므로 보살은 석가세존 성불전의 호명보살과 앞으로 성불할 미륵보살밖에 없다고 하지만 대승에서는 모두가 성불하는 것을 목적으로 하므로 재가·출가를 막론하고 대승법을 수행하는 이는 모두 보살이라 한다. 보살을 나누기를 재가와 출가, 퇴전(退轉)과 불퇴전 생신(生身-번뇌를 끊지 못함)과 법신(法身-번뇌를 끊고 6신통을 갖춤), 생사육신과 법성생신(法性生身), 대력(大力)과 신발심(新發心), 돈오(頓悟)와 점오(漸悟), 지증(智增)과 비증(悲增)으로 한다.

2. 삼신불께 귀의합니다.

나무화장세계해 비로자나진법신	바다와 같이 다함없는 화장세계의
南無華藏世界海 毘盧遮那眞法身	비로자나 부처님의 참된 법신과

현재설법노사나 석가모니제여래	현재의 법을 설하는 노사나불과
現在說法盧舍那 釋迦牟尼諸如來	석가모니 부처님과 모든 여래께
	지극한 마음으로 귀의하오니
과거현재미래세 시방일체제대성	과거현재 미래세의 시방성인들
過去現在未來世 十方一切諸大聖	

근본화엄전법륜 해인삼매세력고	근본 화엄 법의 바퀴 굴리는 것은
根本華嚴轉法輪 海印三昧勢力故	해인삼매 다함없는 힘 때문이네

1) 나무(南無, namas)

　귀명(歸命)·귀경(歸敬)·귀예(歸禮)·경례(敬禮)·신종(信從)등이라 한역한다. 진심을 담아 부처님이나 삼보(三寶)에 귀순하여 믿음을 바친다는 것을 말한다. 일심일향(一心一向)으로 예배하고 의지하는 것이다. 약자로 나무(南无)라 쓴다.

2) 화장세계(華藏世界)

연화장세계·연화장장엄세계해(蓮華藏莊嚴世界海)의 준말로 화장계라고도 한다. 석가모니불의 진신(眞身)인 비로자나불의 정토이며 가장 밑은 풍륜(風輪), 풍륜 위에 향수해(香水海)가 있고, 향수해 가운데 대연화가 있으며, 이연화 안에 무수한 세계를 포장(包藏)하였다 한다.

3) 비로자나불(毘盧遮那佛, Vairocana)

비로사나(毘盧舍那)·비로절나(鞞嚧折那)라고도 쓰며 변일체처(遍一切處)·광명변조(光明遍照)라고 번역된다. 모든 부처님의 진신(眞身)의 법신불(法身佛)로서 이 부처님은 보통 사람의 육안으로는 볼 수 없는 광명(光明)의 부처이다. 법신은 빛깔이나 형상이 없는 우주의 본체인 진여실상(眞如實相)을 의미하는 것이다. 이 부처님을 신(身)이라고 하였을 망정 평범한 색신(色身)이나 생신(生身)이 아니며, 갖가지 몸이 이것을 근거로 하여 나오게 되는 원천적인 몸을 뜻한다. 그러나 이 부처님을 형상화시킬 때는 천엽연화(千葉蓮華)의 단상에 결가부좌를 하고 앉아, 왼손은 무릎 위에 놓고 오른손은 가볍게 들고 있다. 불상의 화대(華臺) 주위에 피어 있는 천 개의 꽃잎 하나 하나가 100억의 국토를 표현한 것으로서, 이 부처님이 있는 세계의 공덕무량함과 광대장엄함은 헤아릴 길이 없음을 조형화 한 것이다. 또 큰 연화로 이루어져 있는 이 세계 가운데에는 우주의 만물을 모두 간직하고 있다하여 흔히 연화장세계(蓮華藏世界)라고 한다. 이 연화장세계의 교주는 곧 삼천대천세계의 교주이며, 우주 전체를 총괄하는 부처님께서 되는 것이다. 이는 비로자나불이 허공과 같이 끝이 없어서 어느 곳에서나 두루 가득차 있음을 상징적으로 나타낸 것이다.

경전상으로 볼 때 비로자나불은 『화엄경』의 교주이다. 석가모니불을 응신(應身)으로 삼고 있는 비로자나불은 때와 장소 및 사람 등에 따라 가변성을 띠고 그 모습을 나타낸다.

법신불(法身佛)은 비로자나불에게 예배하고 귀의, 순종함으로써 부처님의 지혜 속에서 떠오를 현실계의 상황을 스스로의 눈에도 비치도록 하는 것이다. 그리고 이 비로자나불의 세계로 돌아가는 길은 보살행(菩薩行)을 통해서 가능해진다. 이는 형체가 없는 비로자나불이 보살들의 사회적 실천에 의해서 형체 있는 것으로 화현하는 과정을 의미하는 것이며, 최고의 깨달음으로 향하는 보살행이 깨달음 그 자체인 비로자나불에게로 돌아가는 길인 것이다.

우리 나라 사원에서 이 비로자나불을 봉안하고 있는 전각으로 대적광전(大寂光殿) 또는 대광명전(大光明殿)이라고 한다. 이러한 전각의 명칭이 붙여질 경우에도 보통 비로자나불을 중심으로 좌우에 노사나불(盧舍那佛)과 석가모니불을 봉안하게 된다. 또 비로전(毘盧殿) 또는 화엄전(華嚴殿)이라 할 때에는 보통 비로자나불만을 봉안하는 것을 상례로 삼고 있다. 법당안의 비로자나불상은 보통 지권인(智拳印)을 하고 결가부좌한 자세로 앉아 있다. 그러나 고려 말기부터는 이 지권인이 변형되어 왼손을 오른손으로 감싼 모습으로 표현하는 경우가 많았다. 또 이 비로자나불상 뒤에는 비로자나후불탱화가 봉안되는데, 이 곳에는 보통 화엄경의 설법장면이 많이 묘사된다.

4) 법신(法身)

불생불멸하는 절대의 이법(理法), 진여를 체(體)로 하고 있는 부처로 삼신(三身) 즉 법신(法身)·보신(報身)·화신(化身)중의 하나이다.

법불(法佛)·법신불(法身佛)·자성신(自性身)·법성신(法性身)·보불(寶佛)등이라 한다. 설일체유부(說一切有部)에서는 부처님이 설한 정법(正法), 혹은 십력(十力)등의 공덕법(功德法)에 이름 붙인다. 법(法)의 모임이라고도 하며 대승에서는 궁극, 절대의 존재에 이름 붙이고, 일체의 존재는 그것이 나타남이라 설하였다. 진리를 신체(身體)로 하고 있는 것의 뜻이며 진리 그 자체, 영원의 이법(理法)으로서의 부처님, 본체로서의 신체, 그것은 순수하고 차별상(差別相)이 없는 것이다. 그것은 공(空)과 똑같은 것이다. 부처님의 삼신(三身)의 하나로 부처님의 우주신(宇宙神)이며 색도 형태도 없는 진실 그 자체의 체(體)이고 모든 것의 근본이다. 영원불변의 진실의 모습 그 자체이기도 하다.

5) 노사나불(盧舍那佛)

비로자나불(毘盧舍那佛)의 약어로 노사나불(盧遮那佛)이라고도 쓴다. 보이지 않는 법신불에 비하여 형태를 취하여 한량이 없는 원(願)과 행(行)의 과보를 나타내는 만덕이 원만한 불신(佛身)을 말한다. 화엄종(華嚴宗)의 본존으로 연화장 세계의 교주이시다. 해경십불(解境十佛)·행경십불(行境十佛)을 갖춘 불신(佛身)이시다. 천태종(天台宗)에서는 비로자나불(毘盧舍那佛)을 법신(法身), 석가를 응신(應身)으로 하는 것에 대하여 노사나불(盧舍那佛)은 천엽대상(千葉台上)의 보신(報身)으로 한다.

6) 석가모니(釋迦牟尼, Sākya-muni)

샤카족 출신의 성자라는 뜻으로 석가모니세존(釋迦牟尼世尊)·석존(釋尊)이라고도 한다. 불교의 개조(開祖)인 고타마 붓다로써 인도 가비라의 성주인 정반왕의 태자로 B.C. 623년 룸비니 동산 무우수(無憂樹)아래서 탄생하였으며, 출생하면서 사방으로 일곱보씩 걸으면서 "천상천하유아독존[2]"이라고 외쳤다고 한다. 탄생한지 7일만에 어머니 마야를 잃고, 이모인 파자파티(波闍波堤)에게

---

2) 천상천하유아독존(天上天下唯我獨尊) : 석존이 태어나자 마자 사방으로 일곱걸음걷고, 오른손을 들어서 외쳤다고 전해지는 시구, 탄생게(誕生偈)라고도 한다. '나는 세계속에서 가장 뛰어난 사람이다' 라는 뜻이다. 현대의 불교인은 인간성의 존엄을 나타낸 것이라고 해석한다.

양육되었다. 어릴 때 이름은 싯달타(悉達多)로서 자라면서 과학 문학의 대요(大要)와 4베다(吠陀)를 배우며 무예도 연마하여 숙달하였다. 선각왕의 딸 야소다라와 결혼하여 아들 라훌라를 낳았으며, 보고 출가할 뜻을 내어 하루 밤에 왕성을 넘어서 동방의 람마성(藍魔城) 밖 숲 속에서 속복을 벗어버리고 출가하였다. 남방으로 비야리, 마갈타를 지나다니면서 발가바(跋伽婆)·아람가람(阿藍伽藍)·울다라(鬱陀羅)등의 선인(仙人)을 만나 6년동안 고행을 한 끝에 금욕만으로는 아무 이익이 없음을 알고, 불타가야의 보리수나무 아래 단정히 앉아 사유(思惟)하여 마침내 크게 깨달아 불타가 되었다. 그때 나이는 35세였으며, 이로부터 깨달은 교법을 널리 퍼뜨리려고 먼저 녹야원에 가서 아야교진여 등 5인을 교화하고, 다음에 가섭, 사리불, 목건련 등을 제도하여 교단(教團)을 조직하였다.

북방의 구시나가라성 밖 발제하 언덕 사라쌍수 아래 누워 최후의 교계(教誡)를 마치고 45년 동안의 전도 생활을 마치고 열반에 드셨다. 이때가 B.C. 544년 2월 15일이다.

7) 여래(如來, Tathāgata)

여래는 수행을 완성한 사람으로 인격완성자, 완전한 사람, 향상에 전념한 사람, 향상하여 오는 사람, 진리의 체현자이다. 진리에서 오고 진여(眞如)에서 나타나신다는 뜻이니 바로 부처님을 가리킨다. 불교뿐만 아니라 당시 인도의 일반 모든 종교에서 널리 사용되었던 호칭이다.

부처님께서 '여래'라고 불리시는 까닭은 진실의 본성을 진여라고 부르니 따라서 바로 여(如)라는 것은 진실의 본성을 말한다. 진실의 본성이 이것이 여(如)라고 불리는 까닭은, 그 밝음이 바로 무량세계를 비추고서 덮어지는 바가 없으며, 지혜는 바로 무량겁의 일들에 다 통하여서 장애되어짐이 없고 능히 변하여 나타나서 일체 중생을 위해 할 수가 없는 바가 없기 때문이다. 이것이 참으로 능히 스스로 그대로인(如)자다. 그것이 래(來)라고 불린 까닭은, 진실의 본성이 능히 따르는 곳(모든 곳)에 와서 나타나기 때문이다. 고로 이것을 여래라고 부른다. 진여는 원래 가고 옴이 없으니 이것을 온다(來)고 말한 것은 아마도 이른바 여기에 응현(應現, 중생에게 감응하여 나투시는 일) 하신다는 것을 온다(來)라고 하였을 것이다.

만일 사람이 지성으로 기도하고 고하여 올리면 바로 감응이 있으며, 만일 일체중생을 위하여 응화(應化)를 베푼다면 바로 색신이 나타나시니 이 모두가 다 그것이 온다(來)는 것이다. 이것이 부처님을 여래(如來)라 부르는 까닭인 것이다. 그러나 바로 여여(如如)라고 말하는 것은 곧 진실의 본성의 본체(本體)다. 온다(來)라고 말한 것은 바로 그 진성(眞性)의 두 글자와 겸하여 부처님의 체와 용(用)을 말한 것이며, 이 경에서 항상 여래(如來)라고 말하는 까닭인 것이다.

부처님에게는 열 가지 별명이 있는데 여래십호(如來十號)라고 한다. 즉 여래(如來)·응공[3]·정변지[4]·명행족[5]·선서[6]·세간해[7]·무상사조어장부(無上士調御丈夫)·세간해[8]·불(佛)·세존[9]이다.

---

3) 응공(應供) : 아라한(arhat)과 같다. 가치 있는 사람, 존경해야 하는 사람, 세상의 공양·존경을 받을 가치가 있는 사람, 타인으로부터의 공양에 상응(相應)하는 자, 모든 불결함을 끊고 다른 사람의 공양을 받을 자격을 가진 사람을 가리킨다. 자이나교 등에서도 최상의 인격자를 말한다.

4) 정변지(正遍智) : 올바르고 보편적인 지혜가 있는 사람, 깨달음을 연 사람이란 뜻으로 부처를 말한다. 정변지(正遍知)·정등각(正等覺)과 같다. 부처님의 10호 중의 하나이다.

5) 명행족(明行足) : 지(知)와 행(行)이 완전한 자이다. 부처님의 십호(十號)의 하나이며 원래 자이나교 등에서 수행완성자를 이같이 불렀던 것이 불교에 도입되었다.

8) 시방(十方, daśa-dis)

열가지 방향(十方向)의 뜻으로 동·서·남·북의 4방(四方)과 동남·서남·서북·동북의 4유(四維)와 상·하의 10가지이다. 대승불교에서는 시방의 무수한 세계에 부처님이 계시다 하여 시방에 있는 정토를 시방정토·시방불찰·시방불토라 하는데 여기 행원품에도 많이 보인다. 참고로 오방과 팔방은 다음과 같다.

① **오방**(五方) : 동(東)·서(西)·남(南)·북(北)·중앙을 말한다.

② **팔방**(八方) : 사방과 사우(四隅)를 가리키며 곧 동·서·남·북·북동·남동·남동·북서·남서의 여덟방위를 나타낸다. 또 건(乾)·곤(坤)·감(坎)·간(艮)·진(震)·손(巽)·이(離)·태(兌)의 여덟방향을 나타낸다.

---

6) 선서(善逝, sugata) : 부처님의 열 가지 명호 중의 하나.잘 가신 분이라는 의미이다.사바세계에서 진리의 세계로 잘 가신 분이다.모든 중생의 갈 길을 명확하게 밝히신 분이다.
7) 세간해(世間解) : 부처님께서는 모든 세간의 온갖 일을 모두 알고 계신다. 즉 세상의 모든 어려움을 걱정하고 고민해 주시는 분이다.
8) 세간해(世間解) : 천인교사(天人敎師)라고도 한다.인간과 하늘나라 사람들의 스승이다. 그들을 무한한 행복, 영원한 광명으로 인도하는 육도 중생의 교사와 같은 분이다.
9) 세존(世尊, bhagavat) : '세간의 존중받는 이' 라는 존칭이다.

9) 일체(一切, sarva)

온갖 것, 모든 것, 온통의 뜻으로 만물의 전체를 말한다. 사물의 전체를 말할 때의 일체(金分의 一切)와 제한된 범위의 전부를 말하는 일체(少分의 一切)가 있다.

10) 근본법륜(根本法倫)

근본적인 가르침의 뜻이라는 말로 『화엄경』에 설해진 일승교(一乘敎)를 말한다. 삼론종(三論宗)의 길장(吉藏) 등의 입장이다. 또한 부처님의 깨달음 그대로를 꺼내어 보살에게 가르친다.

11) 법륜(法倫)

불가사의한 교법의 수레라는 뜻인데, 부처님의 이대교설 전체를 말하는 것으로 부처님의 설법을 전륜성왕(轉輪聖王)이 가지는 윤보(輪寶)를 굴리는 데에 비한 것이다. 그것은 부처님의 설법이 능히 모든 중생의 번뇌 망상을 뿌수며 한사람이나 한곳에 머물지 않고 어느 곳에나 어느 중생에나 고루 차례차례 교화하기 때문이다.

12) 해인삼매(海印三昧)

 해인정(海印定)이라고도 하고, 부처님의 『화엄경』을 설할 때에 들었던 삼매(三昧)이다. 일체의 것(과거·현재·미래를 통한)이 마음속에 나타난다고 한다. 인(印)은 베끼는 것을 의미하며 대양(大洋)에 모든 사물이 골고루 깊게 배어 나오게 되는(듯한) 마음의 고요함을 나타내며 화엄(華嚴)사상에서는 모든 것이 이것에 의해 나타나고 있다고 한다.

13) 삼매(三昧, samādhi)

 3마지(摩地)·3마제(摩提)라고도 하며 정(定)·정수(定受)·등지(等地)등이라고 한역한다. 마음이 조용히 통일되어 안락하게 되어 있는 상태로서 어떤 것에 마음을 집중시킴으로서 마음이 안정된 상태에 들어가는 것을 말한다. 선정(禪定)과 동의어로서 「대지도론」에 '一切禪定, 亦名定, 亦名三昧'라고 한다. 마음을 한 곳으로 정하여 움직이지 않기 때문에 정(定), 바르게 소관(所觀)의 일을 받기 때문에 수(受), 평등한 마음을 유지하기 때문에 등지(等持), 제불·제보살이 유정계(有情界)에 들어가서 평등하게 그것을 지키고 생각하기 때문에 등념(等念), 정중(定中)에 법락(法樂)을 나타내므로 현법락주(現法樂住), 마음으로 난폭함을 조절하고 마음이 구부러진 곳을 바르게 하며 마음이 흩어진 것을 안정시키기 때문에 조직정(調直定), 마음의 움직임을 바르게 하고 법으로 합일시키는 의처(依處)가 되므로 정심행처(正心行處), 사려(思慮)를 멈추고 마음의 생각을 응결시키기 때문에 사려의심(思慮疑心)이라 한다.

3. 화엄회상의 여러 대중들

보현보살제대중 집금강신신중신 보현보살 큰 성인의 여러 대중인
普賢菩薩諸大衆 執金剛神身衆神 집금강신 신중신과

족행신중도량신 주성신중주지신 족행신 무리 도량신과 성의 신과
足行神衆道場神 主城神衆主地神 땅의 여러 신

주산신중주림신 주약신중주가신 산의 신과 숲의 신과 약의 신 무
主山神衆主林神 主藥神衆主稼神 리 곡식신과

주하신중주해신 주수신중주화신 냇물신과 바다의 신들 물의 신과
主河神衆主海神 主水神衆主火神 불의 신과

주풍신중주공신 주방신중주야신 바람의 신들 허공신과 방위신과
主風神衆主空神 主方神衆主夜神 밤의 여러 신

주주신중아수라 가루라왕긴나라 낮의 신과 아수라와 가루라왕과
主晝神衆阿修羅 迦樓羅王緊那羅 긴나라와

마후라가야차왕 제대용왕구반다   마후라가 야차신의 왕 여러 용왕
摩睺羅伽夜叉王 諸大龍王鳩槃茶   구반다와

건달바왕월천자 일천자중도리천   건달바왕 월천자와 일천자 도리
乾闥婆王月天子 日天子衆忉利天   천 무리

야마천왕도솔천 화락천왕타화천   야마천왕 도솔천 화락천왕과
夜摩天王兜率天 化樂天王他化天

대범천왕광음천 변정천왕광과천   타화천과 대범천왕 광음천 변정
大梵天王光音天 遍淨天王廣果天   천과 광과천과

대자재왕불가설 보현문수대보살   대자재왕들 이루 다 말할 수가 전
大自在王不可說 普賢文殊大菩薩   혀 없으며 보현 문수 큰 보살과

법혜공덕금강당 금강장급금강혜   법혜 공덕과 금강당과 금강장과
法慧功德金剛幢 金剛藏及金剛慧   금강혜보살

광염당급수미당 대덕성문사리자   광염당과 수미당과 성문 사리자
光焰幢及須彌幢 大德聲聞舍利子

| 급여비구해각등 우바새장우바이 | 비구 해각 등과 우바새와 우바이 |
| 及與比丘海覺等 優婆塞長優婆夷 | |

| 선재동자동남녀 기수무량불가설 | 선재동자 함께 한 동남동녀들 그 |
| 善財童子童男女 其數無量不可說 | 숫자 한량 없어 말할 수 없네. |

1) 보현보살(普賢菩薩, Samantabhadra)

 문수보살과 나란히 석가불의 협시(協侍)로서 부처님의 이(理)·정(定)·행(行)의 덕을 담당한다. 육아(肉芽)의 흰 코끼리를 타는 것으로 유명하다.

 보현행원품은 보현보살이 설한 것이다. 그러므로 보현보살의 덕상에 대하여 약간의 설명을 가하고자 한다.

보현신상여허공(普賢身相如虛空)
의진이주비국토(依眞而住非國土)
수제중생심소욕(隨諸衆生心所欲)
시현보신등일체(示現普身等一切)

이 찬게는 보현보살의 몸과, 보현보살이 머물고 있는 곳과, 보현보살의 행을 잘 말해 준다. 보현보살의 몸모양은 형상으로 파악할 수 없는 것이다. 보현보살은 바로 비로자나불의 원만한 원과 완전한 덕을 함께 갖추고 있으므로 육체적 물질적 내지 감각적 이해의 대상이 되는 현상으로서 보현보살을 보거나 측량할 수는 없는 것이다. 보현보살은 그 체성이 법계(法系) 자체인 것이다. 그는 서방국토니 동방국토니 하는 한계적 국토에 머물러 있는 것이 아니고 일진법계(一眞法界)에 진리 자체로서 스스로 머문다. 이와 같이 볼 때 보현보살의 덕과 그 행이 말할 수 없고 생각할 수 없는 법계의 현전(現前)임을 알 수 있다. 그러므로 보현세계를 무어라고 말할 수 없는 것이다. 다만 부득이하여 억지로 법계니 일진법계니 해보는 것이다.

 보현의 실상이 이러하므로 보현에게는 따로 버려야 할 중생도 타파해야 할 미혹도, 벗어나야 할 번뇌도 그에게는 없다. 실로 보현에게서는 그 일체가 보현이 진법계(盡法界)인 것이다.『관보현보살행법경(觀普賢菩薩行法經)』에는 "보살심을 일으켜서 대승을 수행하고 무상보리심을 잃지 않으며 또한 번뇌를 끊지 않고 다시 오욕을 여의지 않고 육근(六根)이 청정하여 모든 죄를 없이하며, 부모가 낳아 주신 이 몸으로 오욕(五慾)을 끊지 않고 모든 경계 밖의 일을 보면 마땅히 보현을 보라."고 말씀하고 있는 것을 본다.

보현은 바로 이것이 실상(實相)이니 그 앞에는 일체 망상과 업장이 설 수 없는 것이다. 보현보살은 이와 같이 무구청정의 대행을 펴서 중생을 고루 제도하신다.

보현(普賢)이라 하는 것은 그 뜻이 여기에서 연유한 것이다. 보현보살은 그 행 하나 하나가 법계에 맞으며 두루 일체에 조화한다. 그의 체성이 두루하지 않은 곳이 없으므로 보(普)라고 하는 것이며 그가 갖춘 항하사공덕은 말도 생각도 미칠 수 없지만 인연따라 일체처 일체사에서 완전무결한 덕성을 실현하므로 이를 현(賢)이라고 하는 것이다.

부처님의 덕성과 공덕을 성취하며 그 국토를 장엄하는 것은 이와 같은 보현에 있어 마지막이라 하는 것이며, 우리들은 보현행원을 배움으로써 이와 같은 보현과 더불어 하나임을 깨닫게 되어야 할 것이다.

2) 집금강신(執金剛身)

금강수(金剛手)・야차(夜叉)・지금강(持金剛)・금강역사(金剛力士)라고도 하며 불가파괴의 무기인 금강저(金剛杵)를 가진 신이다. 부처님의 곁에서 언제나 호위의 임무를 맡으며, 비범한 자가 있으면 금강저[10]를 휘둘러 이를 무찌른다. 인왕존(仁王尊)은 이 집금강신(執金剛身)의 상(像)이며, 본존(本尊)의 수호자(守護者)로 되어 있다. 밀교(密敎)에 있어서는 부처님의 신(身)・구(口)・의(意)의 삼밀(三密)의 위신력을 상징하는 것으로 되어 있다.

- 도량신(道場神) : 도량(道場)의 수호신이다.

- 주방신(主方神) : 방위를 담당하는 신으로 사방(四方), 사유(四維)에는 각각 신이 지배하고 있다고 생각하였다.

- 주야신(主夜神) : 밤을 담당하는 신이다.

---

10) 금강저(金剛杵) : 고대인도의 무기. 불교에서는 번뇌를 부수는 보리심을 상징하며 불법의 위엄과 지혜의 견고함을 나타내는 법구(法具)이다.

3) 아수라(阿修羅, Asura)

아소라(阿素羅)라고도 쓰고 또한 줄여서 수라(修羅)라고도 한다. 비천(非天)·부단정(不端正)이라 번역한다. 육도(六道) 중의 하나이며 팔부중의 하나에 속한다. 인도 고대에는 전투를 일삼는 한 무리의 신이 있다고 보았는데 이것이 아수라다. 자주 제석천과 다퉜다고 한다. 지금의 '아수라'이니 '아수라판'이니 하는 말은 여기에서 연유한 것이다. 그렇다고 아수라가 아주 호전적인 악신만은 아니다. 그 중에는 발심하여 부처님 설법을 듣고 불법을 옹호하는 선신도 있는 것이다. 이것이 팔부에 속하는 아수라다.

4) 가루라(迦樓羅, garuda)

가류라(迦留羅)·갈로다(揭路茶)라고도 쓴다. 금시조(金翅鳥) 또는 묘시조(妙翅鳥)라 번역된다. 조류(鳥類)의 왕이라 하며 독수리같이 날쌔고 용맹하여 바다의 용을 잡아먹고 산다고 한다. 팔부중(八部衆)의 하나로 꼽힌다.

5) 긴나라(緊那羅, Kimnara)

긴타라(緊陀羅)·긴나락(緊나洛)이라고도 쓴다. 번역하여 의인(疑人)·인비인(人非人)·의신(疑神)이라고 하고 가신(歌神)·음악천(音樂天)·가악신(歌樂神)이라고도 한다. 가영가무(歌詠歌舞)의 신(神)으로 팔부중(八部衆)의 하나인데 그 생김새는 사람인지 짐승인지 또는 새인지 일정하지 않다. 노래하고 춤추는 괴물로서 혹은 사람머리에 새의 몸을 하고 또 말머리에 사람 몸을 하는 등 일정하지 않다.

> • 마후라가(摩睺羅伽, Mahoraga)
> 막호락(莫呼洛)·모호락(牟呼洛)이라 쓰기도 한다. 대망신(大蟒神)·대복행(大腹行)이라 번역하며, 몸은 사람과 같고 머리는 뱀의 머리를 한 악신(樂神)이라 한다. 팔부중(八部衆)의 하나이다.

6) 야차왕(夜叉王, yaksa)

야차(夜叉)의 왕으로 약차(藥茶)·야걸차(夜乞叉)등이라고도 하고 첩질귀(捷疾鬼)·용건(勇健)·능담(能噉) 등

으로 불리운다. 북방에 사는 쿠베라신(沙門天과 동일시
된다)의 부하라고 생각되는 반신(半神)으로 원래는 무엇
인가 신성한 영적 존재, 초자연적 존재를 의미했던 것 같
다. 기원전 야카의 조상(彫像)의 안면은 단려(端麗)하고,
밝은 표정으로 가득차서 조금도 괴기이양(怪奇異樣)한
모습이나 무서운 모습을 나타내고 있지 않다. 불교에 수
용되어 팔부중(八部衆)의 하나로 여겨지고, 비사문천(毘
沙門天)의 권속으로서 북방을 수호한다고 생각되었다.
또한, 나찰(羅刹)과 함께 팔부귀중(八部鬼衆)의 하나로
여겨져 사람을 상해하여 먹는 악귀라고 여긴다. 식인귀
(食人鬼) 또는 포악한 귀신이라 한다. 그러나, 다른 한편
에서는 오히려 사람에게 은혜를 베푸는 예도 서정시 등
에 발견된다. 야차(野次)는 악인을 먹지만 선인을 먹지
않으며, 오히려 선인을 수호한다고 생각되기 때문이다.

7) 용왕(龍王, Nāga)

불법을 수호하는 제신의 하나다. 용에는 난타(難
陀, Nanda)용왕 · 발난타(跋難陀, Upananda)용왕 · 사가
라(娑伽羅, Sagara)용왕 · 화수길(和修吉, Vasuki)용왕 ·

덕차가(德叉迦, Taksaka)용왕 · 아욕달(阿耨達, Anavatapta)용왕 · 마나사(摩那斯, Manasvin)용왕 · 우발라(優鉢羅, Utpalaka)용왕의 팔(八) 용왕이 있는데 이를 팔(八)대용왕이라 한다. 그중 사가라용왕은 우청(雨晴)본존이라 하며 법화경에는 이 용왕의 딸이 팔(八)세에 성불수기를 받는 것이 보인다. 용왕이 사는 궁전을 용궁이라 하며 불법이 행하여지지 않는 때에는 용왕이 그곳에다 경전을 호지한다고 한다.

8) 구반다(鳩槃茶, kumbhanda)

귀신의 일종으로 항아리와 같은 모양의 고환(睾丸)을 갖는다는 뜻이다. 일종의 악귀의 무리로 힌두신화에서는 루도라신의 지배하에 있다. 불교에서는 증장천왕(增長天王)의 소유로 되어 있다. 사람의 정기(精氣)를 먹는다고 한다. 또한 사천왕이 거느리는 8부족의 하나로 증장천(增長天)의 권속(眷屬)으로 사람의 정기를 먹는 귀신을 말한다.

9) 건달바(乾闥婆, gandhrva)

식향(食香)·심향(尋香)·심향행(尋香行) 등으로 번역된다. 제석천(帝釋天)의 음악을 맡은 신으로 술과 고기를 먹지 않고 향기만 먹는다고 한다. 팔부 중의 하나로서 항상 부처님 설법하는 데에 나타나 정법을 찬탄하고 불법을 수호하였다. 또한 사람이 죽어서 새로운 육체를 받기까지의 영혼신(靈魂身) 즉 이른바 중음신(中陰身)의 이칭(異稱)이기도 한데, 중음신은 향기를 찾아서 가고 머물고 향기를 먹고살므로 그렇게 불리운다.

10) 월천자(月天子)

월궁천자(月宮天子)·명월천자(明月天子)·월신(月神)·월천(月天)이라고도 한다. 또 소마(蘇摩) 술과 같은 것으로써, 소마신(蘇摩提)이라는 다른 이름이 있고, 또는 성숙왕(星宿王)이라고도 한다. 불교에 들어와서 십이천(十二天)의 하나로 월궁전(月宮殿)에 살고, 월륜(月輪)과 반월형(半月形)을 유지하고 있다. 사천왕에 딸려서 달을 차지하여 4천하를 비추며 많은 천녀(天女)를 데리고 5욕락을 즐긴다고 한다. 수명은 5백세이다.

- 일천자(日天子, Surya)

  태양의 궁전에 있고 사천왕(四天王)에 속하며 제석(帝釋)의 내신(內臣)이며 혹은 관음·대일의 변화신(變化身)이라고도 한다.

11) 도리천(忉利天)

33천(三十三天)이라 하며 욕계의 6천(六天)중 두 번째이다. 수미산 정상에 있고, 제석천(帝釋天, 인드라신)은 여기에 산다. 사방에 봉우리가 있고 봉우리마다 8천이 있어 32천, 제석천과 함께 33천이 되며 일찍이 베다 성전에 있던 천(天)·공(空)·지(地)의 삼계에 걸쳐 33신(三十三神)이 있다고 생각되었다.

12) 야마천(夜摩天, Yamāḥ)

육욕천의 제3으로, 이 야마천부터는 앞의 2천이 지거천(地居天)임에 반하여 공중에 위치하고 있기 때문에 공거천(空居天)이라고 한다. 시기(時分)를 알아 오욕[11]의 즐

---

[11] 오욕(五慾) : 인간의 다섯 가지 근본욕망으로 재욕(財欲)·색욕(色欲)·식욕(食欲)·수면욕(睡眠欲)·명예욕(名譽欲)이다.

거움을 받는다. 그 하루 밤낮은 인간 세계의 200년에 해당하며, 2천세의 수명을 유지한다고 한다. 도리천보다 수승한 하늘로서 남녀가 음양을 이룰 때에는 서로 가까이만 해도 되며 처음 태어났을 때는 인간의 3~4세와 같다고 한다.

13) 도솔천(兜率天)

지족천(知足天), 희족천(喜足天), 묘족천(妙足天)이라고 번역하기도 한다. 이곳에서는 자기가 받는 5욕락에 스스로 만족한 마음을 내 안정되어 있다고 한다. 이곳에선 남녀가 서로 손을 잡는 것으로도 음양을 이룬다고 하는데 처음 태어났을 때는 인간의 4~5세와 같다고 한다. 그리고 이곳엔 내외의 2원(二院)이 있는데 외원은 천인들의 욕락처가 되고 내원은 미륵보살의 정토(淨土)로서 미륵보살은 이 곳에 있으면서 남염부주(南閻浮州)에 하강하여 성불할 때를 기다리고 있다고 한다. 석가모니 부처님께서도 이 세상에 오시기 전에는 도솔천 내원궁에서 호명보살로서 천인들을 교화하고 계시었다고 한다. 이곳의 천인(天人)의 수명은 사천년, 그 하룻밤낮이 인간계의 사백년에 해당한다고 한다.

14) 화락천(化樂天, Nirmanarati)

니마라(尼摩羅)·수열밀타(須涅密陀)·수밀타(須密陀)라 하고, 화자재천(化自在天)·화자락천(化自樂天)·낙변화천(樂變化天)이라고도 한다. 6욕천의 1이며 이 하늘에 나면, 자기의 대경(對境)을 변화하여 오락(娛樂)의 경계로 삼게되므로 이렇게 이름한다. 도솔천의 위, 타화자재천의 아래에 있으며, 이 천인들의 키는 2리반, 몸에서 항상 광명을 놓으며, 수명은 8천세, 인간의 8백세가 이 하늘의 1일 1야라 하며 또 서로 마주보고 웃으면 성교(性交)의 목적이 이루어지며, 아이는 남녀의 무릎 위에서 화생(化生)하고, 그 크기는 인간의 12세쯤되는 아이만하다 한다. 육욕천이라고도 한다.

15) 타화자재천(他化自在天)

타화천(他化天)·제육천(第六天)이라고도 하고 육욕천(六欲天)의 제 6번째이다. 이 하늘에 태어난 것은 다른 하늘이 화작(化作)한 욕경(欲境 : 욕망의 대상)을 자재(自在)로 수용하여 즐거움을 받는다고 하며 욕계천(浴界天)의 최고의 장소이다. 이 하늘은 남의 즐거운 일들을 자유롭게 자기의 락(樂)으로 삼기 때문에 이렇게 이름한다. 이곳에선 잠시 바라만 보아도 음양을 이룬다고 하며 처음 태어났을 때는 인간의 6~7세와 같다고 한다. 욕계(欲界)는 이 타화자재천에서 끝난다. 그리고 경에 의하면 남녀의 구별이 있는 것도 혼인하는 일이 있는 것도 여기까지라고 한다. 이 이상의 하늘엔 남녀의 구별도 없다고 하니 혼인하는 일도 있을 수 없다.

16) 대범천(大梵天)

색계(色界) 17천의 하나로, 초선천(初禪天)의 제3이다. 대범천왕의 거처를 말하며 Maha-brahman 색계의 제일의 정려처[12]에 있는 하늘을 나타낸다. 사바세계의 주인이 되고 깊게 불법에 귀의하여 부처님이 세상에 오실 때마다 반드시 맨 처음에 와서 불법을 청하고 또 백불(白拂)을 가지고 항상 제석천과 함께 부처님의 좌우에서 모

---
12) 정려처(靜慮處) : 색계(色界)에서 선정(禪定)을 닦는 장소이다.

신다 한다.

17) 대범천왕(大梵天王)

대범천은 초선천(初禪天)의 왕이므로 대범천왕이라 한다. 또는 범왕이라하고 색계 초선천중의 화려한 보배 누각에 있으면서 사바세계를 차지한 천왕으로 키는 1유순반이며 수명은 1겁반이라 한다.

18) 광음천(光音天)

극광정천(極光淨天) · 광요천(光曜天)이라고도 한다. 광(光)을 말(음성)이라고 하는 의미로 이 천(天)이 말할 때 입으로부터 맑은 빛을 내어, 그 빛이 말이 된다고 일컬어진다. 색계제이선(色界第二禪), 제삼위(第三位)에 머무르는 천(天)이며 더할 나위 없이 즐거운 천국이다.

19) 변정천(遍淨天)

하늘의 신(神)들의 일종으로 색계(色界)의 제3의 정려처(靜慮處)에 있는 하늘을 말한다. 삼선천[13]의 하나로 맑고 깨끗하며 즐거움이 가득 차 있다고 한다.

20) 광과천(廣果天)

색계(色界)의 제4선천(禪天)의 8천(天)중의 제3천(天)의 이름으로 복생천(福生天)의 위, 무번천(無煩天)의 아래에 있는 하늘로 제4선천 중에서 범부가 사는 하늘 중에서 가장 좋은 곳이다. 이 하늘 사람의 키는 5백유순이며 수명은 3겁이라 한다.

21) 대자재왕보살(大自在王菩薩)

25보살의 하나이며 이 보살은 팔정도(八正道)를 보이는 권화신(權化身)을 나타내며 8번(幡) 대보살이 되어 괴로움을 받는 중생을 구제한다고 한다.

---

13) 삼선천(三禪天) : 중생이 생사에 유전하는 세계 중 색계사천(色界四天)의 세 번째 하늘.

22) 금강당보살(金剛幢普薩)

금강계 37존 가운데 16대보살의 한 분으로 보생여래(寶生如來)의 우측에 있다. 밀호(密號)는 원만금강(圓滿金剛)·만원금강(滿願金剛)·종종금강(種種金剛)이라 하며 허공기보살(虛空旗菩薩)·선리중생(善利衆生)·금강번(金剛幡)·금강광(金剛光)·금강보장(金剛寶杖) 등으로 불리운다.

23) 금강장(金剛杖)

본질에 있어서 견고하게 변하지 않는 지식을 감추는 것을 말하며 금강(金剛)의 그것이라고 한다. 또한 도달하는 곳에서 금강보(金剛寶)를 발견한 평등성지(平等性智)를 본래 감추는 것을 의미하기도 한다. 또 다른 해석으로 『처태경(處胎經)』에서 말하는 8장(藏)의 하나로 부처님이 설한 등각(等覺)의 보살이 수행하고, 깨닫는 것을 말한다. 그리고 금강장보살(金剛藏菩薩)의 준말로 밀교(密敎)에 있어서 보살명을 일컫기도 한다.

24) 금강혜(金剛慧)

실상의 이치에 도달하여 여러 사상(事象)을 비추는 지혜를 말한다.

25) 대덕(大德)

덕이 있는 사람이란 뜻으로, 덕행이 있는 자의 의미이며 장으로·부처님·보살·고승 등에 대한 경칭이다. bhadanta 즉 수행자에 대한 호칭이며 소년인 수행승은 연장자인 수행승에 대해 '대덕이시여'라고 부르지 않으면 안 된다는 규정이 있다. 석존에 대해 세속인이 부를 때에 사용하는 말로 중국에서는 수나라·당나라 시대에 경전 번역에 종사하는 자를 특히 대덕이라고 부르고 또 비구와 비구니를 통솔하는 관직명, 즉 승관[14]의 하나로서 사용되었다. 또한 승려에 대한 경칭으로 쓰인다.

---

14) 승관(僧官) : 전국의 승니를 통령하여 가르침의 수호를 임무로 하는 관직으로 중국에서 후진의 요흥이 승니를 관장하기 위해 승략(僧䂮)을 승정에게 맡기고, 또 후왜의 도무제(道武帝)가 법과(法果)를 사문통(沙門統)에게 맡긴 것을 승관의 시초로 한다. 한국·일본에서도 이것을 본따 승강의 관직을 설치하여 승니에 관한 모든 사무를 관장시켰다.

26) 성문(聲聞)

부처님께서 설하신 진리의 말씀을 듣고 깨달음을 얻은 소승불교의 성자를 말한다. 후대에 이르러서는 불교교단(敎團)을 구성하고 있는 출가 수행승만을 말하게 되었다.

27) 사리자(舍利子)

부처님의 제자 가운데 지혜가 제일로서, 경전에서 흔히 부처님이 설법의 상대자로 사리불(舍利弗)이라고 호칭되는 분이다. 사리불다라(舍利弗多羅)·사리보달라(舍利補怛羅)라 음역하며, 사리자(舍利子)·추로자(鶖鷺子)·신자(身子)라 번역한다. 또 아버지가 실사(室沙)이기 때문에 별명을 우바실사(優婆室沙)라고도 하며, 마갈타국 왕사성 북쪽나라(那羅)촌에서 태어나 이웃의 목건련과 함께 외도인 산자야 벨라따뿟타(Sañjaya Belaṭṭhaputta)를 스승으로 섬기다가 부처님의 가르침에 대한 이야기를 듣고 감복한 나머지 250명의 제자들과 함께 부처님께 귀의한 것으로 유명하다. 이때 산자야는 분함을 이기지 못하여 입에서 피를 토했다고 전할 정도이다. 사리불은 이로부터 보름만에 아라한의 경지에 이르렀다고 한다.

목건련과 더불어 사리불의 뛰어난 자질과 재능은 이 두 사람이 먼저 입문한 다른 제자들을 제치고 부처님으로부터 상좌(上座)의 위치를 허락 받았다는 사실로써 입증된다. 특히 사리불은 지혜제일이라 불릴 정도로 갖가지 지식을 통하고 통찰력도 빼어났으며, 또한 교단의 통솔에도 뛰어난 능력을 발휘했다고 한다. 그래서 부처님은 사리불을 가리켜 나의 장자[15]라고 하였다. 제자들 가운데 그가 으뜸이었음은 경전에서 그가 부처님을 대신하여 교리를 상세히 설하면 부처님이 이를 추인하는 형식이 종종 발견된다는 사실에서 알 수 있다.

그는 불교 이외의 사상에도 능통하였으므로, 외도(外道)들의 잘못된 생각을 타파하는 데 자주 노력을 쏟았다. 사리불은 석가교단 가운데 중요한 인물로서 자기의 수행에 정진함과 동시에 남을 교화하기에 노력하였으며 부처님보다 먼저 입적하였다.

---

15) 장자(長子, gṛhapati) : 가족의 우두머리.또는 부유한 경제력을 가진 자신가로서 불교에 귀의하여 마음이 진실하고 언행이 바른 사람이다.

28) 비구(比丘, Bhiksu)

걸사(乞士)·포마(怖魔)·파악(破惡)·제근(除饉)·근사남(勤事男)이라 번역된다. 비구는 이십 세 이상의 남자로서 구족계(具足戒)를 수지하는 정식의 불교수도자이다. 구족계는 비구계라고도 하며 전부 250가지의 계율이 있다. 비구의 종류에 대하여 사분율에는 다음의 七종 비구가 보인다. 명자(名字)비구·상사(相似)비구·자칭(自稱)비구·선래(善來)비구·걸구(乞求)비구·착할절의(着割截衣)비구·파결사(破結使)비구인데, 이 파결사비구 즉 파번뇌비구가 참비구다.

• 우바새(優婆塞, upāsaka)

청신사(淸信士)·근사남(近事男)·선숙남(善宿男)·근선남(近善男)이라고 한역한다. 남성의 재속신자(在俗信者), 재가의 신자라는 말로, 원래의 말뜻은 모시는 사람, 받들어 모시는 사람이라 하고 출가수행자를 모시고 신세를 지므로 이렇게 말한다. 인도의 여러 종교에 통하는 명칭이었는데 불교에서 도입되었다.

> • 우바이(優婆夷, upsik)
> 청신녀(淸信女) · 근선녀(近善女) · 근사녀(近事女) · 근숙녀(近宿女)라고 한역하며 여성신도, 여성의 세속신자, 믿는 여자라고 한다.

29) 선재동자(善財童子)

 범어로는 수다나(Sudhana)이다. 『화엄경』「입법계품」에 나오는 성자(聖者)로 남방을 유행하여 53선지식에 역참참문하였다. 「입법계품」에 의하면 문수보살이 많은 비구에게 보리심을 내게 하고 나서 많은 권속들과 더불어 남방으로 가시어 각성(覺城) 동쪽에 이르러 장엄당 서다림 중의 큰 탑이 있는 곳에 계셨더니, 선재 · 선행(善行) 등 500동자가 있어 각성에 모임을 아시고 대자력으로 그를 위하여 설법하시려 하였다. 그때 문수보살이 깊은 지혜로 그의 마음을 분별하고 관찰하니 선재라는 이름의 소연인 즉 다음과 같은 것이었다. 이 동자가 처음 수태(受胎)하였을 때 그 집안의 칠대(七大)보전에서 널리 칠대누각이 생기고 그 속에 자연히 칠보가 가득차며 또한 이 칠보에서 7종의 싹(芽)이 났다. 이 동자가 열 달이 차 출생하니 외모가 단정 구족하고 보아(甫兒)는 높이가 2길 넓이가 7길이 되었다. 또 그 집에 500의 보기(寶器)가 자연히 늘어섰으며 온갖 보배가 각 고방에 찼다. 이일로 인하여 이름을 선재(善財)라고 한 것이다. 이 동자는 이미 과거제불에 공양하고 깊이 선근을 심었으며 항상 청정을 즐기고 선지식에 친근하여 삼업이 청정하여 보살도를 닦아 일체지를 구하여 마음이 맑기가 허공과 같아 보살의 행을 갖추고 있었다.

그때 문수보살은 선재에게 미묘법을 설하고 동자는 문수보살의 가르침에 따라 남방을 유행하여 먼저 가락국(可樂國)의 공덕(功德) 비구에게서 염불삼매문(念佛三昧門)을 배웠고 점차 남유하여, 보살·비구·비구니·우바새·우바이·동자·동녀·야차·천녀·바라문·장자·의사·선사(船師)·국왕·선인·불모·왕비·지신·수신(樹神) 등 55점차 53선지식을 역방하면서 그곳에서 종종 법문을 청수하고 맨 나중에 보현보살을 뵈옵고 십대원을 듣고 아미타불 국토에 왕생하여 무생법계에 들어가는 대원을 성취하였다. 이 동자의 구법행이 화엄경의 입법계(入法界)의 차제가 되어 있는데 이것이 유명한 선재동자의 남방유행이다. 그는 53명의 선지식(善知識)을 찾아 천하를 역방(歷訪)하다가, 마지막으로 보현보살(普賢菩薩)을 만나서 그의 십대원(十大願)을 듣는다. 그 공덕으로 아미타불의 국토에 왕생하여 입법계(入法界)의 큰 뜻을 이루었다고 한다. 우리나라에서는 이 구도의 이상을 불교도입 시초부터 존중해온 흔적이 농후하다. 자장(慈藏)은 선재동자의 구도행각을 본받기 위하여 선재가 만났다는 53명을 상징하는 오십삼선지수(五十三善知樹)를 뜰에 심었다. 김유신(金庾信)이 열여덟살 때 단석산(斷石山)에서 이인(異人)을 만나 신검(神劍)을 얻었다는 기사도 이 선재구법에서 암시를 얻은 듯하다. 그가 만난 난승(難勝)이라는 도인의 이름은 『화엄경』「십지품(十地品)」에 나오는 대지(大地)의 이름이다. 또, 지통(智通)이라든지 사복(蛇福) 등의 일화도 역시 같은 맥락에서 이해될 수 있다. 특히, 화랑의 수련과 이 이상은 밀접한 관련을 지니는데, 그들이 산수를 찾아 유행(遊行)하며 심신을 연마하였다는 기록은 선재동자의 구법행각과 연관이 있는 것으로 해석할 수 있다. 또, 의상(義湘)이 중국에서 귀국하여 낙산사(洛山寺)를 창건하기까지의 구도역정도 역시 선재의 이상을 실천한 것으로 보아야 한다.

이와 같이, 선재동자는 『화엄경』의 주인공으로서가 아니라 이상적 인간형의 모델로 신봉되어왔고 신라 젊은이들의 귀감이 되어왔다. 특히, 신라 통일 이전에 일세를 풍미하였으나 통일 이후 다소간 그 개척적 기개가 퇴색되어갔다. 그것은 통일 이전의 불교사상이 자력적 보살신행을 위주로 하였기 때문인 것으로 보인다.

30) 불가설(不可說, anabhilāpya)

입으로는 설할 수 없고, 말로는 표현할 수 없다. 어쩔 수 없다는 뜻으로 설명할 수 없는 것, 아무리 설명하려 해도 할 수 없는 것을 말한다.

4. 53선지식

선재동자선지식 문수사리최제일 　선재동자 찾아간 선지식들 중 문
善財童子善知識 文殊舍利最第一 　수사리 보살님이 으뜸이시니

덕운해운선주승 미가해탈여해당 　덕운 해운 선주승과 미가대사와
德雲海雲善住僧 彌伽解脫與海幢 　해탈장자 해당비구

휴사비목구사선 승열바라자행녀 　휴사 우바이 비목구사 선인과 승
休舍毘目瞿沙仙 勝熱婆羅慈行女 　열 바라문 자행동녀

선견자재주동자 구족우바명지사 　선견비구 자재주동자 구족우바
善見自在主童子 具足優婆明智士 　이 명지거사

법보계장여보안 무염족왕대광왕 　법보계장자 보안장자 무염족왕
法寶髻長與普眼 無厭足王大光王 　대광왕과

부동우바변행외 우바라화장자인 　부동녀와 변행외도 우발라장자
不動優婆遍行外 優婆羅華長者人

바시라선무상승 사자빈신바수밀 婆施羅船無上勝 獅子嚬神婆須密	바시라의 뱃사람과 무상승장자 사자빈신 비구니와 바수밀다녀
비실지라거사인 관자재존여정취 毘瑟祇羅居士人 觀自在尊與正聚	비실지라 거사와 관자재보살 정취보살,
대천안주주지신 바산바연주야신 大天安住主地神 婆珊婆演主夜神	대천신과 땅의 신과 바산바연 밤의 신과
보덕정광주야신 희목관찰중생신 普德淨光主夜神 喜目觀察衆生神	보덕정광과 기쁨의 눈으로 중생 살펴 주는 신
보구중생묘덕신 적정음해주야신 普救衆生妙德神 寂靜音海主夜神	널리 중생 구해주는 묘덕의 신과 고요한 소리바다 밤의 신과
수호일체주야신 개부수화주야신 守護一切主夜神 開敷樹華主夜神	일체 중생 구호해주는 밤의 신과 나무의 꽃 피워내주는 밤의 신과
대원정진력구호 묘덕원만구바녀 大願精進力救護 妙德圓滿瞿婆女	큰원 정진의 힘으로 중생건지는 밤의 신과 묘덕이 원만한 신과 샤카족 구바녀와

마야부인천주광 변우동자중예각 摩耶夫人天主光 遍優童子衆藝覺	마야부인과 왕녀인 천주광과 변우동자와 중예동자
현승견고해탈장 묘월장자무승군 賢勝堅固解脫長 妙月長者無勝軍	현승녀 견고해탈장자 묘월장자 무승군과
최적정바라문자 덕생동자유덕녀 最寂靜婆羅門者 德生童子有德女	적정바라문 덕생동자 유덕동녀
미륵보살문수등 보현보살미진중 彌勒菩薩文殊等 普賢菩薩微塵衆	미륵보살과 문수사리 보살과 보현보살의 가는 티끌 수와 같이 많은 대중들
어차법회운집래 상수비로자나불 於此法會雲集來 常隨毘盧遮那佛	이 법회에 구름처럼 모여들어서 언제나 비로자나 부처님 따라
어연화장세계해 조화장엄대법륜 於蓮華藏世界海 造化莊嚴大法輪	바다같은 연화장 세계 가운데 장엄한 큰 법륜을 조화해주며
시방허공제세계 역부여시상설법 十方虛空諸世界 亦復如是常說法	시방 허공 한량없는 여러 세계에 또한 다시 이처럼 법을 설하네.

1) 선지식(善知識)

범어로 카랴나미트라(Kalyanamitra)이며 바른 도리를 가르치는 사람을 선지식(善友·親友·善親友)이라 하고, 그릇된 길로 인도하는 사람을 악지식(惡知識·惡友·惡)이라 한다. 다만 지식이라고만 할 때는 선지식을 말한다. 『화엄경』「입법계품」에 보이듯이 노·소·남·녀·귀·천 어떠한 모양을 하였든지 불도로 나아가도록 인도하고 인연을 맺게 하는 이는 모두가 선지식이다. 「사분률」에서는 선지식은 얻기 어려운 것을 준다고 하여 선우칠사(善友七事)를 말씀하고 있으며, 그 밖에 밖으로 수호하여 주는 외호(外護), 수행 등 행동을 같이하는 동행(同行), 가르치고 인도하는 교수(敎授) 등의 삼선지식으로 가리기도 하며 『구사론송소(俱舍論頌疏)』에는 삼우(三友)가 보이는데 법을 주는 것은 상친우(上親友), 재(財)와 법을 주는 것은 중친우(中親友)·재만 주는 것을 하친우(下親友)라 하고 있다.

2) 53선지식(五十三善知識)

『화엄경』입법계품에서 선재 동자가 복성의 동쪽 장엄 당사라림에서, 문수 보살의 법문을 듣고 남방으로 향하여 차례차례 찾아가서 법문을 들은 선지식을 말한다.
⟨1⟩ 덕운비구 ⟨2⟩ 해운비구 ⟨3⟩ 선주비구 ⟨4⟩ 미가장자 ⟨5⟩ 해탈장자 ⟨6⟩ 해당비구 ⟨7⟩ 휴사우바이 ⟨8⟩ 비목구사선인 ⟨9⟩ 승열바라문 ⟨10⟩ 자행동녀 ⟨11⟩ 선견비구 ⟨12⟩ 자재주동자 ⟨13⟩ 구족우바이 ⟨14⟩ 명지거사 ⟨15⟩ 법보계장자 ⟨16⟩ 보안장자 ⟨17⟩ 무염족왕 ⟨18⟩ 대광왕 ⟨19⟩ 부동우바이 ⟨20⟩ 변행외도 ⟨21⟩ 욕향장자 ⟨22⟩ 바시라선사 ⟨23⟩ 무상승장자 ⟨24⟩ 사자빈신비구니 ⟨25⟩ 바수밀녀 ⟨26⟩ 비슬시라거사 ⟨27⟩ 관자재보살 ⟨28⟩ 정취보살 ⟨29⟩ 대천신 ⟨30⟩ 안주지신 ⟨31⟩ 바산바연디 ⟨32⟩ 보덕정광야신 ⟨33⟩ 회목관찰중생야신 ⟨34⟩ 보구묘덕야신 ⟨35⟩ 적정음해야신 ⟨36⟩ 수호일체중생야신 ⟨37⟩ 개부수화야신 ⟨38⟩ 대원정진야신 ⟨39⟩ 묘덕원만야신 ⟨40⟩ 구바석종녀 ⟨41⟩ 마야불모 ⟨42⟩ 천주광천녀 ⟨43⟩ 변우동자사 ⟨44⟩ 중예동자 ⟨45⟩ 현승우바이 ⟨46⟩ 견고해탈장자 ⟨47⟩ 묘월장자 ⟨48⟩ 무승군장자 ⟨49⟩ 적장바라문 ⟨50⟩ 덕생동자 ⟨51⟩ 미륵보살 ⟨52⟩ 문수보살 ⟨53⟩ 보현보살

3) 문수사리보살(文殊師利菩薩, Mañjuśrī)

만수시리(滿殊尸利) 또는 만수지리(曼殊室利)라고도 쓰며 묘덕(妙德)·묘수(妙首)·묘길상(妙吉祥)이라 번역된다. 부처님의 대지(大智)를 나타내는 대보살이다. 이 보살의 본신은 용존상불(龍尊上佛)·대신불(大身佛)·신선불(神仙佛)이신데 석가모니 부처님의 교화를 돕기 위하여 권(權)으로 보살을 시현한다고도 한다. 칠불의 스승이시다.

4) 덕운비구(德雲比丘, Meghasri)

보리심을 발한 선재동자가 문수사리보살의 교시에 따라 보살의 지혜와 행(行)을 묻기 위해 방문한 53선지식 가운데 두 번째 선지식(첫번째 선지식은 문수사리보살)으로 길상운(吉祥雲)이라고도 한다. 덕운비구는 선재동자에게 '모든 부처님의 경계, 지혜광명을 널리 보았음을 기억하는 법문(억념일절제불경계지혜광명보견법문, 憶念一切諸佛境界智慧光明普見法門)'을 설한다. 보살의 수행계위로는 10주(十住)중의 제1 초발심주(初發心主)이며 수행도는 구일체지(求一切智)이다.

5) 해운비구(海雲比丘, Sagaramegha)

보리심을 발한 선재동자가 덕운비구의 시에 따라 보살의 지혜와 행(行)을 묻기 위하여 방문한 53선지식 가운데 세 번째 선지식이다. 해운비구는 선재동자에게 '모든 부처님과 보살이 행하는 광명 넓은 눈 법문(제불보살행광명보안법문, 諸佛菩薩行光明普眼法門)'을 설한다. 보살의 수행계위로는 10주(十住)중의 제2 치지주(治地住)이며 수행도는 증장대비(增長大悲)이다.

6) 선주비구(善住比丘, Supratiṣṭhita)

보리심을 발한 선재동자가 해운비구의 교시에 따라 보살의 지혜와 행(行)을 묻기 위해 방문한 53선지식 가운데 네 번째 선지식이다. 선주비구는 선재동자에게 '모든 부처님이 성취한 중생무애해탈문을 빠르고 널리 공양하는 법문(보속질공양제불성취중생무애해탈문, 普速疾供養諸佛成就衆生無碍解脫門)'을 설한다. 보살의 수행계위로는 10주(十住)중의 제3 수행주(修行住)이며 수행도는 지혜명료(智慧明了)이다.

7) 미가장자(彌迦長者, Megha)

보리심을 발한 선재동자가 선주비구의 교시에 따라 보살의 지혜와 행을 묻기 위해서 방문한 53선지식 가운데 다섯 번째 선지식이다. 미가장자는 선재동자에게 '보살의 미묘한 음성다라니의 광명법문(보살묘음다라니광명법문, 菩薩妙音陀羅尼光明法門)'을 설한다. 보살의 수행계위로는 10주(十住)중의 제4 생귀주(生貴住)이며 수행도는 심득평등(心得平等)이다.

8) 해탈장자(解脫長者, Muktaka)

보리심을 발한 선재동자가 미가비구의 교시에 따라보살의 지혜와 행(行)을 묻기 위하여 방문한 53선지식 가운데 여섯 번째 선지식이다. 해탈장자는 선재동자에게 '여래의 무애장엄해탈문(여래무애장엄해탈문, 如來無碍莊嚴解脫門)'을 설한다. 보살의 수행계위로는 10주(十住) 중의 제5 구족방편주(具足方便住)이며 수행도는 '염착(染着)함이 없는 마음(심무소염착, 心無所染着)'이다.

9) 해당비구(海幢比丘, Sārabhvaja)

보리심을 발한 선재동자가 해탈장자의 교시에 따라 보살의 지혜와 행을 묻기 위하여 방문한 53선지식 가운데 일곱 번째 선지식이다. 해당비구는 선재동자에게 '반야바라밀의 삼매광명법문(반야파라밀삼매광명법문, 般若波羅蜜三昧光明法門)'을 설한다. 보살의 수행계위로는 10주(十住)중의 제6 정심주(正心住)이며 수행도는 '무생법인을 얻음(득무생법인, 得無生法忍)'이다.

10) 휴사우바이(休捨優婆夷, Āsā)

선재동자가 보살의 지혜와 행을 묻기 위하여 방문한 53선지식 가운데 여덟 번째 선지식이다. 휴사우바이는 선재동자에게 '근심을 모두 버려 안온한 해탈문(이우안은당해탈문, 離憂安隱幢解脫門)'을 설한다. 보살의 수행계위로는 10주(十住)중의 제7 불퇴주[16]이며 수행도는 '능히 일체법에서 벗어남(능출이어일체법, 能出離於一切法)'이다.

---

[16] 불퇴주(不退住) : 드높은 수행의 결과로 한 번 도달한 경지에서 다시는 물러남이 없는 경지를 말한다.

11) 비목구사선인(毘目瞿沙仙人, Bhīsmottaranir-ghhoṣa)

선재동자가 보살의 지혜와 행(行)을 묻기 위하여 방문한 53선지식 가운데 아홉 번째 선지식이다. 비목구사는 선재동자에게 '보살무승당해탈문(보살무승당해탈문, 菩薩無勝幢解脫門)'을 설한다. 보살의 수행계위로는 10주(十住)중의 제8 동진주[17]이며 수행도는 '선교방편을 얻음(善巧方便)'이다.

12) 승열바라문(勝熱婆羅門, Jayoṣamāyatana)

선재동자가 보살의 지혜와 행을 묻기 위하여 방문한 53선지식 가운데 열 번째 선지식이다. 승열바라문은 선재동자에게 '보살의 무진륜해탈문(보살무진륜해탈문, 菩薩無盡輪解脫門)'을 설한다. 보살의 수행계위로는 10주(十住)중의 제9 법왕자주[18]이며 수행도는 '장애 없는 마음(심무장애, 心無障碍)'이다.

---

[17] 동진주(童眞住) : 어린이와 같이 순수한 마음으로 그릇된 견해에 빠지지 않고 보리심을 영원히 등지지 않는 경지이다.
[18] 법왕자주(法王子住) : 부처님의 지위를 이을 지혜가 구족한 경지를 말한다.

13) 자행동녀(慈行童女, Maitrayani)

선재동자가 보살의 지혜와 행을 묻기 위하여 방문한 53선지식 가운데 11번째 선지식이다. 자행동녀는 선재동자에게 '반야바라밀로 장엄된 넓은 문(반야바라밀보장엄문, 般若波羅蜜普莊嚴門)'을 설한다. 보살의 수행계위로는 10주(十住)중의 제10 관정주(灌頂住)이며 수행도는 '일체종지를 증장함(증장일체종지, 增長一切種智)'이다.

14) 선견비구(善見比丘, Sudarśana)

선재동자가 보살의 지혜와 행을 묻기 위하여 방문한 53선지식 가운데 12번째 선지식이다. 선견비구는 선재동자에게 '보살수순등해탈문(菩薩隨順燈解脫門)'을 설한다. 보살의 수행계위로는 10행(十行) 중의 제1 환희행(歡喜行)이며 수행도는 '보시바라밀을 행함(行布施波羅蜜)'이다.

15) 자재주동자(自在主童子, Indriyeśvara)

선재동자가 보살의 지혜와 행을 묻기 위하여 방문한

53선지식 가운데 13번째 선지식이다. 자재주동자는 선재동자에게 '일체공교대신통지광명법문(一切工巧大神通智光明法門)'을 설한다. 보살의 수행계위로는 10행(十行)중의 제2 요익행(饒益行)이며 수행도는 '지계바라밀을 행함(행지계바라밀, 行持戒波羅蜜)'이다.

16) 구족우바이(具足優婆夷, Prabhūtā)

선재동자가 보살의 지혜와 행을 묻기 위하여 방문한 53선지식 가운데 14번째 선지식이다. 구족우바이는 선재동자에게 '무진복덕장해탈문(無盡福德藏解脫門)'을 설한다. 보살의 수행계위로는 10행(十行)중의 제3 '거슬림이 없는 행(무위역행, 無違逆行)'이며 수행도는 '인욕바라밀을 행함(행인욕바라밀, 行忍辱波羅蜜)'이다.

17) 명지거사(明智居士, Vidvat)

선재동자가 보살의 지혜와 행을 묻기 위하여 방문한 53선지식 가운데 15번째 선지식이다. 명지거사는 선재동자에게 뜻에 따라 복덕장을 내는 해탈문(수의출생복덕장해탈문, 隨意出生福德藏解脫門)'을 설한다. 보살의 수행계위로는 제10행(十行)중의 제4 무굴요행(無屈撓行)이며 수행도는 '정진바라밀을 행함(行精進波羅蜜)'이다.

18) 법보계장자(法寶髻長者, Ratnacūda)

선재동자가 보살의 지혜와 행을 묻기 위하여 방문한 53선지식 가운데 16번째 선지식이다. 법보계장자는 선재동자에게 '보살의 무량한 복덕보장해탈문(보살무량복덕보장해탈문, 菩薩無量福德寶藏解脫門)'을 설한다. 보살의 수행계위로는 10행(十行)중의 제5 이치란행(離癡亂行)이며 수행도는 '선정바라밀을 행함(行禪定波羅蜜)'이다.

19) 보안장자(普眼長者, Samanatanetra)

선재동자가 보살의 지혜와 행을 묻기 위하여 방문한 53선지식 가운데 17번째 선지식이다. 보안장자는 '일체중생으로 하여금 모든 부처님을 뵙고 환희케 하는 법문(영일체중생보견제불환희법문, 令一切衆生普見諸佛歡

喜法門)'을 설한다. 보살의 수행계위로는 10행중의 제6 선현행(善現行)이며 수행도는 '지혜바라밀을 행함(行智慧波羅蜜)'이다.

20) 무염족왕(無厭足王, Anala)

선재동자가 보살의 지혜와 행을 묻기 위하여 방문한 53선지식 가운데 18번째 선지식이다. 무염족왕은 선재동자에게 '여환해탈문(如幻解脫門)'을 설한다. 보살의 수행계위로는 10행중의 제7 무착행(無着行)이며 수행도는 '방편바라밀을 행함(行方便波羅蜜)'이다.

21) 대광왕(大光王, Manāprabha)

선재동자가 보살의 지혜와 행을 묻기 위하여 방문한 53선지식 가운데 19번째 선지식이다. 대광왕은 선재동자에게 '대자비로써 세간에 수순하는 보살의 삼매문(보살대자위수순세간삼매문, 菩薩大慈爲隨順世間三昧門)'을 설한다. 보살의 수행계위로는 10행중의 제8 난득행(難得行)이며 수행도는 '원바라밀을 행함(行願波羅蜜)'이다.

22) 부동우바이(不動優婆夷, Acalā)

선재동자가 보살의 지혜와 행을 묻기 위하여 방문한 53선지식 가운데 20번째 선지식이다. 부동우바이는 선재동자에게 '싫어하거나 족함이 없이 일체법을 구하는 삼매광명문(구일체법무염족삼매광명문, 求一切法無厭足三昧光明門)'을 설한다. 보살의 수행계위로는 10행중의 제9 선법행(善法行)이며 수행도는 '역바라밀[19]을 행함'이다.

23) 변행외도(遍行外道, Sarvagāmin)

선재동자가 보살의 지혜와 행을 묻기 위하여 방문한 53선지식 가운데 21번째 선지식이다. 변행외도도 선재동자에게 '일체처에 이르는 보살의 행문(지일체처보살행문, 至一切處菩薩行門)'을 설한다. 보살의 수행계위로는 10행중의 제10 진실행(眞實行)이며 수행도는 '지바라밀을 행함(行智波羅蜜)'이다.

---

19) 역바라밀(力波羅蜜) : 십바라밀의 하나로 힘(力)이라는 것은 사택(思擇)과 수습(修習)의 힘이라는 말이다. 십력(十力)이 이 내용을 이룬다.

24) 우바라(優婆羅, Utpalabhūti)

선재동자가 보살의 지혜와 행을 묻기 위하여 방문한 53선지식 가운데 22번째 선지식이다. 우바라장자는 선재동장에게 '조화향법문(調和香法門)'을 설한다. 보살의 수행계위로는 10회향(十廻向)중의 제1 구호일체중생리중생상회향(救護一切衆生離衆生相廻向)이며 수행도는 '6바라밀과 4무량심[20]'을 닦은 공덕으로 일체중생을 구호하되 중생상을 여의도록 하는 회향'이다.

25) 바시라선사(婆施羅船師, Vaira)

선재동자가 보살의 지혜와 행을 묻기 위해서 방문한 53선지식 가운데 23번째 선지식이다. 바시라선사는 선재동자에게 '대비당행법문(大悲幢行法門)'을 설한다. 보살의 수행계위로는 10회향중의 제2 불괴회향(不壞廻向)이며 수행도는 '무너짐이 없는 선근공덕을 일체지(一切

---

20) 사무량심(四無量心) : 불교수행자가 지녀야할 네 가지 영원한 마음이다. ① 자무량심(慈無量心):일체중생의 고통을 덜어주는 영원한 자애심. ② 비무량심(悲無量心):멀고 가까움을 차별하지 않고 평등히 사랑하는 마음. ③ 희무량심(喜無量心):일체중생과 함께 기쁨을 나누는 마음. ④ 사무량심(捨無量心):모든 것에 집착하지 않는 영원한 마음.

智)에 회향함'이다.

26) 무상승장자(無上勝長者, Jayottama)

선재동자가 보살의 지혜와 행을 묻기 위해서 방문한 53선지식 가운데 24번째 선지식이다. 무상승장자는 선재동자에게 '일체처에 이르러 닦는 보살의 청정한 법문(지일체처수보살행청정법문, 知一切處修菩薩行淸淨法門)'을 설한다. 보살의 수행계위로는 10회향중의 제3 등일체처회향(等一切處廻向)이며 수행도는 '모든 부처님의 회향을 닦아서 얻은 심자재청정공덕(心自在淸淨功德)을 제불·보살, 중생에게 회향함'이다.

27) 사자빈신비구니(獅子頻申比丘尼, Simhavijṛm-bhitā)

선재동자가 보살의 지혜와 행을 묻기 위하여 방문한 53선지식 가운데 25번째 선지식이다. 사자빈신비구니는 선재동자에게 '일체지를 성취하는 해탈문(성취일체지해탈문, 成就一切智解脫門)'을 설한다. 보살의 수행계위로는 10회향중의 제4 지일체처회향(至一切處廻向)이며 수행도는 '선근의 수행공덕을 일체처에 이르도록 함' 이다.

28) 바수밀다녀(婆修蜜多女, Vasumitrā)

선재동자가 보살의 지혜와 행을 묻기 위하여 방문한 53선지식 가운데 26번째 선지식이다. 바수밀다녀는 선재동자에게 '보살리탐제해탈문(菩薩離耽際解脫門)'을 설한다. 보살의 수행계위로는 10회향중의 제5 무진공덕장회향(無盡功德藏廻向)이며 수행도는 '모든 선근 닦는 것을 따라 기뻐한 공덕으로 얻은 무진복덕으로 중생의 복전이 되도록 회향함' 이다.

29) 비슬지라거사(鞞瑟胝羅居士, Veṣthila)

선재동자가 보살의 지혜와 행을 묻기 위하여 방문한 53선지식 가운데 27번째 선지식이다. 비슬지라거사는 선재동자에게 '보살이 얻은 바 열반에 들지 않는 해탈문(보살소득불반열반제해탈문, 菩薩所得不般涅槃際解脫門)'을 설한다. 보살의 수행계위로는 10회향중의 제6 수

순견고일체선근회향(隨順堅固一切善根回向)이며 수행도는 '부처님과 부처님의 가르침. 지혜, 보리에 수순하여 지혜를 닦고 비문(悲門)을 성취하여 자재하게 회향함'이다.

30) 관자재보살(觀自在菩薩, Avalokiteśvara)

선재동자가 보살의 지혜와 행을 묻기 위하여 방문한 53선지식 가운데 28번째 선지식이다. 관자재보살은 선재동자에게 '보살대비행문(菩薩大悲行門)'을 설한다. 보살의 수행계위로는 10회향중의 제7 등수순일체중생회향(等隨順一衆生廻向)이다.

31) 정취보살(正趣菩薩, Ananyagāmin)

선재동자가 보살의 지혜와 행을 묻기 위하여 방문한 53선지식 가운데 29번째 선지식이다. 정취보살은 선재동자에게 '보살보질행해탈문(菩薩普疾行解脫門)'을 설한다. 보살의 수행계위로는 10회향중의 제8 진여상회향(眞如相廻向)이며 수행도는 '중생과 불법이 하나되는 무공용위(無功用位)에 나아가 보현행에 주하는 회향'이다.

32) 대천신(大天神, Mahādeva)

선재동자가 보살의 지혜와 행을 묻기 위하여 방문한 53선지식 가운데 30번째 선지식이다. 대천신은 선재동자에게 '운망해탈문(雲網解脫門)'을 설한다. 보살의 수행계위로는 10회향중의 제9 무박무착해탈회향(無縛無着解脫廻向)이며 수행도는 '깊고 미세한 지혜로써 보현행을 닦고 보현도에 주하는 회향'이다.

33) 안주신(安住神, Sthāvarā)

선재동자가 보살의 지혜와 행을 묻기 위하여 방문한 53선지식 가운데 31번째 선지식이다. 안주신은 선재동자에게 '불가괴지혜장법문(不可壞智慧藏法門)'을 설한다. 보살의 수행계위로는 10회향중의 제10 등법계무량회향(等法界無量廻向)이며 수행도는 '지혜와, 자비, 원만행으로 보살도를 닦고 일체중생을 보리심에 안주케 하는 회향'이다.

34) 바산바연저주야신(婆珊婆演底主夜神, Vasanti)

선재동자가 보살의 지혜와 행을 묻기 위하여 방문한 53선지식 가운데 32번째 선지식이다. 바산바연저주야신은 선재동자에게 '일체중생의 어둠을 파하는 보살의 진리의 광명 해탈문(보살파일체중생암법광명해탈문, 菩薩破一切衆生暗法光明解脫門)'을 설한다. 보살의 수행계위로는 10지(十地)중의 제1 환희지(歡喜地)이며 수행도는 '열 가지 큰 서원(十大願)'이다.

35) 보덕정광주야신(普德淨光住夜神)

선재동자가 보살의 지혜와 행을 묻기 위하여 방문한 53선지식 가운데 33번째 선지식이다. 보덕정광주야신은 선재동자에게 '적정한 선정(禪定)으로써 널리 노니는 보살의 해탈문(보살적정선정악보유보해탈문, 菩薩寂靜禪定樂普遊步解脫門)'을 설한다. 보살의 수행계위로는 10지(十地)중의 제2 이구지(離垢地)이며 수행도는 '열 가지 착한 업(十善業)'이다.

36) 희목관찰중생주야신(喜目觀察衆生主夜神)

선재동자가 보살의 지혜와 행을 묻기 위하여 방문한 53선지식 가운데 34번째 선지식이다. 희목관찰중생주야신은 선재동자에게 '큰 세력으로써 널리 기뻐하는 깃발 해탈문(대세력보희당해탈문, 大勢力普喜幢解脫門)'을 설한다. 보살의 수행계위로는 10지(十地)중의 제3 발광지(發光地)이며 수행도는 사무량심(四無量心)과 삼법인(三法印)이다.

37) 보구중생묘덕주야신(普救衆生妙德主夜神)

선재동자가 보살의 지혜와 행을 묻기 위하여 방문한 53선지식 가운데 35번째 선지식이다. 보구중생묘덕주야신은 선재동자에게 '일체세간에 널리 나타나 중생을 조복하는 보살의 해탈문(보살보현일체세간조복중생해탈문, 菩薩寶現一切世間調伏衆生解脫門)'을 설한다. 보살의 수행계위로는 10지(十地)중의 제4 염혜지(焰慧地)이며 수행도는 '37조도품(三十七助道品)'이다.

38) 적정음해주야신(寂靜音海主夜神)

선재동자가 보살의 지혜와 행을 묻기 위하여 방문한 53선지식 가운데 36번째 선지식이다. 적정음해주야신은 선재동자에게 '생각 생각마다 광대한 기쁨을 내어 장엄하는 해탈문(염념출생광대선장엄해탈문, 念念出生廣大善莊嚴解脫門)'을 설한다. 보살의 수행계위로는 10지(十地)중의 제5 난승지(難勝地)이며 수행도는 사성제(四聖諦)이다.

39) 수호일체성주야신(守護一切城主夜神)

선재동자가 보살의 지혜와 행을 묻기 위하여 방문한 53선지식 가운데 37번째 선지식이다. 수호일체성주야신은 선재동자에게 '심심자재해탈문(甚深自在解脫門)'을 설한다. 보살의 수행계위로는 10지(十地)중의 제6 현전지(現前地)이며 수행도는 '12연기[20]'이다

40) 개부일체수화주야신(開敷一切樹華主夜神)

선재동자가 보살의 지혜와 행을 묻기 위하여 방문한

53선지식 가운데 38번째 선지식이다. 개부일체수화주야신은 선재동자에게 '광대한 기쁨의 광명문을 내는 보살의 해탈문(보살보현일체세간조복중생해탈문, 菩薩寶現一切世間調伏衆生解脫門)'을 설한다. 보살의 수행계위로는 10지(十地)중의 제7 원행지(遠行地)이며 수행도는 '12연기[22]'이다.

41) 대원정진력구호일체중생주야신(大願精進一切衆生主夜神)

선재동자가 보살의 지혜와 행을 묻기 위하여 방문한 53선지식 가운데 39번째 선지식이다. 대원정진력구호일

---

21) 12연기(十二緣起) : 12연기는 태어나기 이전과 태어나서 일어나는 과정과 죽은 후의 상태를 열두 가지로 분류한 것이다. 다시 말해서 현상적인 우리의 삶은 12단계로 생(生)과 사(死)를 반복하고 있다고 할 수 있다. 12연기는 간략히 다음과 같다. ① 무명(無明, avidyā), ② 행(行, samskāra), ③ 식(識, vijñaña), ④ 명색(名色, nāmarūpa), ⑤ 육입(六入, saḍāyatana), ⑥ 촉(觸, sparśa), ⑦ 수(受, vedanā), ⑧ 애(愛, tṛṣṇā), ⑨ 취(取, upādāna), ⑩ 유(有, bhava), ⑪ 생(生, Jāti), ⑫ 노사(老死, jarā-maraṇa).

22) 12연기(十二緣起) : 10바라밀은 십도(十度) 또는 십승행(十勝行)이라고도 한다. 보시(布施), 지계(持戒), 인욕(忍辱), 정진(精進), 선정(禪定), 반야바라밀(般若波羅蜜)이상의 6바라밀에 방편(方便), 원(願), 력(力), 지(智)의 4바라밀의 더하여 10바라밀이라고 한다.

체중생주야신은 선재동자에게 '중생을 교화하여 선근을 발생시키게 하는 해탈문(교화중생령생선근해탈문, 敎化衆生令生善根解脫門)'을 설한다. 보살의 수행계위로는 10지(十地)의 제8 부동지(不動地)이며 수행도는 '무공용지혜로써 무량한 신통을 갖춘 무생법인[23](무공용지패무량신통무생법인, 無功用智貝無量神通無生法忍)'이다.

42) 묘덕원만주야신(妙德圓滿主夜神)

선재동자가 보살의 지혜와 행을 묻기 위하여 방문한 53선지식 가운데 40번째 선지식이다. 묘덕원만주야신은 선재동자에게 '한량없는 겁토록 일체처에 나타나 자재하게 생을 받는 해탈문(보살어무량겁일절처시수생자재해탈문, 菩薩於無量劫一切處示受生自在解脫門)'을 설한다. 보살의 수행계위로는 10지(十地)중의 제9 선혜지

---

[23] 무생법인(無生法忍) : 무생(無生)의 법리(法理)의 인증이라는 뜻이다. 공(空)이고, 실상(實相)이라고 하는 진리를 확인하고, 안주하는 것이다. 일체의 것이 불생불멸(不生不滅)이라고 확인하는 것이고, 사물은 모두 불생(不生)이라고 하는 확신이며, 인(忍)은 인가(忍可)·인지(認知)라는 뜻으로, 확실히 그렇다고 확인하는 것이다. 진실의 이치를 깨달은 마음의 평안함이고, 불생불멸의 이치에 철저한 깨달음이기도 하다. 무생인(無生忍)이라고도 한다. 삼법인(三法忍)의 한가지다.

(善慧地)이며 수행도는 '여러가지 형상을 알아서 널리 불사를 짓는 네 가지의 장애 없는 지혜(지종종상광작불사사무애지, 知種種相廣作佛事四無碍智)' 이다.

43) 구파녀(瞿波女, Gopā 혹은 Gopika)

선재동자가 보살의 지혜와 행을 묻기 위하여 방문한 53선지식 가운데 41번째 선지식이다. 부처님의 출가 전의 비(妃)라고 한다. 구파녀는 선재동자에게 '삼매의 바다를 관찰하는 보살의 해탈문(觀察菩薩三昧海解脫門, 觀察菩薩三昧海解脫門)'을 설한다. 보살의 수행계위로는 10지(十地)중의 제10지인 법운지(法雲地)이며 수행도는 '진리의 비를 크게 내림(雨大法雨)' 이다.

44) 마야부인(摩耶夫人)

대술(代述), 대환(大幻), 대지모(大智母), 천후(天后)라고 옮긴다. 데바다하(Devadaga)의 석가족 선각장자(善覺長者)의 장녀로서 석가모니 부처님의 아버지인 정반왕의 부인이 되었는데 싯달타 태자를 낳고 7일만에 죽어

도리천에 태어났다고 한다. 입법계품(入法界品)에서 선재동자가 보살의 지혜와 행을 묻기 위하여 방문한 53선지식 가운데 42번째이다. 마야부인은 선재동자에게 '보살대원지환해탈문(菩薩大願智幻解脫門)'을 설한다. 보살의 수행계위로는 등각위(等覺位)이며 수행도는 '기지환생해탈문(基地幻生解脫門)'이다.

45) 천주광(天主光, Surendrabhā)

선재동자가 보살의 지혜와 행을 묻기 위하여 방문한 53선지식 가운데 43번째 선지식이다. 천주광은 선재동자에게 '무애념청정해탈문(無碍念淸淨解脫門)'을 설한다. 수행도는 '지비자재정념제법무실해탈문(智悲自在正念諸法無失解脫門)'이다.

46) 변우동자 (偏友童子)

선재동자가 보살의 지혜와 행을 묻기 위하여 방문한 53선지식 가운데 44번째 선지식이다. 법문은 거의 설함이 없이 선재동자에게 선지중예동자(善知衆藝童子)를 소개한다.

47) 선지중예동자 (善知衆藝童子)

선재동자가 보살의 지혜와 행을 묻기 위하여 방문한 53선지식 가운데 45번째 선지식이다. 선지중예(善知衆藝)의 해탈에 이른 선지중예동자는 선재동자에게 42반야 바라밀문을 머리로 삼아 무량 무수 반야 바라밀문에 들어감을 이른다.

48) 현승우바이 (賢勝優婆夷)

선재동자가 보살의 지혜와 행을 묻기 위하여 방문한 53선지식 가운데 46번째 선지식이다. 선재동자에게 '이름이 의지할 데 없는 도량'의 해탈과 다함없는 삼매(三昧)의 법문을 이른다.

49) 견고해탈장자 (堅固解脫長者)

선재동자가 보살의 지혜와 행을 묻기 위하여 방문한

53선지식 가운데 47번째 선지식이다. 견고해탈장자는 집착된 생각이 없는 청정장엄의 해탈을 얻었는데, 자신이 얻지 못한 두려울 것 없음(無所畏)을 묘월장자를 찾아 구하기를 이른다.

50) 묘월장자 (妙月長者)

 선재동자가 보살의 지혜와 행을 묻기 위하여 방문한 53선지식 가운데 48번째 선지식이다. 지혜광명의 해탈을 얻은 묘월장자는 선재동자에게 무량해탈법문을 증득할 것을 이른다.

51) 무승군장자 (無勝軍長者)

 선재동자가 보살의 지혜와 행을 묻기 위하여 방문한 53선지식 가운데 49번째 선지식이다. 무진상(無盡相)해탈을 얻은 무승군장자(無勝軍長者)는 무한한 지혜와 걸림없는 변재를 얻을 것을 이른다.

52) 적정바라문 (寂靜婆羅門)

선재동자가 보살의 지혜와 행을 묻기 위하여 방문한 53선지식 가운데 50번째 선지식이다. 적정바라문은 '성원어(誠願語)' 법문을 선재동자에게 들려주며, "나는 이 진실하게 원하는 말에 머물렀으므로 하는 일이 모두 만족했다."고 이른다.

53) 덕생동자 (德生童子)와 유덕동녀(有德童女)

선재동자가 보살의 지혜와 행을 묻기 위하여 방문한 53선지식 가운데 51번째 선지식이다. 늘 같이 나오기 때문에 함께 하나의 선지식으로 간주한다. 묘의화문성(妙意華門城)에 이르러 만난 덕생동자와 유덕동녀는 모든 세계가 다 환상처럼 머무는 환주(幻住)의 법문을 하고, 한량없는 마음으로 중생의 마음을 헤아리라 이른다. 동자와 동녀는 자신들의 해탈을 말하고 나서, 불가사의한 선근의 힘으로써 선재동자의 몸을 부드럽고 빛나게 해주면서 미륵보살을 방문하라 이른다.

54) 미륵보살 (彌勒菩薩)

선재동자가 보살의 지혜와 행을 묻기 위하여 방문한 53선지식 가운데 52번째 선지식이다. 미륵은(彌勒)범어 Maitreya의 음역이다. 석가모니 부처님의 수기(授記)를 받은 미래불로써 56억 7천만년이 흐른후에 사바세계에 출현하여 중생을 제도한다고 한다. 지금은 일생의 보처보살로 도솔천에 머물고 있다고 한다.

55) 문수보살 (文殊菩薩)

선재동자가 보살의 지혜와 행을 묻기 위하여 방문한 53선지식 가운데 53번째 선지식이다. 구역(舊譯)에는 문수사리(文殊師利)·만수시리(滿殊尸利), 신역(新譯)에는 만수실리(曼殊室利)라 일컬어 신·구 6역(譯)이 있다. 묘덕(妙德)·묘수(妙首)·보수(普首)·유수(濡首)·경수(敬首)·묘길상(妙吉祥)이라고 하며 문수(文殊)와 만수(曼殊)는 묘(妙)의 뜻, 사리(師利)·실리(室利)는 두(頭)·덕(德)·길상(吉祥)의 뜻이다. 보현보살과 짝하여 석가모니불의 보처로서 왼쪽에 있어 지혜를 맡고 있다. 머리에 5계(髻)를 맺은 것은 대일(大日)의 5지(智)를 표현하고 오른손에는 지혜의 칼을 들고 왼손에는 꽃 위에 지혜의 그림이 있는 청련화를 쥐고 있다. 사자를 타고 있는 것은 위엄과 용맹을 나타낸 것이고 1자(字)문수 · 5자문수 · 8자문수 · 1계(髻)문수 · 5계문수 · 아문수(兒文殊) 등의 종류가 있어, 모양이 각기 다르다. 이 보살은 석존의 교화를 돕기 위하여 일시적인 권현(權現)으로 보살의 자리에 있다고도 한다. 벌써 성불하여 용존상불(龍尊上佛) · 대신불(大身佛) · 신선불(神仙佛)이라 하며, 또 미래에 성불하여 보견여래(普見如來)라고 부른다 한다. 또는 현재 북방의 상희세계(常喜世界)에 있는 환희장마니보적여래라고도 이름하며 이 부처님의 이름을 들으면 4중죄(重罪)가 없어진다고 한다.

56) 보현보살 (普賢菩薩)

선재동자가 보살의 지혜와 행을 묻기 위하여 방문한 53선지식 가운데 54번째 선지식이다. 문수보살(文殊菩薩)과 나란히 석가불의 협시(脇侍)로서 부처님의 이(理) · 정(定) · 행(行)의 덕을 담당한다고 한다. 보현행원품에는 십대원(十大願)을 발하고, 또 보현십라찰여상(普

賢十羅刹女像)과 같이 『법화경』의 송지자(誦持者)를 수호한다고 설하며, 문수(文殊)와 함께 모든 보살의 상수(上首)로서 단독으로 신앙된다. 육아(六牙)의 흰코끼리를 타는 것으로 유명하다. 밀교에서는 금강살타(金剛薩埵)와 동체라 하고, 태장계만다라중태팔엽원(胎藏界曼茶羅中胎八葉院)의 동남우(東南隅)에 있어 왼손의 칼을 세운 연화를 갖고, 오른손은 삼업묘선(三業妙善)의 인(印:손바닥을 위로 향하여 약지와 새끼 손가락을 구부린다)을 하고 계신다. 특히, 연명(延命)을 수행하는 본존을 보현연명보살(普賢延命菩薩)이라한다.

57) 미륵보살(彌勒菩薩)

대승불교의 대표적인 보살 가운데 하나로서 미륵은 친우를 뜻하는 미트라(mitra)로부터 파생한 마이트리야(Maitreya)를 음역한 것으로서 자씨(慈氏)로 의역되며 아직 부처님이 되기 이전의 단계에 있기 때문에 보살이라고 부른다. 따라서 미륵보살은 흔히 자씨보살로도 불린다. 불교사상의 발전과 함께 미래불이 나타나서 석가모니 부처님이 구제할 수 없었던 중생들을 남김 없이 구제한다는 사상이 싹트게 됨에 따라 미륵보살이 등장하게 된 것이다. 이 미륵보살은 인도의 바라나시국의 바라문 집안에서 태어나 석가모니불의 교화를 받으면서 수도하였고, 미래에 성불하리라는 수기(授記)를 받은 뒤 도솔천(兜率天)에 올라가 현재 천인(天人)들을 위해서 설법하고 있다고 한다. 미륵보살은 석가모니불이 입멸(入滅)한 뒤 56억 7천만년이 되는 때, 즉 인간의 수명이 8만세가 될 때에 이 사바세계에 태어나서 화림원(華林圓)안의 용화수 아래에서 성불하여 3회의 설법으로 272억인을 교화한다고 하였다.

58) 화장세계(華藏世界)

연화장세계·연화장장엄세계해(蓮華藏莊嚴世界海)의 준말로 화장계라고도 한다. 석가모니불의 진신(眞身)인 비로자나불의 정토이며 가장 밑은 풍륜(風輪), 풍륜 위에 향수해(香水海)가 있고, 향수해 가운데 대연화가 있으며, 이 연화 안에 무수한 세계를 포장(包藏)하였다한다.

59) 시방(十方)

동·서·남·북·사유(四維, 동북·동남·서남·서북)·상·하 이다. 대승불교에서는 시방에 무수한 세계와 부처님이 계시다 하여 시방에 있는 정토를 시방정토·시방불찰·시방불토라 하는데 여기 행원품에도 많이 보인다.

60) 공(空)

공이라는 용어는 śūnya(텅빈)라는 형용사나 śūnyatā(공한 것, 空性)라는 명사의 번역어이다. 초기 불교 경전에는 공이라는 용어가 주로 무상(無常)과 무아(無我)를 통찰한 결과 얻어지는 삼매(三昧)의 상태를 의미하는 말로 사용되었다. 『대공경(大空經)』등에는 청정하고 맑은 정신 상태를 공에 머무른 상태라고 표현하고 있다. 대승불교에 와서 공의 의미는 보다 심오하고 다양하게 전개되었다.

대승의 근본경전인 『대품반야경(大品般若經)』과 그 주석서인 「대지도론(大智度論)」에는 공의 의미를 열 여덟 차원(十八空)으로 나누어 설명하고 있다. 십팔공설은 일체법이 다 공하다(諸法皆空)는 것을 종적·횡적으로 밝히고자 한 것으로 공(空)사상을 더욱 천명하였으며, 십팔공설(十八空說)은 다음과 같다.

① **내공(內空)** : 우리의 주관인 육근[24]은 인연으로 생긴 것이기에 자성(自性)이 없으므로 공(空)하다는 것이다. 십팔공론(十八空論)에는 수자공(受者空)이라 하였으니 수(受)란 곧 감각의 뜻이다. 우리가 고(苦)니 낙(樂)이니 하는 것도 심(心)과 경(境)의 상대에서 일어나는 것으로 공(空)이라 한 것이다.

② **외공(外空)** : 18공의 하나로 객체로서의 바깥 대상이 더럽혀져서 청정(淸淨)한 모습이 아닌 것을 말한다. 우리 인식의 대상이 되는 육경(六境)도 인연으로 생멸(生滅)하니 공하다고 한 것이다.

③ **내외공(內外空)** : 위에서 내(內)와 외(外)를 구분하였으나 내외(內外)가 따로 따로 실재(實在)한다고 하면

---

[24] 육근(六根) : 여섯 개 기관, 여섯 가지 감각기관, 여섯 가지 인식능력이다. 근(根)은 인식기관을 의미한다. 안(眼)·이(耳)·비(鼻)·설(舌)·신(身)·의(意)가 그 대상에 대하여 감각(感覺)·인식작용(認識作用)을 하는 경우, 그 의지처가 되는 작용을 하는 것이다. 곧, 시각기관(視覺機官 : 시신경(視神經))과 그에 의한 시각능력(안근(眼根)), 이하, 청각(이근(耳根))·후각(비근(鼻根))·미각(설근(舌根)), 그리고 촉각기관이나 촉각능력(신근(身根))의 오근(五根)과, 또 사유기관(思惟機官)과 그 능력(의근(意根))을 합하여 육근(六根)이 된다.

이는 자아(自我)가 있다는 망집(妄執)에서 비롯된 것으로 내(內)라는 것 외(外)라는 것도 함께 공(空)하다고 하는 것이다.

④ **공공(空空)** : 내외(內外)가 다 공(空)하다고 하면 그 공한 것이 따로 있다고 생각하기 쉬우나, 공이란 것이 따로 있는 것이 아니므로 이런 관념을 깨트리는 것이다. 공의 일변(一邊)에 떨어지는 것을 후세엔 흔히 편공(偏空) 악취공(惡取空)이라 하여 금한다.

⑤ **대공(大空)** : 동서남북 사유(四維) 상하(上下)의 십방허공(十方虛空)이 근본적으로 공한 것인데 사람들은 허공이 실유(實有)하다는 생각을 가지므로 대공은 이를 타파하는 것이다. 십팔공론(十八空論)에는 "시방(十方)의 한량없는 공간(空間), 이것이 공하기 때문에 대공이라 한다"고 하였다.

⑥ **제일의공(第一義空)** : 제일의(第一義)란 말은 열반(涅槃)을 말하는 것으로서 열반이란 모든 미혹(迷惑)과 망집(妄執)을 떠난 불생불멸(不生不滅)의 경계이다. 그러므로 우리는 자칫 잘못하면 어디 따로 열반이라 할 진실된 경계가 있는 것처럼 생각하기 쉬우나 만일 열반이라 하는 경계가 따로 있다고 하면 그것은 이름에 사로잡힌

우리의 인식일 뿐 열반은 어디에 따로 있는 것이 아니라고 하는 것이다.

⑦ **유위공(有爲空)** : 유위법[25]이라는 것은 인연의 화합으로 이루어진 모든 현상계의 법을 말하는 것이니 이것은 불변(不變)의 자성이 없어 공하다는 것이다.

⑧ **무위공(無爲空)** : 무위법[26]이라는 것은 유위법(有爲法)의 본체적인 것으로 실재(實在)하는 것 같지만 그 자체는 이미 공적(空寂)한 것이니 그것을 가지고 실로 있다고 해서는 안 된다는 것을 밝힌 것이다.『대지도론[27]』에는 이를 일러 "유위(有爲)와 무위(無爲)는 서로 대립된 것이니 만일 유위를 제(除)하면 무위(無爲)가 없고 무위를 제하면 유위가 없다"고 하여 유위, 무위가 우리의 상대

---

25) 유위법(有爲法) : 형성된 것의 존재형태. 여러 종류의 조건이 모여서 형성된 것이라는 뜻이다. 이것은 윤회하는 우리들의 생존을 구성하고 만들어진 것이다. 인연에 의해 생멸하는 현상계의 일체의 사물, 다양한 원인과 조건에 따라 생성된 존재, 인과 관계위에 있는 존재를 말한다. 어떠한 것도 하나의 인연에 의해 생겨나는 것은 결코 없다.
26) 무위법(無爲法) : 생멸 변화를 떠난 상주절대(常住絶對)의 상태, 작용을 갖지 않는 것, 인연의 지배를 받지 않는 열반 등, 윤회(輪回)로부터 해탈한 경지와 연기의 이(理)등을 말한다.
27) 대지도론(大智度論) : 100권으로, 용수(龍樹)보살이 저술하고 구마라집이 번역한 것으로『마하반야바라미경』을 자세히 풀이한 것이다.『지도론』이라 약칭한다. 또는『지론(智論)』·『대론(大論)』·『대지석론(大智釋論)』이라고 한다.

적 인식을 초월하여 두 가지가 별개로서 존재하고 있지 않다는 것을 밝혔다.

⑨ **필경공(畢竟空)** : 궁극 절대의 공으로 모든 것이 공이라고 본 궁극의 공이다. 불교에서 허망한 견해를 깨뜨리기 위하여 이상을 공이라고 한다. 그러나 이 공은 유에 대하는 단공(單空)이 아니고, 우리가 생각하는 것과 같은 상대적인 공을 다시 공한 절대 부정의 공이다. 이 일체의 공까지도 공하였다는 것을 필경공이라 한다. 즉, 유위, 무위법이 다 공(空)일진데 필경 다 공이라는 것이다.

⑩ **무시공(無始空)** : 이것은 시간적으로 보아 어떤 기원(起源)이 있다는 것을 부정한 것이니 시간 그 자체는 공(空)한 것으로 비록 현상계에서 삼세(三世)가 인정되더라도 그것은 우리가 인식상에서 그렇게 나누어 놓은 것일 뿐 과거는 무시(無始)이고 미래는 무궁(無窮)할 뿐이라는 것이다. 『대지도론(大智度論)』에는 "세간과 중생 온갖 법(法)이 다 비롯한 때가 없으니 금생(今生)은 전세(前世)에 의하여 있고 전세는 다시 그 전세에 의하여 있는 것과 같다"고 하였다.

⑪ **산공(散空)** : 지혜로 분해하면 공이 되는 것으로 예를 들어 개인존재(有情)를 열어 요소로 분해하면 아무 것

도 남지 않음을 말한다. 무위법(無爲法)이 존재 상태에 나아가서 말함이니 유위법(有爲法)은 인연이 다하면 결국 흩어 없어짐을 말한 것이다. 무산공(無散空)과 같다.

⑫ **성공(性空)** : 유위법이건 무위법이건 그 법성(法性)은 누가 만든 것이 아니고 원래 공(空)하다는 것으로 법성이라 따로 할 것이 없다는 것이다.

⑬ **자상공(自相空)** : 이는 제법(諸法)의 개별상(個別相)의 면으로 보아 제법에는 차고 덥고 딱딱하고 등의 각각대로의 모양이 있지만 이 모든 것은 본래 다 공하는 것이다. 앞의 성공(性空)이 제법의 총상(總相, 全體的)의 면에서 자성(自性)이 공하다는 것을 밝힌 것이라면 이는 별상(別相, 個別的)의 면에서 공임을 밝힌 것이다.

⑭ **제법공(諸法空)** : 모든 것은 실체가 없고 모두는 공임을 말한다. 위에서 말한 일체제법이 그대로 공(空)하다는 것을 통틀어 말한 것이다.

⑮ **불가득공(不可得空)** : 일체의 법(法)이 공(空)하다면 우리의 주관상으로 보아서 무엇을 알았다든지 얻었다든지 하는 관념조차도 공이어야 한다. 그러므로 이 경지에선 우리의 관념조차도 공이므로 번뇌, 보리가 공임을 물론 번뇌를 끊는다든지, 보리(菩提)를 얻는다든지 하는 것

마저도 있을 수 없게 된다. 다시 말하면 이 불가득공(不可得空)이란 우리가 무엇을 구할 것도, 알 것도, 또 얻을 것도 따로 없다는 것을 나타내는 것이라 하겠다.

⑯ **무법공(無法空)** : 앞의 여러 가지 공(空)은 법(法) 그 자체가 공하다는 것이다. 또는 공하다는 주관까지도 공하다는 것을 말하였는데 이제부터는 시간적으로 보아 공함을 밝힌 것이니 이는 과거법(過去法)은 이미 다 인연이 다하여 없어져 버렸으므로 공이라 한 것이다.

⑰ **유법공(有法空)** : 인연화합에 의해 생겨난 모든 사물을 유법(有法)이라고 하고, 유법의 실성(實性)이 공이라는 것이다. 현재의 제법(諸法)도 인연의 가합(假合)으로 시시각각 생멸변화(生滅變化)하고 있으니 이것도 공하다는 것이다.

⑱ **무법유법공(無法有法空)** : 무물성공(無物性空)이라고도 한다. 무법(無法 : 존재하지 않는 것)도 유법(有法)도 모두 공이다. 무법(無法)은 사멸한 법이고, 유법(有法)은 생긴 법이다. 또는 무법(無法)은 과거·미래의 법이고, 유법은 현재의 법이다. 존재하지 않는 것도, 존재하는 자성(自性)도 모두 공이라는 것이다. 결국 시간적으로 생기고 멸하는 일체 제법은 다 공하다는 것을 말한다.

이상이 십팔공설(十八空說)인데 이것은 결국 제법(諸法)의 실상(實相)을 각 방면으로 파헤친 것으로 주관적인 것이든 객관적인 것이든 또한 시간적으로 보든 공간적으로 보든 모두가 공(空) 아님이 없다는 것을 철저히 규명한 것이다.

그렇다고 공을 진리로 내세우거나 일체의 존재를 부정한 것도 아니니 만일 공만이 진리라 하면 이미 그것은 공에 빠진 편견이요 또한 일체의 존재를 부정한다면 일체에 엄연히 존재하고 있으니 도리에 맞지 않는 편견일 뿐이기 때문이다. 이 세상의 모든 것은 공 그대로 존재하고 있다. 즉 존재하고 있다는 그 사실은 바로 공인 것이다. 따라서 이러한 공관(空觀)은 바로 모든 존재의 실상을 철저히 규명하여 실로 있다든지 실로 없다든지 또는 실로 상주(常住)한다든지 실로 단멸(斷滅)한다든지 하는 등의 그릇된 편견을 버리고 중도(中道)를 살려 바른 지혜를 갖게 하는데 그 뜻이 있다고 하여야 할 것이다. 경(經)에 "색(色)이 공(空)과 다르지 아니하고 공(空)이 색(色)과 다르지 아니하니 색(色)이 곧 공(空)이요 공(空)이 즉 색(色)이며 수(受)·상(想)·행(行)·식(識)도 또한 이와 같으리라. 사리자야, 이것이 제법(諸法)의 공(空)한 모습이니 남음도 아니요 멸함도 아니며…(色不異空 空不異色 色卽是空 空卽是色 受想行識 亦復如是 舍利子 是諸法空相 不生不滅…) 라고 한 것은 모두 이 중도(中道)의 의미를 말한 것이라 하겠다.

또 공의 교설(敎說)이 내포하고 있는 의미는 다음의 세 차원으로 나누어 해명해 볼 수 있다.

첫째, 존재론적으로 공은 모든 실체의 무자성성과 연기[28]성을 의미한다. 인연에 의해 생성된 모든 현상의 존재들은 변화하고 언젠가는 사라지는 것이다. 현상계는 인연에 의해 생성되므로 인연의 화합이 없어지면 공하게 된다는 것이다. 뿐만 아니라 또한 인연에 의해 생기지 않는 허공이나 열반 등과 같은 무위법(無爲法)도 공하다. 눈앞에 드러나고 있는 현상은 인연에 의해 존재하는 가유(假有)일 뿐 그 실체(substance)는 공한 것이다. 그러

---

28) 연기(緣起, pratityasamutpāda) : 인연생기(因緣生起)의 준말이다. A(緣)에 의해 B(起)가 일어나는 것, 무엇에 의해 일어난다는 뜻이다. 모든 현상은 무수의 원인(因)과 조건이 서로 관계해서 성립되어 있는 것으로, 독립 자존이 아니고, 제조건과 원인이 없어진다면 결과(果)도 저절로 없어진다는 것이다. 불교의 기본적 교설로 현상적 존재가 서로 의존하여 생겨나고 있는 것을 말한다. 상의상관성(相依相關性)과 무자성(無自性)을 표명하는 불교의 중심교리를 말한다. 모든 존재는 상의상관성의 법칙에 의해 생성, 소멸한다는 관계성의 존재론이다. 부처님의 깨달음은 바로 이 연기법을 깨달은 것이라고 한다.

므로 시방(十方)과 허공 등의 공간 관념이나, 중생이나 모든 사물에 어떤 시작이 있다는 시간관념도 공한 것이다. 이러한 공의 연기론적 의미를 공의(空義, śunyatātha)라고도 한다.

둘째, 인식론적 차원에서 볼 때 공은 얻을 것도 없고 얻어야 할 진리라는 관념도 없다. 인식의 주관인 몸과 마음이 요소, 즉 감각·지각·사고뿐만 아니라 인식의 대상이 되는 외적 객관도 모두 공하다. 무엇을 알고 얻을 것이 있다는 관념조차 있을 수 없다. 이를 무소득공(無所得空) 또는 불가득공(不可得空)이라고 한다. 깨달을 법이 없기 때문에 진리를 구하고 얻고 깨달을 것도 없다는 것이다. 그러므로 공(空)도 또한 공(空)하다고 한다. 이것은 모든 존재의 요소가 다 공하다고 하면 공이라는 것은 존재할 것이라는 공의 실재화와 관념화의 오류를 논파하기 위함이다. 또한 불교 이외의 사상에서 말하는 실체설(實體說)이나 불교에서의 자아와 법에 집착하는 실유관(實有觀) 등을 부정하는 것이다. 공의 교설은 불교에서 말하는 궁극적 진리의 본체인 진여(眞如)나 열반 등 최고의 진리까지도 공하다고 밝힌다. 궁극적 진리나 진실의 실상이 존재한다고 믿게 되면 이미 그 이름에 집착하여 진리를 관념화하는 희론에 떨어지게 되기 때문이다. 이러한 평등일미(平等一味)한 제법의 진실상을 공성(空性)이라고도 한다.

셋째, 종교적으로 공의 진리는 무명과 번뇌를 타파하고 희론을 적멸케 하는 수행방법이다. 이러한 공의 목적과 효용을 공용(空用)이라고도 한다. 이러한 공의 체득에 의해 어디에도 머무르지 않는 절대자유와 테두리 없는 마음을 얻는 것이다. 여기에서 대승보살도의 근본이 되는 자타불이(自他不二)의 동체자비[29]와 무연자비[30]의 실천이 필연적으로 따르게 된다. 공이 내포하고 있는 종교적 해탈의 논리는 분별적 이원론에서 벗어난 불이적(不二的) 무한부정적의 논리이다.

---

29) 동체자비(同體慈悲) : 일체 중생의 몸과 자신을 동체일신(同體一身)으로 보고 고통을 없애고 즐거움을 주는 마음을 동체자비라한다.
30) 무연자비(無緣慈悲) : 무조건의 자(慈)로 상대의 어떠한 것도 묻지 않고, 일체 평등으로 구제하는 자비심이다. 연(緣)은 연관(緣觀)으로 상대를 분별하는 것이다. 일체 평등의 이치를 깨달아 상대의 상(相 : 모습)을 가리지 않고 행하는 자비를 말한다. 무연(無緣)이란 진여평등(眞如平等)의 이치를 깨달아 중생의 본체(本體)가 허망하다는 것을 알고 일으키는 자비로서, 중생의 몸을 연으로 해서 일으키는 것과는 다르다. 구애됨이 없는 자비, 부처님의 대자비는 평등하여 차별이 없고, 어떠한 관계도 없는 것에도 스며들어간다.

5. 7처 9회 39품

육육육사급여삼 일십일일역부일
六六六四及與三 一十一一亦復一

아홉차례에 걸쳐 39품을 7곳에서
설법하시니 다음과 같다

세주묘엄여래상 보현삼매세계성
世主妙嚴如來相 普賢三昧世界成

세주묘엄 여래현상 세계성취품

화장세계노사나 여래명호사성제
華藏世界盧舍那 如來名號四聖諦

화장세계 비로자나 여래명호품
사성제품

광명각품문명품 정행현수수미정
光明覺品問明品 淨行賢首須彌頂

광명각품 보살문명품 정행품과
현수품 승수미정상품

수미정상게찬품 보살십주범행품
須彌頂上偈讚品 菩薩十住梵行品

수미정상 게찬품과 보살십주품
범행품

발심공덕명법품 불승야마천궁품
發心功德明法品 佛昇夜摩天宮品

발심공덕품과 명법품 불승야마
천궁품과

야마천궁게찬품 십행품여무진장 夜摩天宮偈讚品 十行品與無盡藏	천궁계찬품 십행품과 무진장품
불승도솔천궁품 도솔천궁게찬품 佛昇兜率天宮品 兜率天宮偈讚品	불승도솔천궁품 도솔천궁게찬품
십회향급십지품 십정십통십인품 十回向及十地品 十定十通十忍品	십회향품과 십지품 십정품과 십통 십인품
아승지품여수량 보살주처불불사 阿僧祇品與壽量 菩薩住處佛不思	아승지품 수량품과 보살주처품 불부사의품
여래십신상해품 여래수호공덕품 如來十身相海品 如來隨好功德品	여래십신상해품과 여래수호공덕품
보현행급여래출 이세간품입법계 普賢行及如來出 離世間品入法界	보현행품과 여래출현 이 세간품 입법계품의 이와같은 품으로 이뤄졌으니 이 모든 품
시위십만게송경 삼십구품원만교 是爲十萬偈頌經 三十九品圓滿敎	십만게송 경을 이루고 삼십구품 원만한 가르침되네.

1) 칠처구회(七處九會)

60권본 『화엄경』에서 34품을 7처 8회에서 말하였다고 하는데 대하여, 80권본 『화엄경』에서는 1부(部) 39품(品)을 7처 9회에서 말하였다고 하는 것이다. 제1회 6품은 보리도량(菩提道場), 제2회 6품은 보광명전(普光明殿), 제3회 6품은 도리천(忉利天), 제4회 4품은 야마천(夜摩天), 제5회 3품은 도솔천(兜率天), 제6회 1품은 타화천(他化天), 제7회 11품은 보광명전, 제8회 1품은 보광명전, 제9회 1품은 중각강당(重閣講堂)이다.

2) 노사나불(盧舍那佛, Vairocana-Buddha)

비로자나불(毘盧舍那佛)이라고도 한다. 노사나불은 무량겁 동안 수행한 끝에 깨달음을 얻어서 연화장장엄세계해(蓮華藏莊嚴世界海)에 머물며 털구멍마다에서 화신(化身)을 나투어 시방에 광명을 말하고 무량한 가르침을 베풀어 일체중생을 제도한다고 한다.

3) 여래(如來, tathāgata)

수행을 완성한 사람, 인격완성자, 완전한사람, 향상애 전념한 사람, 진리의 체현자를 말한다. 불교뿐만 아니라 당시 인도의 일반제종교에서 널리 사용되었던 호칭이다. 자이나교에서는 알마다가디어로 수행완성자 tathāgaya 라고 한다. 부처님의 10호 중의 하나로 깨달음의 완성에 도달한 부처님, 특히 대승불교에서는 '진여(眞如)로부터 내생(來生)하는 것'의 뜻으로 해석한다. 진여(眞理)로부터 와서(진리의 체현자로써) 중생을 가르쳐 이끈다는 활동적인 측면에서 본 부처님의 다른 이름이다. 여(如)란 깨침의 묘처(妙處)에서 나타난 사람, 있는 그대로의 절대적인 진리에 따라 와서 나타난 사람, 일행(一行)의 해석에 의하면 제불이 여실한 도에 올라와 올바른 깨달음을 얻도록 지금의 부처님도 이렇게 온다는 뜻이다. 즉, 진리의 세계에서 오시고 다시 진리의 세계로 드시는 분이다.

4) 사성제(四聖諦)

부처님의 초전법륜(初轉法輪)에서 설해진 불교의 기본 교리로 네 가지의 성스러운 진리이다. 부처님께서 12인연관에 의해서 무아의 대도(大道)를 이룬후 보리수 밑에서 녹야원(鹿野園)에 이르러 다섯 비구들에게 최초의 설법을 한 것이 이 사성제의 법문이라 하여 원시불교 교리의 대강(大綱)이 되어 있다. 화엄경 사성제품에서는 이 사성제가 다양한 이름과 방편으로 설해지고 있다.

① **고성제(苦聖諦)** : "세상의 모든 것은 괴로움이라는 진리"다. 모든 중생은 고통받고 있다. 고제(苦諦)란 현실의 혼미한 세계는 고해(苦海)라는 것이다. 태어남도 괴로움이며, 늙어감도 괴로움이며, 죽음도 괴로움이며, 미운 자와 만나는 것도 괴로움이며, 사랑하는 자와 헤어지는 것도 괴로움이라 하여 사고(四苦)·팔고(八苦) 등을 말하고 있고, 인생은 시시각각으로 죽어가는 것, 멸하여 가는 것에 틀림없는 괴로움의 적집체(積集體)이며 인생은 괴로움에서 출발하여 괴로움으로 끝난다는, 모든 존재는 사라지는 운명에 얽매여져 있다는 진상(眞相)을 말한 것이다.

② **집성제(集聖諦)** : 집제(集諦)란 인생이 괴로움의 바다에 빠진 원인은 갈구해 마지않는 애착심에서 일어난다는 것을 밝힌 것이다. 인생은 성욕, 식욕, 수면욕 등의 다섯 가지 감각의 만족을 느끼려는 애욕의 집착에 사로잡

혀 있으며, 물질에 대한 애착심, 영원한 생명을 희구하는 애착, 생존에 대한 애착 등이 모든 괴로움을 만드는 원인이라는 진상을 말한 것이다. 생존의 고통에는 그 고통을 일으킨 원인이 있다. 그것은 탐욕(貪), 원한(瞋), 어리석음(癡)이라는 번뇌의 쌓임과 그 상승작용에 의한 것이다.

③ **멸성제(滅聖諦)** : 번뇌가 원인이 되어 인생은 생사윤회 속에서 헤매고 있으며 부자유의 지옥에 속박되어 있다. 이와 같은 인생고의 진상인 애착심을 완전히 끊는 것이 궁극의 이상경임을 밝혀 준 것이다. 인생이 끊임없이 생사에만 윤회하고 이 필연의 운명에서 벗어날 수 없다면 인생은 참으로 슬픈 존재가 되고 말 것이다. 이것만이 인생의 전부가 아니며, 사라져 버리는 세계와 부자유한 속박의 세계에서 벗어나 자유의 세계로 나아가는 진상을 밝힌 것이다. 갈애로 인하여 괴로움이 생겼으니 이 갈애를 소멸시켜야 한다는 것이며, "고통이 없는 성스러운 진리"를 말하는 바 괴로움을 극복하고 오히려 즐겁게 살 수 있는 이상적인 삶의 형태를 밝힌 것이 멸성제이다. 고통의 원인을 소멸하는 진리, 그것은 니르바나이다.

④ **도성제(道聖諦)** : 도제(道諦)라는 것은 이와 같은 인생고를 다하고 이상경에 이르려면, 또는 모든 괴로움을

없애고 열반에 들어가려면 어떠한 방법으로 해야 하느냐 하는 것을 밝힌 것이다. 어둠의 세계에서 깨달음의 세계로 나아가는 수도 방법, 즉 니르바나에 이르기 위한 길, 그것은 여덟 가지 바른 실천으로 팔정도(八正道)이다. 팔정도란 바른 지혜(正見)·바른 사유(正思)·바른 언어(正語)·바른 행위(正業)·바른 생활(正命)·바른 노력(正精)·바른 생각(正念)·바른 선정(正定)이다.

5) 팔정도(八正道)

이상의 경지에 도달하기 위한 8가지의 길을 말한다. 8종의 실천덕목, 8종의 바른 생활태도를 말한다. 사(邪)를 여의므로 정(正)이라고 하며, 또한 성자의 도(道)이므로 성(聖)이라고 한다.

① **정견(正見)** : 불교의 진리를 지각한 바른 견해와 사상과 지혜를 말하는 것이며, 바르게 미오(迷悟)의 경지를 알아서 열반의 진실된 경지에 이르고자 하는 지혜행을 이르는 것이니, 보시(布施)를 믿고 구도자를 믿는 것 등의 행(行)을 말한다.

② **정사(正思)** : 화내는 마음, 죽이려는 마음을 업새고

부드럽고 자비스러운 깨끗한 마음으로 생각하는 것이다.

③ **정어(正語)** : 바른 언사(言辭)를 사용하는 정어업(正語業)을 뜻한다. 망어(妄語 : 거짓말), 악구(惡口 : 거친 말, 욕), 기어(綺語 : 아첨하는 말, 쓸데없는 말, 잡된소리들), 양설(兩舌 : 두 개의 혀, 이간질 시키는 말)등을 멀리한 바른 행동을 말한다.

④ **정업(正業)** : 몸으로 바른 행동을 하는 몸의 업을 말하는 것이다. 정견과 정사유에 의해서 얻어진 진실상(眞實相)을 언어로써 바르게 함을 기약할 뿐만 아니라, 그 행동으로 살생(殺生), 투도(偸盜 : 훔치지 말 것), 사음(邪淫 : 음란한짓 하지 말 것) 등을 행하지 않고 항상 자비와 기쁜 마음으로 몸가짐을 해야 된다는 것이다.

⑤ **정명(正命)** : 바른생활을 말한다. 행주좌와(行住坐臥), 어묵동정(語默動靜)의 일상 생활에 있어서 불교의 궤도에 어김없는 바르고 여법(如法)한 생활을 해야 한다는 뜻이다.

⑥ **정정진(正精進)** : 끊임없이 지적이고 쾌활한 불도(佛道)행위를 하여, 악을 없애고 선을 더해 욕심을 버리고 생각함을 바르게 해서 정도를 향하여 분투 노력하는 것을 말한다. 육체적 노력보다는 정신적인 노력을 가리킨

다. 불교의 이상인 열반(涅槃)을 향해가는 것을 말한다.

⑦ **정념(正念)** : 정도를 생각함으로써 그릇된 생각을 일으키지 않고 정법에 순종하여 따르는 것이다. 이상과 목적을 언제나 잊지 않고 기억하는 것이다.

⑧ **정정(正定)** : 바른 선정(禪定)의 종교 생활을 말하는 것으로 신심(身心)이 적정(寂靜)해서 어지러운 생각을 사라지게 하고 정신을 통일하여 정도에 집중하는 것이다.

• 수미정(須彌頂, sumeru śṛṅga)
수미산의 정상이다.

---

6) 공덕(功德)

훌륭한 결과를 불러일으킬 수 있는 공능(功能)을 갖춘 선한 행위이다. 범어로 'guna'로 훌륭한 덕성, 선한 성질, 선을 쌓아 얻을 수 있는 것을 의미하며 말하자면 덕을 말한다. 예로부터 불교에서는 공덕을 많이 닦고 쌓을 것을 강조해 왔다. 공덕은 결과에 앞서 쌓아가고 닦아 가는 과정에 보다 큰 의미가 있다

7) 야마천(夜摩天)

이 야마천부터는 앞의 2천이 지거천(地居天)임에 반하여 공중에 위치하고 있기 때문에 공거천(空居天)이라고 한다. 이곳에서는 때에 따라 5욕락(五欲樂)을 받는다고 한다. 도리천보다 수승한 하늘로서 남녀가 음양을 이룰 때에는 서로 가까이만 해도 되며 처음 태어났을 때는 인간의 3~4세와 같다고 한다.

8) 도솔천(兜率天, Tuṣita)

지족천(知足天), 희족천(喜足天), 묘족천(妙足天)이라고 번역하기도 한다. 이곳에서는 자기가 받는 5욕락에 스스로 만족한 마음을 내 안정되어 있다고 한다. 이곳에선 남녀가 서로 손을 잡는 것으로도 음양을 이룬다고 하는데 처음 태어났을 때는 인간의 4~5세와 같다고 한다. 그리고 이곳엔 내외의 2원(二院)이 있는데 외원은 천인들의 욕락처가 되고 내원은 미륵보살의 정토(淨土)로서 미륵보살은 이 곳에 있으면서 남염부주(南閻浮州)에 하강하여 성불할 때를 기다리고 있다고 한다. 석가모니 부처님께서도 이 세상에 오시기 전에는 도솔천 내원궁에서 호명보살로서 천인들을 교화하고 계시었다고 한다.

9) 회향(廻向, Pariṇāma)

회향(回向)이라고도 쓴다. '돌이킬 회, 향할 향'에서 알 수 있듯이 기도하여 얻어진 모든 공덕을 온 법계에 있는 일체 중생이나 자신의 보리에게 돌이켜 향하게 한다는 뜻이다. 흔히 회향을 끝으로 생각하고 있으나 기도는 끝이 있을 수 없다. 기도한 모든 공덕을 이웃에게 돌리면 다시 메아리쳐 돌아오게 된다. 회향 때에 맞추어 방생(放生), 자선(慈善), 대중공양(大衆供養)등의 행사를 하기도 한다.

10) 십회향(十回向, daśa-parinamana)

보살이 수행하는 계위(階位)인 52위(位) 중에서, 제31위에서 제40위까지를 말하며, 10행위(行位)를 마치고, 다시 지금까지 닦은 자리(自利)·이타(利他)의 여러 가지 행을 일체 중생을 위하여 돌려주는 동시에, 이 공덕으로 불과를 향해 나아가 오경(梧境)에 도달하려는 지위로서 구호일체중생 이중생상회향(離衆生相廻向救護一切衆生)·불괴회향(不壞廻向)·등일체제불회향(等一切諸佛廻向)·지일체처회향(至一切處廻向)·무진공덕장회향(無盡功德藏廻向)·입일체평등선근회향(入一切平等善根廻向)·등수순일체중생회향(等數順一切衆生廻向)·진여상회향(眞如相廻向)·무박무착해탈회향(無縛無着害脫廻向)·입법계무량회향(入法界無量廻向)을 말하고 있다.

11) 아승지(阿僧祇, asamkhya)

『화엄경』아승지품에서는 124대수(大數) 중 105이며, 무앙수(無央數)·무수시(無數時)라는 뜻으로 '무수한 시간'이라고 번역한다. 이것은 인도의 수단위로 일에서부터 십·백·천·만·억·조를 세어 60의 단위가 이에 해당되는데 중국에서는 여기에 해당하는 단위가 없기 때문에 이렇게 음역한 것이다.

6. 화엄경의 공덕

풍송차경신수지 초발심시변정각   이 경을 읽고 외어 믿어 지니면
諷頌此經信受持 初發心時便正覺   첫 마음 낼 때가 곧 깨친 때이니

안좌여시국토해 시명비로자나불   이와 같은 국토바다 편히 앉으면
安坐如是國土海 是名毘盧遮那佛   이 이름이 비로자나 부처님이네.

1) 풍송(諷誦, svādhyāyana)

경전을 암송하는 것, 경문을 외우는 것, 절(節)을 붙여 암송하는 것, 절을 붙여 경문을 읽는 것을 말한다.

2) 수지(樹脂, dhārayati)

가르침을 받아 기억하는 것으로 받아서 기억해두는 것이다. 수(受)는 마음속에 도탑게 영납(領納)하는 것이다. 지(指)는 보존하는 것으로 마음에 기억하여 잊어버리지 않는 것이다.

3) 초발심(初發心, prathama-citta-utpāda)

처음으로 깨달음을 구하는 마음을 일으킨다는 뜻으로 처음으로 발보리심(發菩提心)할 때 일체 중생을 널리 구제한다고 하는 보리심을 말한다. 천태종에서는 십주(十住)의 제1위이며 화엄종에서는 십신(十信)의 최후이다. 초발심(初發心)때, 즉 정각(正覺)을 이룬다고 한다.

4) 여시(如是, evam)

이와 같이, 이렇게 라는 뜻이다. 경(經)의 첫머리에 두는 말로 온갖 사물의 있는 그대로의 모습을 보이는 말이다. '이와 같이 들었음'이라고 하는 때의 여시(如是)는 '이것은 불타가 설한 교(敎)'라 믿고 의심하지 않는 것을 보이는 것이기 때문에 그 의미로 육성취(六成就) 중의 신성취(信成就)라 한다. 온갖 사물의 있는 그대로의 모습을 보이는 말이다. 그와 같다고 하여 상대에 대해서 허락하여 인정하는 말이다.

5) 비로자나불(毘盧遮那佛, vairocana)

 모든 부처님의 진신(眞身)의 법신불(法身佛)로서 이 부처님은 보통 사람의 육안으로는 볼 수 없는 광명(光明)의 부처이다. 법신은 빛깔이나 형상이 없는 우주의 본체인 진여실상(眞如實相)을 의미하는 것이다. 이 부처님을 신(身)이라고 하였을 망정 평범한 색신(色身)이나 생신(生身)이 아니며, 갖가지 몸이 이것을 근거로 하여 나오게 되는 원천적인 몸을 뜻한다. 그러나 이 부처님을 형상화시킬 때는 천엽연화(千葉蓮華)의 단상에 결가부좌를 하고 앉아, 왼손은 무릎 위에 놓고 오른손은 가볍게 들고 있다. 불상의 화대(華臺) 주위에 피어 있는 천 개의 꽃잎 하나 하나가 100억의 국토를 표현한 것으로서, 이 부처님이 있는 세계의 공덕무량함과 광대장엄함은 헤아릴 길이 없음을 조형화 한 것이다. 또 큰 연화로 이루어져 있는 이 세계 가운데에는 우주의 만물을 모두 간직하고 있다하여 흔히 연화장세계(蓮華藏世界)라고 한다. 이 연화장세계의 교주는 곧 3천대천세계의 교주이며, 우주 전체를 총괄하는 부처님께서 되는 것이다. 이는 비로자나불이 허공과 같이 끝이 없어서 어느 곳에서나 두루 가득 차 있음을 상징적으로 나타낸 것이다.

경전상으로 볼 때 비로자나불은 『화엄경』의 교주이다. 석가모니불을 응신(應身)으로 삼고 있는 비로자나불은 때와 장소 및 사람 등에 따라 가변성을 띠고 그 모습을 나타낸다.

법신불은 비로자나불에게 예배하고 귀의, 순종함으로써 부처님의 지혜 속에서 떠오를 현실계의 상황을 스스로의 눈에도 비치도록 하는 것이다. 그리고 이 비로자나불의 세계로 돌아가는 길은 보살행(菩薩行)을 통해서 가능해진다. 이는 형체가 없는 비로자나불이 보살들의 사회적 실천에 의해서 형체 있는 것으로 화현하는 과정을 의미하는 것이며, 최고의 깨달음으로 향하는 보살행이 깨달음 그 자체인 비로자나불에게로 돌아가는 길인 것이다.

우리 나라 사원에서 이 비로자나불을 봉안하고 있는 전각으로 대적광전(大寂光殿) 또는 대광명전(大光明殿)이라고 한다. 이러한 전각의 명칭이 붙여질 경우에도 보통 비로자나불을 중심으로 좌우에 노사나불(盧舍那佛)과 석가모니불을 봉안하게 된다. 또 비로전(毘盧殿) 또는 화엄전(華嚴殿)이라 할 때에는 보통 비로자나불만을 봉안하는 것을 상례로 삼고 있다. 법당안의 비로자나불상은 보통 지권인(智拳印)을 하고 결가부좌한 자세로 앉아 있다. 그러나 고려 말기부터는 이 지권인이 변형되어 왼손을 오른손으로 감싼 모습으로 표현하는 경우가 많았다. 또 이 비로자나불상 뒤에는 비로자나후불탱화가 봉안되는데, 이 곳에는 보통 화엄경의 설법장면이 많이 묘사된다.

제5장

법성게

제1절 원문과 해석

의상조사 법성게
義湘祖師 法性偈

법성원융무이상 제법부동본래적	오묘하고 원만한 법 둘이 없나니
法性圓融無二相 諸法不動本來寂	본바탕 고요하고 산같은 진리

무명무상절일체 증지소지비여경
無名無相絶一切 證知所知非餘境

이름과 모양 모두 없나니 지혜있는 이의 알바요 범부는 모름이라.

진성심심극미묘 불수자성수연성
眞性甚深極微妙 不守自性隨緣成

깊고도 현묘할손 진리의 성품, 제자리 벗어난 듯 세계를 나툼이여

일중일체다중일 일즉일체다즉일
一中一切多中一 一卽一體多卽一

하나에 모두 있고 많은데 하나 있어 하나가 곧 모두요 모두가 곧 하나이니

일미진중함시방 일체진중역여시
一微塵中含十方 一切塵中亦如是

한티끌 작은속에 세계를 머금었고, 낱낱이 티끌마다 세계가 다 들었네

무량원겁즉일념 일념즉시무량겁
無量源劫卽一念 一念卽是無量劫

한없는 긴시간이 한생각찰나이고 찰나의 한생각이 무량한 긴겁이니

구세십세호상즉 잉불잡란격별성
九世十世互相卽 仍不雜亂隔別成

가엾고 넓은세계 엉킨듯 한덩이나, 그러나 따로따로 뚜렷한 만상일세

초발심시변정각 생사열반상공화
初發心時便正覺 生死涅槃常共和

처음 발심했던때가 부처님을 이룬 때고 생사와 열반의 본바탕이 한 경계이니

이사명연무분별 십불보현대인경 / 있는듯 이사분별 혼연히 없는 그
理事冥然無分別 十佛普賢大人境 / 곳 시방제불보살의 부사의 경계로세

능인해인삼매중 번출여의부사의 / 부처님 해인삼매 그 속에 나툼이
能仁海印三昧中 繁出如意不思議 / 여, 쏟아놓은 부처님 진리 부사의 힘이여.

우보익생만허공 중생수기득이익 / 이로운 법의 비는 허공에 가득하
雨寶益生滿虛空 衆生隨器得利益 / 야 제나름 중생들도 온갖 원 얻게 하네

시고행자환본제 파식망상필부득 / 행자가 고향으로 깨달아 돌아가
是故行者還本際 叵息妄想必不得 / 면 망상을 않 쉴려도 않쉴 바가 없네

무연선교착여의 귀가수분득자량 / 무연의 방편으로 여의보 찾았으
無緣善巧捉如意 歸家隨分得資糧 / 니, 자기의 생각대로 재산이 풍족하네

이다라니무진보 장엄법계실보전 / 다라니 무진보배 끝없이 써서 불
以陀羅尼無盡寶 莊嚴法界實寶殿 / 국도 법왕국을 여실히 꾸미고서

궁좌실제중도상 구래부동명위불 / 중도의 해탈좌에 편안히 앉았으
窮坐實際中道床 舊來不動名爲佛 / 니 옛부터 동함없이 그 이름 부처일세

341
제5장 법성게

제2절 법성게 강좌

1. 제목

의상조사 법성게
義湘祖師 法性偈

1) 의상(義湘, 625~702)

신라 후기의 승려로, 중국 구법승, 화엄종의 개조이다. 644년(선덕여왕 13) 29세에 황복사(皇福寺)에서 출가하였다. 650년(진덕여왕 4) 원효(元曉)와 함께 당나라에 구법의 길을 떠났다가 요동 지방에서 고구려 순찰병에게 붙잡혀 수십일간 갇혀 있다가 돌아왔다. 661년(문무왕 1) 당나라 사신의 배를 타고 당나라에 가서 양주(楊洲)의 장군 유지인(劉至仁)의 초청을 받아 관아에 머물며 융숭한 대접을 받았다. 당시 화엄의 대가인 지엄(至嚴)을 종남산 지상사(至相寺)로 찾아가서 그 문하에서 교학을 연구하여 인가를 받아 이름을 떨쳤다. 지엄이 입적한 후 그의 뒤를 이어 문하를 지도하다가 671년(문무왕 11)에 귀국하였다. 국내 각처에서 교화활동을 펴다가 676년(문무왕 16) 왕명으로 태백산 아래에 부석사(浮石寺)를 세우고, 『화엄경』을 강론하여 해동 화엄종의 창시자가 되었다. 여기서 문도들의 교학지도는 물론, 왕으로부터 일반 서민에 이르기까지 교화를 널리 펴서 통일후의 국가 안정과 민심 수습에 정신적인 뒷받침이 되게 해서 그를 부석존자(浮石尊者)라고도 한다. 그 후 전국 10곳에 화엄종의 사찰 10개를 건립하고 702년(성덕왕 1) 9월 23일 나이 78세 법랍 49년으로 입적하였다. 고려 숙종으로부터 해동화엄시조 원교국사(海東華嚴始祖 圓敎國師)라는 시호가 내려졌다. 3천명의 문하 주에서 가장 뛰어난 10명을 의상문하 10덕(德)이라고 하는데, 오진(悟眞)·지통(智通)·표훈(表訓)·진정(眞定)·진장(眞藏)·도융(道融)·양원(良圓)·상원(相願)·능인(能仁)·의적(義寂)이 그들이다. 저술로는 「화엄일승법계도」「입법계품초기」「화엄십문간법관」「아미타경의기」「백화도량 발원문」「제반청문」이 있다.

2) 법성게 (法性偈)

신라의 의상스님이 중국에서 『화엄경』을 연구하면서 그 뜻을 요약하여 게송으로 적은 노래이다.

2. 시시등분(視示證分)

| 법성원융무이상 제법부동본래적 | 오묘하고 원만한 법 둘이 없나니 |
| 法性圓融無二相 諸法不動本來寂 | 본바탕 고요하고 산같은 진리 |

| 무명무상절일체 증지소지비여경 | 이름과 모양 모두 없나니 지혜있 |
| 無名無相絶一切 證知所知非餘境 | 는 이의 알바요 범부는 모름이라. |

1) 법성(法性)

제법(諸法, 모든존재·모든현상)의 진실한 본성이라는 말로서 만유(萬有)의 본체를 말하고 불교의 진리를 나타내는 말의 하나로, 진여·실상·법계 등의 다른 이름으로서 사용된다. 또는 존재의 진실로서 불변의 본성이나 존재로서 존재하게 하는 것을 말하고 사물의 본성과 진리의 본질 그리고 진실있는 그대로의 사물의 모습을 말한다. 즉 있는 그대로의 깨달음의 본성을 말하며 진여(眞如)와 동일하다. 모든 존재의 현상적 차별의 상(相)을 초월한 진실불변으로 절대평등한 본성으로 일체의 사물의 진실상주하고 상주불변한 이성(理性) 그 자체를 말하며 만유의 본체 즉 본래의 진실의 모습을 뜻하고 있다.

2) 원융(圓融, paripūrṇa)

각각의 것이 그 입장을 유지하면서 완전하게 일체가 되어 서로 융합하여 장해가 없는 것을 뜻하며 사물이 완전히 상즉(相卽)하고 서로 거리가 있어서 따로따로인 것을 격력(隔歷)이라고 하는 것에 상대되는 말이다. 절대와 상대와의 관계에 가깝고 화엄종에서 말하는 원융문(圓融門)이란 순차로 얕은 데서 깊은 곳으로 나아가 불과(佛果)에 이르는 행포문(行布文)에 대하여 낮은 곳에 있어도 금방 궁극의 깨달음을 완성한다고 하는 것을 말한다. 천태종에서 하는 말로는 상즉상입(相卽相入)과 같다.

> • 무이상(無二相)
> 대립하지 않고 두 가지 상이 없는 것을 뜻한다.

3) 제법(諸法, sarva-vastūni)

개체를 구성하는 모든 요소로서 존재하는 모든 것과

모든 사물, 제사상(諸事象) 또는 현상(現象)하고 존재하는 모든 물체를 뜻한다.

4) 부동(不動)

동요하지 않고 머뭇거리지 않는 것을 뜻하며 또한 움직임이 없고 혼란스럽지 않아 즉 보살선정(禪定)의 이름을 뜻하기도 한다. 또 다른 해석으로는 자기 신체 속에 재앙과 우환이 없는 것을 말하기도 하고 상이계(上二界)의 선(善)이라고도 하며 소승종성(種性)의 하나이기도 하다. 색계(色界) 제4선(第四禪)의 움직이지 않는 사수(捨受)의 정(定)에 들 때, 모든 움직일 수 있는 고락수(苦樂受)를 멸한 부분에 나타나는 진여(眞如)를 나타내는 말이기도 하다. 또한 보살계위(階位)의 하나로 부동지(不動地)와 동일하며 진언밀교에서는 맥관(脈管)의 이름이다.

5) 무명(無明)

무지(無知)라는 말로 우리들의 존재 근저에 있는 근본적인 무지(無知)를 말하며 십이인연(十二因緣)의 제일지

(第一支)로 생(生)·노(老)·병(病)·사(死)등의 모든 고(苦)를 초래하는 원인이다. 무명(無明)을 멸(滅)함으로써, 우리들의 고(苦)도 소멸한다고 한다. 가장 근본적인 번뇌로서 진실을 보지 못한 무지(無知)라는 뜻으로 진리에 어두워서 번뇌의 근원이 되고 과거세(過去世)로부터 무한으로 이어지는 무지(無知)이다. 설일체유부(說一切有部)에서는 대번뇌지법(大煩惱地法)의 하나로 생각되고, 유식파(唯識派)에서는 근본 번뇌의 하나로 여겨지며 치번뇌(癡煩惱)라고도 하고, 미망을 위하여 세상의 진실을 이해할 수 없는 것을 말하고 있다. 근본 번뇌와 상응하여 더불어 일어나는 상응무명(相應無明)과 저절로 일어나는 불공무명(不共無明)으로 나뉘고 유식파(唯識派)에서는 늘 인간에 뒤따르고 아라야식[1]속에 숨겨져 있는 수면무명(隨眠無明)과 이것이 현재에 작용하고 인간을 속박하는 전무명(纏無明)으로 나눠 설명한다.

---

1) 아뢰야식(阿賴耶識, ālayavijñāna) : 유식설(唯識說)에서 말하는 가장 근본적인 식의 작용이다. 감춰진 잠재의식, 마음속 깊은 곳에 있는 식, 실제로 계속 작용하고 있는 식(識)이라고도 한다. 근본식, 비가식적, 비현상적으로 의식하는 의식과 같은 것, 아라야란 저장소란 의미이므로 뭔가 실체적 장소적인 해석을 일으키기 쉬우나 그 본성은 비어(空) 있다고 한다. 유식설(唯識說)에서는 개인 존재의 주체, 또한 윤회의 주체이며, 신체 속에 있는 미세한 것이라고 여겨지고 있다.

6) 무상(無相)

형태나 모습이 없는 것으로 특별한 상을 갖지 않는 것을 말하며 사물에는 고정적, 실체적인 모습이라는 것이 없다라는 뜻이다. 그런 까닭에 실상은 무상(無相)이고, 무상(無相)은 실상(實相)이다라고 말해진다. 따라서 정해진 상(相)이 없고 정상(定相) 없음을 무상(無相)이라고 하며 이것에 의거하여 중국 화엄교학(華嚴敎學)에서는 무상(無相)은 육상(六相)의 한가지로 여겨진다. 불교의 수행자의 최고의 경지인 공(空)·무상(無相)·무원(無願)의 한가지로서 직역으로는 특정 짓는 것이 아무 것도 없다라는 것으로, 일체의 집착을 떠난 경지를 말하며 삼해탈문[2]의 하나이다.

7) 일체(一切, sarva)

만물의 전체를 말하며, 온갖 것, 모든 것의 뜻이 있다. 전부·다·전체를 포함할 때의 전분의 일체(全分의 一切)와 대부분을 포함할 때는 소분의 일체(少分의 一切)가 있

---

[2] 삼해탈문(三解脫門) : 해탈로 인도하는 세 가지 근본법문. ①공해탈문(空解脫門) ②무상해탈문(無相解脫門) ③ 무원해탈문(無願解脫門).

다. 또 일체(一切)의 법(法) 곧 오온[3]·12처[4]·18계[5]를 말하는 것처럼 각각 보는 각도에 따라 법의 체계를 말한다.

- 증지(證知) : 내심(內心)의 깨달음이나 분명히 아는 것을 의미한다. 증(證)으로서 안다고 하는 것은 증(證)은 험(驗)이며, 증거라고 하는 것을 뜻한다.
- 소지(所知) : 알아야 할 대상이나 알아야 할 것을 말하며 유식사상에 있어서는 3종의 존재 형태를 가리킨다.

---

[3] 오온(五蘊, pañca-skandha) : 인간존재를 구성하는 다섯 가지의 물리적, 심리적 요소. 즉 색·수·상·행·식(色受想行識)을 말한다. 여기서 온(蘊)이란 범어 skandha의 역어로서 집적(集積), 쌓임, 부분, 분단(分斷)을 의미한다. ① 흙덩이리 같은 색온(色蘊 : 물질적 요소, 색여취말(色如聚沫)). ② 물거품과 같은 수온(受蘊 : 인상작용, 수여포말(受如泡沫)). ③ 아지랑이 같은 상온(想蘊 : 표상작용, 상여양염(想如陽炎)). ④ 파초와 같은 행온(行蘊 : 맹목적인 충동, 행여파무(行如芭蕉)). ⑤ 몽환과 같은 식온(識蘊 : 순수감각, 의식, 식여몽환(識如夢幻)).

[4] 12처(十二處) : 눈·귀 등 6개의 기관과 그 대상, 주관면인 내적인 6개의 장(場)과 객관면인 외적인 6개의 장(場)에 대응관계가 있음을 정리하여 기술한 것. 즉 ① 눈과 색·형, ② 귀와 음성, ③ 코와 향기, ④ 혀와 맛, ⑤ 피부와 닿는 것, ⑥ 마음과 생각되어지는 것의 대립관계.

[5] 18계(十八界) : 인간존재의 18개 구성요소. 육근(六根)과 육경(六境)과 육식(六識)을 말한다. 십이처(十二處) 중 6개의 내적인 곳(六入處)에 있어서의 식별작용을 각각 따로 세어, 그들의 사이에 있어서의 대응관계를 명시한 것이다.

3. 현녹기분(顯綠起分)

진성심심극미묘 불수자성수연성
眞性甚深極微妙 不守自性隨緣成

깊고도 현묘할손 진리의 성품, 제자리 벗어난듯 세계를 나툼이여

일중일체다중일 일즉일체다즉일
一中一切多中一 一卽一體多卽一

하나에 모두 있고 많은데 하나 있어 하나가 곧 모두요 모두가 곧 하나이니

일미진중함시방 일체진중역여시
一微塵中含十方 一切塵中亦如是

한티끌 작은속에 세계를 머금었고, 낱낱이 티끌마다 세계가 다 들었네

무량원겁즉일념 일념즉시무량겁
無量源劫卽一念 一念卽是無量劫

한없는 긴시간이 한생각찰나이고 찰나의 한생각이 무량한 긴겁이니

구세십세호상즉 잉불잡란격별성
九世十世互相卽 仍不雜亂隔別成

가엾고 넓은세계 엉킨듯 한덩이나, 그러나 따로따로 뚜렷한 만상일세

초발심시변정각 생사열반상공화
初發心時便正覺 生死涅槃常共和

처음 발심했던때가 부처님을 이룬 때고 생사와 열반의 본바탕이 한 경계이니

이사명연무분별 십불보현대인경	있는듯 이사(理事) 분별 혼연히
理事冥然無分別 十佛普賢大人境	없는 그곳 시방제불보상의 부사
	의 경계로세.

1) 진성(眞性, dharmatā)

사물 현상의 본디의 성질, 가식이 없는 참된 성질을 뜻한다. 모든 인간이 지니는 진실한 본성이나 진여 그리고 법성 또는 본체를 말한다.

> • 극(極, atyartha)
> 매우, 궁극적인 것, 최상급을 나타낸다.

2) 미묘(微妙)

교묘(巧妙), 총민(聰敏), 헤아릴 수 없을 만큼 깊고 훌륭한 것, 뛰어나고 훌륭한 것, 말할 수 없는 부사의함이다.

3) 수연(隨緣)

연에 따르는 것, 연기의 도리에 따르는 것을 말하며 연에 따라 변하고 변화하여 나타나는 것을 뜻한다. 영향을 받아 사물을 생성하는 것이라고도 하고 불연에 은혜를 입는 것을 뜻하기도 한다.

4) 일중일체중(一中一切中)

공(空)·가(假)·중(中)의 삼관 중 중(中)은 중관(中觀) 하나만을 말하는 것이 아니라 공관(空觀)이나 가관(假觀)도 모두 중(中)이라는 뜻을 나타내는 구(句)이다. 일심삼보라고도 한다.

5) 일즉일체(一卽一切)

일이 즉 일체라고 하는 것으로 일과 일체가 서로 융합하여 무애(無礙)한 것을 말한다. 『화엄경』교리에서 일(一)과 다(多)가 융합하여 1중에 우주의 전활동(全活動)을 포용하여 융통무애함을 말한다. 만유의 개개의 실체는 차별적 존재 같기는 하나, 그 체는 본래 떨어져 있는 것이 아니므로 하나 하나가 모두 절대이면서 만유와 서로 융통하는 것이 마치 한 방울 바닷물에서 큰 바닷물의 짠 맛을 알 수 있는 것 같은 따위를 뜻하고 있다.

> • 일미진(一微塵)
> 일진(一塵), 하나의 극미한 분자를 가리키며 물질의 최소량을 말한다.
>
> • 무량(無量)
> 공간적으로 제한되지 않은 것으로 한이 없는 것을 말한다. 부처님의 덕이 한이 없이 많은 것을 나타낸다.

6) 겁(劫, kalpa)

겁파(劫波)라고도 쓰며 장시(長時)·대시(大時)라 번역된다. 1겁이 얼마의 시간이냐에 대하여는 일정치 않다. 아주 기나긴 세월, 세상이 한번 생겼다가 없어지는 시간이라 알아두는 것이 좋을 듯 하다. 지도론(智度論)의 개자겁(芥子劫)이란 사방 40리의 성안에 가득찬 개자씨를 100년만에 한 개씩 꺼내어 마침내 전부를 꺼내더라도 겁이 다하지 않는다는 것이고, 불석겁(拂石劫)이란 사방 40리의 큰돌을 100년만에 한번씩 엷은 천의(天衣)로 스치고 지나가 마침내 그 돌이 다 달아 없어져도 겁은 다하지 않는다는 것이고, 또 한가지 설에 의하면, 인간수명 무량세로부터 100년에 1세씩 차차 감하여 가서 인수(人壽) 10세가 되는 동안을 1중겁(中劫)이라 하고, 다시 100년마다 1세씩 늘어 인수8만세에 이르고 다시 줄어 10세에 이르는 동안이 1중겁, 이와 같이 하여 18회를 반복한 것이 18중겁이고 최후에 10세로부터 다시 늘어 8만세에 이르는 동안이 1중겁 이와 같이 하여 이상의 20중겁이 세계가 이루어진 모양대로 있는 것이므로 이것을 주겁(住劫)이라 하고, 또한 인수가 줄어가는 동안을 감겁(減劫)이라 하고, 늘고 있는 동안을 증겁(增劫), 그 다음에 세계가 허물어져 가는 동안을 괴겁(壞劫), 다음에 다 없어져 빈 채로 있는 동안을 공겁(空劫)이라 하며, 다시 세계가 이루어져 가는 동안을 성겁(成劫), 성겁의 시초를 겁초(劫初)라하고, 이 성·주·괴·공의 사겁(四劫)을 일대겁(一大劫)이라 한다. 사겁의 길이는 각각 20중겁이므로 일대겁은 80중겁이 되는 셈이다. 그리고 일중겁을 2소겁(小劫)으로 하는데 이것은 구사론(俱舍論)의 설이다.

7) 일념(一念, kṣaṇamiśraṇa)

극히 짧은 시간, 60찰나, 또는 90찰나를 일념이라 한다. 또 1찰나, 일순이라고도 한다. 현재의 찰나의 마음이나 극히 짧은 시간에 일어나는 마음의 작용 또는 현재 일순의 마음, 한번의 생각, 하나의 사념(思念)이라 하기도 한다. 오로지 염(念)하는 것으로 일심이라고도 한다. 중국에서는 염을 심념(心念)·관념(觀念)등으로 해석하고, 부처님의 모습을 염상(念想)하는 것을 말한다. 오로지 아미타불은 염하는 것이다.

8) 무량겁(無量劫)

헤아릴 수 없는 시간을 뜻하며 무한히 길고 영원에 걸친 긴 시간을 말한다. 겁(劫)은 우주적 시간의 단위를 나타내는 말로 영겁(永劫)과 동일하다

> • 잉(仍)
> 인(因)의 뜻이다. 상(尙), 역시라는 뜻으로도 쓰인다.
> • 변(便)
> 부처님의 경지의 소식이나 철저한 경지의 모습을 말한다.

9) 정각(正覺)

깨달음을 말하며 부처님의 깨달음 또는 바른 깨달음이며 우주의 대진리를 깨닫는 것을 말한다. 따라서 진리를 깨달은 사람을 뜻하고 부처님이나 여래(如來)와 같다.

10) 생사즉열반(生死卽涅槃)

깨달은 불지(佛智)로써 보면 미혹한 중생의 생사 그대로가 불생불멸(不生不滅)인 청정한 열반의 경지라는 뜻으로 항상 번뇌즉보리(煩惱卽菩提)와 대구(對句)로 사용된다. 왕환(往還)으로 회향(廻向)의 나무아미타불을 믿으면 생사의 미혹에 있으면서도 이미 다시 미혹하지 않기 때문에 생사이면서 열반이라고 한다.

11) 이사(理事)

도리(道理)와 사상(事相)이라는 뜻이다. 이것을 진(眞)·속(俗)에 배대(配對)하여 이(理)를 진제(眞諦), 사(事)를 속제(俗諦)라고도 한다. 곧 이(理)와 사(事)를 아울러 일컫는 말로, 이(理)는 절대평등의 본체, 사(事)는 만유차별의 현상계를 가리킨다.

> • 명연(冥然)
> 차별을 뚫어라는 뜻이다.

12) 무분별(無分別, avikalpa)

분별이 없는 것으로 물사(物事)를 분석, 구별하여 고찰하지 않는 것이며 상대적으로 견해를 취하지 않는 것을 말한다. 오식(五識)의 작용에 대하여 말한 것으로 망상(妄想)을 떠나고 정념(情念)의 분별을 떠나서 바르게 진지(眞智)를 체득하는 것을 말한다. 또, 수념(隨念)·계도(計度)가 수반되지 않은 인식작용을 뜻하기도 한다. 따라서 개념작용 및 사고작용을 가하지 않는 것으로 현량의 특질이다. 이것 저것 사고하지 않고 좀처럼 잘 생각하는 일이 없으며 이비선악(理非善惡)을 판별할 능력이 없는 것을 말하기도 한다.

13) 십불(十佛)

『화엄경』에서 하는 말로서 지엄(智儼)이 지은 「화엄공목장」 제2권에 있다. ① 해경(解境)의 10불을 의미하고 보살이 진지(眞智)로써 관할 때는 법계가 모두 불(佛)인 것이니, 이를 나눈 것으로서 중생신·국토신·업보신·성문신·벽지불신·보살신·여래신·지신·법신·허공신으로 나누고 있다. ② 행경(行境)의 10불로 수행이 완성한 뒤 얻은 부처님 경계를 열 가지로 나눈 것으로 정각불·원불·업보불·주지불·화불·법계불·심불·삼매불·성(性)불·여의불로 나누고 있다. 이 중에 제1은 총(總), 제2 이하는 별덕(別德)을 나누어 표시한 것이다.

14) 십신(十身)

『화엄경』에서 설하는 십종의 불신(佛身)으로 보통은 「화엄공목장(華嚴孔目章)」에서 보이는 이종(二種)의 십신(十身)이 사용된다. (1) 해경(解境)의 십불(十佛)로도 이것은 보살의 깨달음의 지혜에 의해 모든 것을 부처님으로 본 것으로 『화엄경』(27권)에서 드는 중생신(衆生身)·국토신(國土身)·업보신(業報身)·성문신(聲聞身)·벽지

불신(辟支佛身)·보살신(菩薩身)·여래신(如來身)·지신(智身)·법신(法身)·허공신(虛空身)을 말한다. (2) 행경의 십불(十佛)로는 이것은 보살의 수행이 완성한 부처님의 경계를 가리키는 것으로 『화엄경』(37권)에서 드는, 정각불(正覺佛)·원불(願佛)·업보불(業報佛)·주지불(住持佛)·화불(化佛)·법계불(法界佛)·심불(心佛)·삼매불(三昧佛)·성불(性佛)·여의불(如意佛)를 말한다. 이러한 행경의 10불은 해경(解境)의 10불(佛) 중의 제칠여래신(第七如來身)을 연 것이다. 또한 『화엄경』(40권)에는 2종의 10신(十身)을 들고 있다. 무착불(無着佛)·원불(願佛)·업보불(業報佛)·주지불(住持佛)·열반불(涅槃佛)·법계불(法界佛)·심불(心佛)·삼매불(三昧佛)·성불(性佛)·여의불(如意佛)로도 나뉜다.

• 지신(智身)
화엄종의 교학에서 말하는 해경십불(解境十佛)의 하나로서 완전한 지혜를 불신(佛身)으로 하는 것을 의미한다.

• 중생신(衆生身)

중생의 신체를 뜻하고 화엄종에서 말하는 해경십불(解境十佛)의 하나로 일체중생이 그대로 불신(佛身)이라는 것이다.

• 연각신(緣覺身)

연각의 몸 그대로가 불신(佛身)이라는 뜻으로 화엄의 해경십불(解境十佛) 중 하나이다.

• 여래신(如來身)

화엄종의 교학인 해경십불(解境十佛)의 하나로 불신(佛身)을 가리킨다. 다른 사람들을 구제하려는 바램을 실천하기 위해 부처님의 몸을 나타내는 것을 말한다.

• 업보신(業報身)

해경십불(解境十佛)의 하나로서 전세(前世)의 악업에 의하여 나타난 여신(女身)등 그대로가 불신(佛身)인 것을 말한다.

• 국토신(國土身)

화엄종에서 말하는 해경십불(解境十佛)의 하나로서 산하대

지초목국토(山河大地草木國土)가 그대로 불신(佛身)인 것이다. 국토를 불신(佛身)으로 간주하여 말한다.

• 보살신(菩薩身)
화엄교학에서 말하는 해경십불(解境十佛)중 하나로서 보살의 몸이 그대로 부처님의 몸이라는 뜻이다.

• 허공신(虛空身)
『화엄경』에서 설하는 해경십불(解境十佛)의 하나로서 허공 그대로가 불신(佛身)인 것을 말한다.

• 성문신(聲聞身)
성문(聲聞)의 신체를 뜻하며 『화엄경』에서 말하는 해경십불(解境十佛)의 하나로서 성문(聲聞)의 신(身) 자체가 불신(佛身)이라고 하는 것이다.

15) 해경십불(解境十佛)

해(解)란 깨닫는다는 말로 오해조료(悟解照了)의 뜻이

다. 화엄종의 교의에 의하면 부처님께서 보면 모든 것이 부처님께서 되어 있다는 취지로, 부처님의 십신체(十身體)를 세웠다. 행경십불(行境十佛)의 상대어이다. 해경십신(解境十身)·융세간십신(融世間十身). 화엄종에서 진실한 지해(智解)로써 법계(法界)를 볼 때에는 만유(萬有)는 모두 불신(佛身)이라 하여, 이것은 10종으로 나눈 것이고 중생신(衆生身)·국토신(國土身)·업보신(業報身)·성문신(聲聞身)·연각신(緣覺身)·보살신(菩薩身)·여래신(如來身)·지신(智身)·법신(法身)·허공신(虛空身)을 뜻하며 화엄(華嚴)의 깨달음에 의하면 중생도 존재하지 않는다. 모든 것이 부처님이고 유정비정동시성도(有情非情同時成道)라 한다.

16) 행경십불(行境十佛)

화엄종에서 보살이 수행을 성취해서 얻은 것 중에 불신(佛身)을 시방면에서 설명한 것으로 해경십불(解境十佛)의 반대어이다. ① 정각(正覺)을 성취하고, 세간에 안주해 열반과 생사에 집착하지 않는 무착불(無着佛), 또는 정각불(正覺佛)을 뜻한다. ② 부처님의 원력(願力)이 많은 덕을 낳는 원불(願佛)을 뜻한다. ③ 정식(淨食)이 선근(善根)을 유지해 정각(正覺)을 성취하는 주지불(住持佛)을 뜻한다. ④ 세상에 출현하신 화불(化佛)을 뜻한다. ⑤ 언제나 열반에 있는 열반불(涅槃佛), 또는 주지불(住持佛)을 뜻한다. ⑥ 불신이 모든 법계(法界)에 충만한 법계불(法界佛)을 뜻한다. ⑦ 중생의 심즉불(心卽佛)인 심불(心佛)을 뜻한다. ⑧ 항상 깊은 선정(禪定)에 집착하지 않는 삼매불(三昧佛)을 뜻한다. ⑨ 불변의 진리를 보고 본성을 이루는 성불(性佛)을 뜻한다. ⑩ 그 소망에 따라 교화이익을 이루는 여의불(如意佛)을 뜻하며 처음의 하나는 총덕(總德)이고 나중의 아홉은 별덕(別德, 개별의 덕)을 나타내는 것이다.

17) 융삼세간십신(融三世間十身)

『화엄경』에서 말한 2종의 10신(身)으로 불구십신(佛具十身)이다. 융삼세간(融三世間)의 10신이란, ① 중생신(衆生身 : 6도의 중생) ② 국토신(國土身 : 6도 중생의 의처(依處)) ③ 업보신(業報身 : 중생·국토의 2신을 일으키는 업인(業因)) ④ 성문신(聲聞身 : 사제(四諦)를 관(觀)

하여 열반을 구하는 것) ⑤ 독각신(獨覺身 : 12인연을 관(觀)하여 열반을 구하는 것) ⑥ 보살신(菩薩身 : 6도(度)를 닦아서 보리를 구하는 것) ⑦ 여래신(如來身 : 인과가 원만한 묘체(妙體) 곧 불신(佛身)) ⑧ 지신(智身 : 불신(佛身)이 갖춘 능증(能證)하는 실지(實智)) ⑨ 법신(法身 : 불신(佛身)이 갖추고 증(證)하는 진리) ⑩ 허공신(虛空身 : 염정이분(染淨二分)의 상(相)을 여의고 또한 염정이분(染淨二分)의 소의(所依)가 되어 법계(法界)에 두루하여도 형영(形靈)의 실체가 없는 것)등이다. 이 십신(十身)은 삼세간(三世間)의 모든 법을 융섭(融攝)하여 정각(正覺)의 체(體)가 되므로 융삼세간(融三世間)의 십신(十身)이라 한다. 융삼세간십불(融三世間十佛)과 동일하다.

4. 약유인명(約喩印名)

능인해인삼매중 번출여의부사의 부처님 해인삼매 그 속에 나툼이
能仁海印三昧中 繁出如意不思議 여, 쏟아놓은 부처님 진리 부사의
힘이여.

1) 해인(海印)

부처님께서 증득한 삼매의 이름이다. 큰 바다가 일체의 사물을 인상(印象)함과 같이 심연한 부처님의 지해(智海)로 일체의 법을 인현(印現)하는 것을 말한다.

2) 삼매(三昧, samādhi)

3마지(摩地)·3마제(摩提)라고도 하며 정(定)·정수(定受)·등지(等地)등이라고 한역한다. 마음이 조용히 통일되어 안락하게 되어 있는 상태로서 어떤 것에 마음을 집중시킴으로서 마음이 안정된 상태에 들어가는 것을 말한다. 선정(禪定)과 동의어로서 「대지도론」에 '一切禪定, 亦名定, 亦名三昧' 라고 한다. 마음을 한 곳으로 정하여

움직이지 않기 때문에 정(定), 바르게 소관(所觀)의 일을 받기 때문에 수(受), 평등한 마음을 유지하기 때문에 등지(等持), 제불·제보살이 유정계(有情界)에 들어가서 평등하게 그것을 지키고 생각하기 때문에 등념(等念), 정중(定中)에 법락(法樂)을 나타내므로 현법락주(現法樂住), 마음으로 난폭함을 조절하고 마음이 구부러진 곳을 바르게 하며 마음이 흩어진 것을 안정시키기 때문에 조직정(調直定), 마음의 움직임을 바르게 하고 법으로 합일시키는 의처(依處)가 되므로 정심행처(正心行處), 사려(思慮)를 멈추고 마음의 생각을 응결시키기 때문에 사려의심(思慮疑心)이라 한다.

3) 해인삼매(海印三昧)

해인정(海印定)이라고도 하고, 부처님의 『화엄경』을 설할 때에 들었던 삼매(三昧)이다. 일체의 것(과거·현재·미래를 통한)이 마음속에 나타난다고 한다. 인(印)은 베끼는 것을 의미하며 대양(大洋)에 모든 사물이 골고루 깊게 배어 나오게 되는(듯한) 마음의 고요함을 나타내며 화엄(華嚴)사상에서는 모든 것이 이것에 의해 나타나고 있다고 한다.

> • 여의(如意)
> 생각대로 되는 것, 모든 것이 자신의 뜻대로 되는 것을 말한다. 기쁨 때문에 마음을 빼앗기고 있는 것, 자신을 잊어버리고 있는 것이다.

4) 부사의(不思議)

불가사의(不可思議)라고도 하고 말로 표현하거나 마음으로 추측할 수 없는 것이다. 부처님의 깨달음의 경지나 지혜·신통력 등의 형용에 쓰인다.

5. 득이익(得利益)

우보익생만허공 중생수기득이익　이로운 법의 비는 허공에 가득하
雨寶益生滿虛空 衆生隨器得利益　야 제나름 중생들도 온갖 원 얻게
　　　　　　　　　　　　　　　하네

1) 허공(虛空, anāvṛti)

　공간이라는 뜻과 넓은 하늘이란 뜻을 가지고 있다. 허(虛), 공(空) 모두 무(無)의 별칭이다. 속이 텅 비어서 형질이 없고, 공(空)이고 그 존재가 다른 것에 장애가 되지 않는 까닭에 허공이라 이름하였다. 허공이라 함은 장애되는 게 없는 것이라는 뜻도 있다. 불교에서는 '~은 마치 허공처럼'과 같이 무한, 편만을 나타내는 경우의 비유에 곧잘 사용된다.

2) 중생(衆生, sattva)

　미혹의 세계에 사는 아주 작은 미물부터 넓게는 불보살에 이르기까지 모두 중생의 범주에 넣을 수 있다.

정식(情識)이 있는 생물로써 중생이라는 것은 현장 이전의 번역이고 현장(玄奘)이후에는 유정(有情)이라고 한다. 유정이란 마음을 지니고 있는 것, 살아 있는 것을 가리킨다. 중생이라는 뜻에는 여러 생을 윤회한다, 여럿이 함께 산다, 많은 연이 화합하여 비로소 생한다는 뜻이 있다. 이런 면에서 중연소생(衆緣所生)의 의미도 지니고 있다. 여러 존재를 인연하여 태어난다는 것, 무수한 인연들과 더불어 살아가는 존재로서의 중생이라는 것이다.

넓은 뜻으로 해석하면 오계(悟界)의 불·보살에게 통하나 보통으로는 미계(迷界)의 생류(生類)들을 일컫는 말이다.

6. 변수행방편(辨修行方便)

시고행자환본제 파식망상필부득   행자가 고향으로 깨달아 돌아가면
是故行者還本際 叵息妄想必不得   망상을 않 쉴려도 않쉴 바가 없네.

무연선교착여의 귀가수분득자량   무연의 방편으로 여의보 찾았으니,
無緣善巧捉如意 歸家隨分得資糧   자기의 생각대로 재산이 풍족하네.

• 시고(是故, tasmac) : 그러므로, 그런 까닭에, 지금 네가 알았다는 것이란 뜻이다.

• 본제(本際) : 진제(眞際), 실제(實際)라고도 한다. 진리의 근거, 만물의 근본이다.

• 무연(無緣) : 원인, 조건이 없는 것, 대상이 없는 것, 대상의 구별이 없는 것이다.

• 선교(善巧) : 중생의 기근(機根 : 중생의 마음속에 본래부터 가지고 있어 불타의 가르침을 들으면 발동하는 힘이다)에 따라 정교하게 방법을 생각해 내는 것이다. 숙련지(熟練知), 선교방편(善巧方便)의 준말이다.

7. 변득이익(辨得利益)

이다라니무진보 장엄법계실보전　　다라니 무진보배 끝없이 써서 불
以陀羅尼無盡寶 莊嚴法界實寶殿　　국도 법왕국을 여실히 꾸미고서

궁좌실제중도상 구래부동명위불　　중도의 해탈좌에 편안히 앉았으니
窮坐實際中道床 舊來不動名爲佛　　옛부터 동함없이 그 이름 부처일세

1) 다라니(陀羅尼, dhāranī)

　부처님의 가르침의 핵심으로 신비적인 힘을 지니고 있다고 믿어지는 주문이다. 비교적 긴 구의 주문을 말하는데 총지(總持)등으로도 한역되며, 법(法)을 마음에 넣고 잊지 않는 것이다. 뛰어난 기억력이라는 의미를 지니고 있는데 많은 선을 보유한다는 의미로도 해석된다. 보통으로 다라니라 하는 것에는 두 가지가 있다. ① 지혜 혹은 삼매를 말한다. 이것은 말을 잊지 않고 뜻을 분별하여, 우주의 실상에 계합하여 수많은 법문을 보존하여 가지기 때문이다. ② 진언(眞言), 범문(梵文)을 번역하지 않고 음(音)을 그대로 적어서 외우는 것이다. 이를 번역하

지 않는 이유는 원문의 전체 뜻이 한정되는 것을 피하기 위한 것과 밀어(密語)라 하여 다른 이에게 비밀히 하는 뜻이 있다. 이것을 외우는 사람은 한량없는 말을 들어도 잊지 아니하며, 끝없는 이치를 알아 학해(學解)를 돕고, 모든 장애를 벗어나 한량없는 복덕을 얻는 등 많은 공덕이 있으므로 다라니라 한다. 흔히 범문(梵文)의 짧은 구절을 진언(眞言) 또는 주(呪)라고 하고, 긴 구절로 된 것을 다라니 또는 대주(大呪)라 한다.

2) 무진(無盡, akṣaya)

다하지 않는 것, 다하는 일이 없는 것, 없어지지 않는 것으로 중중무진(重重無盡)과 동일한 말이다.

3) 장엄(莊嚴, vyūha)

건립하는 것, 광휘, 훌륭히 배치·배열되어 있는 것을 뜻한다. 장식의 뜻으로 물건을 장식하고 아름답게 꾸미는 것이라고도 하며 훌륭한 것, 엄숙하게 장식된 모양이나 모습, 장식물이다.

4) 법계(法界, dharma-dhātu)

법계의 법(法, dharma)이라 함은 'dhar'에서 유래하고, 지키는 것의 뜻으로 그 중에서도 인간의 행위를 보존하는 것이 원래의 뜻이다. 계(界, dhātu)는 'dhā'로부터 만들어진 남성명사로, 원래의 요소(要素)를 의미했으나 불교로 들어오고 나서, 여기에 계(戒)와 성(性)의 의미가 덧붙여졌다고 생각된다. 법은 제법(諸法), 계는 분(分界)의 의미로, 제법은 각자체(各自體)이고 분계부동(分界不同)한 것을 말한다.

18계(十八界)의 하나인 법경(法境), 즉 의식의 대상이다. 대승불교에서는 이 전우주의 존재를 법, 즉 진리의 표출이라 보고 이것을 진여의 동의어로 사용하였다. 그리고 이 법계는 진리 그 자체로서의 부처님이라는 뜻으로 법신과 같은 말이다.

5) 중도(中道)

부처님께서는 인간이 살아가는 데 있어 극단적인 두 가지 길이 있으니 하나는 관능(官能)이 이끄는 데로 욕망의 쾌락에 빠지는 일이고, 또 하나는 고행으로 자기 자신을 의식적으로 괴롭히는 일이라고 했다.

쾌락에 빠지는 것은 비열하고 어리석어 무익하며, 고행은 괴로울 뿐 이익이 없으므로 출가 수행자는 그 어느 쪽에도 치우쳐서는 안 된다고 경계했다.

이것이 중도(中道)의 가르침이다. 중도의 중(中)이란 팔정도(八正道)의 정(正) 즉 바른 길 이라는 뜻으로 실제 인간생활에 적용되는 요긴한 도리로서 공리공론(空理空論)이 아닌 정도(正道)를 말하는 것으로 중도는 2개의 것이 대립을 하지 않는 것이다. 단(斷)·상(常)의 이견(二見), 또는 유(有)·무(無)의 이변(二邊)을 떠난 치우치지 않는 중정(中正)의 도를 말한다.

원시불교에서는 주로 불고불락(不苦不樂)의 중도를 의미했다. 고행과 쾌락의 양극단을 배척하는 것이다. 나가르쥬나[6]의 중론에서는 연기(緣起)·공·가명(假名)과 동일하게 보았으며, 천태의 혜문(慧文)에 의하면 인연(因緣)에 의해 생긴 것이 반드시 있는 것도 아니고 또 그런 것들이 공(空)이라 하더라도 반드시 공이라는 것도 아니고 공유불이(空有不二)인 것을 중도라고 했다.

• 부동(不動, anivartin)

동요하지 않고 머뭇거리지 않은 것을 말한다. 움직이지 않으며 혼란하지 않으며 보살선정(禪定)의 이름을 뜻하기도 한다. 진리에 어긋나지 않으며 동(動)은 괴(乖, 어그러짐)를 의미한다.

---

6) 나가르쥬나(龍樹) : 인도의 대승 불교를 크게 드날린 사람이다. 불멸 후 6~7백년경의 남인도 승려로 어려서부터 총명하여 일찍 4베다·천문·지리 등 모든 학문에 능통하였다. 처음에 인생의 향락은 정욕을 만족하는 데 있다 하고, 두 벗과 함께 주색에 빠져 왕궁에 출입하면서 궁녀들을 통하다가 일이 탄로되어 두 사람은 사형되고, 그는 위험을 간신히 면하였다. 욕락은 괴로움의 근본이 되는 것을 깨닫고 절에 가서 가비마라에게서 소승 3장(藏)을 배우다가 만족하지 못하여 설산지방으로 가서 늙은 비구를 만나 대승 경전을 공부하고, 후에 여러 곳으로 다니면서 대승 경전을 구하여 깊은 뜻을 통달하였다. 그는 또 용궁에 들어가 『화엄경』을 가져왔고, 남천축의 철탑(鐵塔)을 열고 『금강정경』을 얻었다 한다. 대승 법문을 성대히 선양하니, 대승 불교가 이로부터 발흥하였으므로 후세에 그를 제2의 석가, 8종의 조사라 일컬었다.

찾아보기

ㄱ:

가라분(迦羅分) 187
가루라(迦樓羅) 217
가루라(迦樓羅) 257
각현 16
개부일체수화주야신 299
건달바(乾闥婆) 261
겁(劫) 354
견고해탈장자(堅固解脫長者) 304
고해(苦海) 205
공 311
공공 313
공덕 330
공양(供養) 182
공양분(供養分) 185
관음품별행소(觀音品別行疏) 21
관자재보살(觀自在菩薩) 295
광 13
광과천(廣果天) 267
광명각품(光明覺品) 60
광음천(光音天) 266

구마라집 16
구반다(鳩槃茶) 202
구반다(鳩槃茶) 260
구족우바이(具足優婆夷) 288
구지(俱胝) 187
구파녀 302
국토신 361
극락세계(極樂世界) 202
근기(根機) 204
근본법륜(根本法倫) 248
금강당보살(金剛幢普薩) 268
금강장(金剛杖) 268
금강혜(金剛慧) 269
긴나라(緊那羅) 217, 258
길장 19

ㄴ:

나무(南無) 238
나유타(那由陀) 187
나찰(羅刹) 201
내공 312
내외공 312
노사나불(盧舍那佛) 242

ㄷ:

다라니 372
당역 17
대 12
대공 313
대광왕(大光王) 290
대덕(大德) 269
대방광 14
대방광불화엄경 230
대범천(大梵天) 265
대범천왕(大梵天王) 266
대본경(大本經) 27
대비천제(大悲闡提) 236
대승(大乘) 211
대원정진력구호일체중생주야신 300
대자재왕보살(大自在王菩薩) 267
대지도론(大智度論) 27
대천신 296
덕생동자(德生童子) 306
덕운비구(德雲比丘) 282
도량신(道場神) 256
도리천(忉利天) 262
도솔궁중게찬품 109
도솔천 263, 331

ㅁ:

마군(魔群) 201
마야부인 302
마후라가 258
명법품 88
명연 358
명지거사(明智居士) 288
명호품(名号品) 27
목건련(目犍連) 217
묘덕원만주야신 301
묘월장자(妙月長者) 305
무량 354
무량겁 356
무량수경(無量壽經) 25
무량심 14
무명 347
무법공 317
무법유법공 317
무분별 358
무상 349
무상승장자(無上勝長者) 293
무승군장자(無勝軍長者) 305
무시공 315
무연 371
무염족왕(無厭足王) 290

무위공 314
무이상 346
무진 373
문수사리보살(文殊師利菩薩) 282
미가장자(彌迦長者, Megha) 284
미륵보살(彌勒菩薩) 307
미묘 352

ㅂ:

바라문(婆羅門) 195
바산바연저주야신 297
바수밀다녀 294
바시라선사(婆施羅船師) 292
바이로차나 14
반야경(般若經) 25
방 13
번뇌(煩惱) 42
범행품 83
법계 374
법계연기설 29
법계관문(法界觀門) 31
법계연기사상(法界緣起思想) 29
법공양(法供養) 186
법륜(法倫) 248

법보계장자(**法寶髻長者**) 289
법성 345
법성게 339
법신불(法身佛) 241
법신불사상(法身佛思想) 32
법장 16
법화경(法華經) 25
벽지불(**辟支佛**) 190
변우동자(徧友童子) 303
변정천(遍淨天) 266
변행외도(遍行外道) 291
보구중생묘덕주야신 298
보덕정광주야신 297
보리살타 33
보리수(菩提樹) 194
보리심(菩提心) 186
보살(菩薩) 236
보살문명품 62
보살사상 33
보살신 362
보시(布施) 194
보안장자(普眼長者) 289
보현보살(普賢菩薩) 253, 308
보현삼매품 46
보현행원품 155, 172
본제 371

부동 347
부동우바이(不動優婆夷) 291
부사의 368
불 13
불가득공 316
불가설 276
불부사의법품 149
불신사상 25
불타발타라 18
비구(比丘) 272
비로자나불 239, 336
비로자나품 54
비목구사선인(毘目瞿沙仙人) 286
비슬지라거사 294

ㅅ :

사교판(四敎判) 19
사리(舍利) 190
사리불(舍利弗) 216
사리자(舍利子) 270
사바세계(娑婆世界) 193
사성제 58, 325
사성제품 58
사십화엄 18
34품 17
사자빈신비구니(獅子頻申比丘尼) 293
산공 315
삼관(三觀) 31
삼매 249, 366
삼세(三世) 206
상구보리 35
생사즉열반 357
서분(序分) 181
선견비구(善見比丘) 287
선교 371
선근(善根) 186
선재동자(善財童子) 273
선주비구(善住比丘) 283
선지식(善知識) 280
선지중예동자(善知衆藝童子) 304
설주(設主) 22
설처(設處) 22
성공 316
성도미구 2·7일(成道未久二七日) 26
성문(聲聞) 270
성문신 362
세주묘엄품 40
소의경전(所依經典) 29
소지 350
수기(授記) 204

수량품 148
수미산(須彌山) 186
수미정 330
수미정상게찬품 74
수순분(隨順分) 196
수연 353
수지 334
수트라 14
수학분(隨學分) 193
수현기(搜玄記) 19
수호일체성주야신 299
수희분(隨喜分) 189
숙명통(宿命通) 208
승도솔천궁품 108
승수미산정품 73
승야마천궁품 90
승열바라문(勝熱婆羅門) 286
시고 371
시방(十方) 247
시시등분 345
신역 17
실차난타 16
십무진장품 103
십불 359
십신 359
십인품 145

십정품 135
십주비바사론 236
십주품 77
십지품(十地品) 124
십통품 141
십행품 94
십회향 112, 332
십회향품 112

ㅇ:

아뇩다라삼먁삼보리 198
아라한(阿羅漢) 196
아미타불(阿彌陀佛) 203
아수라(阿修羅) 257
아승지 333
아승지품 147
악도(惡道) 208
안주신 296
야마궁중게찬품 91
야마천 262, 331
야차(夜叉) 201
야차왕(夜叉王) 258
업(業) 185
업감연기설 29

업보신 361
업장(業障) 182
여래(如來) 245, 325
여래명호품 56
여래수호광명공덕품 152
여래신 361
여래십신상해품 151
여래출현품 156
여래현상품 44
여래흥현경(如來興顯經) 27
여시 335
여의 368
연각(緣覺) 192
연각신 361
연기사상 25
예경분(禮敬分) 183
5교장(五敎章) 19
오방(五方) 247
오십삼선지식(五十三善知識) 277
외공 312
외도(外道) 202
용수(龍樹) 235
용왕(龍王) 259
우바라(優婆羅) 292
우바새 272
우바이 273

우파니사타분(優波尼沙陀分) 187
원융 346
월천자(月天子) 261
유덕동녀(有德童女) 306
유법공 317
유심사상 25
유위공 314
유의(遊意) 19
육바라밀 14
육십화엄 16
융삼세간십신 364
의상 342
이법 13
이사 357
이세간품 159
인비인 217
일념 356
일미진 354
일생보처(一生補處) 216
일중일체중 353
일즉일체 353
일천자(日天子) 262
일체(一切) 248, 349
입법계품 161
잉 356

ㅈ:

자상공 316
자재주동자(自在主童子) 287
자행동녀(慈行童女) 287
장엄 373
장역화엄(藏驛華嚴) 27
적정바라문(寂靜婆羅門) 306
적정음해주야신 299
전륜성왕(轉輪聖王) 194
정각 357
정원경(貞元經) 27
정취보살 295
정행품 66
제법 346
제법공 316
제보살주처품 149
제일의공 313
주방신(主方神) 256
주야신(主夜神) 256
중도 374
중생 369
중생신 361
중송분 205
증지 350
지권인(智拳印) 241

지루가참(支婁迦讖) 28
지법령(支法領) 28
지신 360
지엄 19
진경 18
진성 352
집금강신(執金剛身) 256

ㅊ:

찬양분(讚揚分) 184
찰나(刹那) 203
찰제리(刹帝利) 194
참회분(懺悔分) 188
천룡팔부(天龍八部) 195
천주광 303
청량(淸凉)대사 19
청법분(請法分) 191
청주분(請住分) 192
초발심 335
초발심공덕품 86
총결분(總結分) 200
출가(出家) 208
칠보(七寶) 200
칠처구회 324

ㅌ:

타화자재천(化自在天) 264

ㅍ:

팔방(八方) 247
팔십화엄 17
팔정도 328
풍송 334
필경공 315

ㅎ:

하화중생 35
한글보현행원품 181
해경십불 363
해당비구(海幢比丘) 285
해운비구(海雲比丘) 283
해인 366
해인삼매(海印三昧) 249, 367
해탈(解脫) 199
해탈장자(解脫長者) 284
행경십불 362

행원(行願) 181
허공 369
허공신 362
현수품 69
현승우바이(賢勝優婆夷) 304
혜원(慧遠) 16
화락천(化樂天) 264
화신(化身) 214
화엄경 약찬게 219
화엄경관맥의기(華嚴經關脈義記) 20
화엄경대의(華嚴經大意) 20
화엄경사기(華嚴經私記) 21
화엄경소 20
화엄경수소연의초 20
화엄경탐현기(華嚴經探玄記) 19
화엄경품목(華嚴經品目) 21
화엄론절요(華嚴論節要) 20
화장세계(華藏世界) 50, 239
화장세계품 50
회향(迴向) 332
회향분(迴向分) 198
휴사우바이(休捨優婆夷) 285
희목관찰중생주야신 298

참고문헌

1. 경전 및 사전류

『한글대장경』동국역경원, 1997.
김광태 외3인, 『팔만대장경 해제 3권』사회과학출판사, 1992.
김길상 편, 『불교학대사전(상·하)』홍법원, 1999.
무비 편, 『화엄경소사전』민족사, 1995.
민중서림 편집국 편, 『국어사전』민중서림, 1999.
전관응, 『불교학대사전』홍법원, 1998.
운허용하 저, 『불교사전』동국역경원, 1995.
홍사성 주편, 『불교상식백과 상·하』불교시대사, 1996.
한국정신문화연구원 편, 『한국민족문화대백과사전』웅진출판사, 1995.
이정 편, 『한국불교인명사전』불교시대사, 1993.

2. 단행본

관응 스님 저, 『화엄의 바다』밀알, 1993.
김무득 역주, 『화엄학체계』우리출판사, 1990.
김지견 역, 『화엄경』민족사, 1996.
곽철환 지음, 『불교 길라잡이』시공사, 1996.
광덕 역, 『보현행원품 강의』불광출판사, 1998.

_____,「지송보현행원품」불광출판부, 1993.
교양교재편찬위원회,「불교학개론」동국대학교출판부, 1998.
_____,「불교와 인간」동국대학교출판부, 1998.
대안스님 편저,「알기쉬운 불교강좌」보광출판사, 2000.
_____엮음,「마음을 여는 예불문」보광출판사, 2000.
_____,「재미있는 반야심경」보광출판사, 2000.
_____,「함께하는 천수경」보광출판사, 2000.
_____,「초심자를 위한 금강경」보광출판사, 2000.
대한불교조계종 교육원 편,「석가여래행적송」조계종출판사, 1996.
무비 스님 저,「화엄경 강의」불광출판부, 1997.
불광교학부 엮음,「경전의 세계」불광출판사, 1995.
불교교재편찬위원회,「불교사상의 이해」동국대학교 불교문화대학, 1998.
불교신문사 편,「불교경전의 이해」불교시대사, 1997.
법정 역,「신역 화엄경」동국대학교 역경원, 1993.
석림회 편,「석림 30집」동국대학교 석림회, 1996.
안중철 옮김,「대승불교 총설」불교시대사, 1994.
우정상 지음,「교양불교」불광출판부, 1994.
이기영 저,「불교개론강의 상·하」한국불교연구원, 1998.
제관 록, 이영자 역주,「천태사교의」경서원, 1992.
종범 스님,「불교를 알기쉽게」밀알, 1997.
정승석 지음,「100문 100답(강좌편)」대원정사, 1995.
조계종 포교원 편저,「불교교리」조계종출판사, 1998
편집부 엮음,「100문 100답(입문편)」대원정사, 1998.
한형조 옮김,「한글세대를 위한 불교」세계사, 1994.
강기희 옮김,「소승불교와 대승불교」민족사, 1994.
혜자스님 편,「절에서 배우는 불교」우리출판사, 1999.
해주스님,「화엄의 세계」민족사, 1998,

핵심을 엮은 화엄경

엮 은 이 · 대안스님
발 행 인 · 김상일
발 행 처 · 혜성출판사
기   획 · 안정수, 김광호
디 자 인 · 김현주
사   진 · 혜성PHOTO
인   쇄 · 대웅인쇄
출   력 · 대초출력

주   소 · 서울특별시 동대문구 신설동 114-91 삼우빌딩 A동 205호
전   화 · 2233-4468
팩   스 · 2253-6316
등록번호 · 제5-597호
수정증보 제1판 인쇄일 · 2004년 10월 15일
수정증보 제1판 발행일 · 2004년 10월 20일

홈페이지 www.hyesungbook.com
전자우편 hyesungbook@hotmail.com
정가 10,000원

책의 파본은 교환해 드립니다.
더욱 더 맑고 향기로운 책을 만들기위해 노력하겠습니다..